基于电子政务的
政府公共服务电子化研究

周贺来 著

中国水利水电出版社
www.waterpub.com.cn
·北京·

内 容 提 要

近年来，基于电子政务思想的政府公共服务电子化在各级政府部门全面展开。本书重点对政府公共服务电子化的理论基础、电子政务与政府服务模式的创新，以及政府公共服务电子化的业务准备、技术支撑、环境问题和安全保障等内容进行了阐述，以适应政府公共服务电子化建设和相关人员学习的需要。

本书体系结构合理，文字通俗易懂，内容详略得当，适用于公务员及从事电子政务信息系统开发的专业技术人员参阅。

图书在版编目 (CIP) 数据

基于电子政务的政府公共服务电子化研究 / 周贺来著. -- 北京 : 中国水利水电出版社, 2017.11 （2024. 10重印）

ISBN 978-7-5170-6074-1

Ⅰ. ①基… Ⅱ. ①周… Ⅲ. ①互联网络－应用－国家行政机关－社会服务－研究－中国 Ⅳ. ① D630.1-39

中国版本图书馆 CIP 数据核字（2017）第 293019 号

书　　名	基于电子政务的政府公共服务电子化研究 JIYU DIANZI ZHENGWU DE ZHENGFU GONGGONG FUWU DIANZIHUA YANJIU
作　　者	周贺来　著
出版发行	中国水利水电出版社 （北京市海淀区玉渊潭南路 1 号 D 座　100038） 网址：www.waterpub.com.cn E-mail：sales@waterpub.com.cn 电话：（010）68367658（营销中心）
经　　售	北京科水图书销售中心（零售） 电话：（010）88383994、63202643、68545874 全国各地新华书店和相关出版物销售网点
排　　版	北京亚吉飞数码科技有限公司
印　　刷	三河市天润建兴印务有限公司
规　　格	170mm × 240mm　16 开本　16 印张　287 千字
版　　次	2018 年 9 月第 1 版　2024 年 10 月第 3 次印刷
印　　数	0001—2000 册
定　　价	76.00 元

前　言

近年来，在党中央、国务院的积极推动下，我国基于电子政务思想的政府公共服务电子化在各级政府部门全面展开。政府公共服务电子化的建设是一项复杂的系统工程，一方面需要国家做好相关环境营造和政策配套，各级政府机关要做好各种基础准备工作并开发相应的信息系统；另一方面还需要有稳定高效的相关技术作为支撑，同时还需要有大量的专业人才储备。为适应政府公共服务电子化建设，作者撰写了本书。

本书体系结构合理，条理清晰，文字通俗易懂，内容详略得当。全书共 6 章内容，包括政府公共服务电子化的理论基础，电子政务与政府服务模式的创新，以及政府公共服务电子化的业务准备、技术支撑、环境问题和安全保障。其中：第 1 章介绍了政府公共服务电子化的内涵、类型、功能、目标以及实现方式，并说明了当前政府公共服务电子化的现状、问题和对策；第 2 章阐述了电子政务的基本含义、类型、模式、理念以及电子政务对于政府服务模式创新的作用；第 3 章指出了开展政府公共服务电子化的业务准备工作，包括内部业务处理电子化、行政管理电子化以及政府业务流程的再造和优化；第 4 章介绍了政府公共服务电子化所需要的 10 大类相关技术，以及政府公共服务电子化信息系统的规划、建设、评价、审计与监理等知识；第 5 章 政府公共服务电子化的环境问题，包括信息资源开发、标准化管理、人才队伍建设、法制环境完善等；第 6 章对政府公共服务电子化的安全保障体系进行了分析和探索。

本书由周贺来博士撰写完成，写作过程中得到了如下项目支持：河南省高校哲学社会科学创新团队项目（2013-CXTD-08）、河南省科技厅科技攻关项目（122400430016）、郑州市科技局软科学重点项目（121PKXF656）、河南省政府招标决策项目（2012B375）、华北水利水电大学高层次人才科研启动项目（201026）、华北水利水电大学管理与经济学院青年骨干教师资助项目，以及华北水利水电大学管理科学与工程重点学科建设项目。

本书在撰写过程中，参考了许多前人的资料，大多数在参考文献中进行了罗列。本书撰写的过程时间较长，有些原始资料忘记了标注来源，故难免有所遗漏，在此对各位为本书的出版提供相关参考资料的同仁表示衷心的感谢！

由于作者水平有限，书中难免有不妥之处，敬请读者批评指正。

周贺来

2017 年 8 月

目　录

第1章 政府公共服务电子化的理论基础

1.1 政府公共服务电子化的内涵分析

网络时代的政府承载着大量的公众业务，它已经成为整个社会顺利运转的核心和调节器。加强政府公共服务电子化，提高政府现代化服务效能已成为一种客观必然趋势。

1.1.1 政府公共服务电子化的含义

公共服务是与私人、团体内部以及私益服务相对的一个概念，指公共管理机构特别是政府为社会公众提供的不以营利为目的的服务。政府公共服务电子化，就是指政府机关通过现代信息技术等电子化手段，使政府为社会提供的公共服务得以充分实现的过程与结果。

电子政务建设说到底，就是政府按照市场经济和信息化的要求，加快政府对管理的变革和流程的重组，并借助技术手段，达到为公众提供社会化综合服务的目的。由此我们不难得出这样的结论，无论是实施电子政务，还是政府上网，或是建设电子政府、数字化城市，其最终的目标都是为公众提供更好的服务，特别是提供电子化的公共服务。

1.1.2 政府公共服务电子化的必然性

管制和服务是政府管理社会事务过程中的两大职责，两者相互联系、两位一体，管制是服务的基础，服务是管制的目的。但是，在相当长的一段时间内，政府的公共服务职责并未受到应有的重视，或者说政府没有真正从服务的角度来看待公共服务工作，而是仍将这些工作看成是其行使管制特权，因而在政府机关比较普遍地出现“门难进，脸难看，话难听，事难办”的不良风气。公众到政府部门办事，如果涉及不同部门，要盖不同的章,往往要跑很多部门。由于政府各部门的相对独立性,不同职能部门承担不同的服务职能,公众需要逐一与不同的政府部门打交道,从而大大增加了公众到政府机关办事的难度。这不仅影响了人民政府在公众心中的形象,同时也违背了人民政府为人民服务的宗旨。

由于政府远离普通的公众,人民群众根本无法了解政府所掌握的政策信息,只能靠政府一级级地自上而下层层传达,只要有一个环节出现偏差,就可能使党中央的政策走样。尽管近年来不少地方政府部门将计算机信息系统应用于管理与服务,但各部门的信息相互封闭,形成了一个个“信息孤岛”。这种定位上的偏差造成了极其严重的后果:政府服务效率并没提高,政府服务的成本也居高不下,甚至政府的合法性也遭遇质疑。

为此,各国政府纷纷实施改革,推进政府由管制型向服务型的转变,这正成为近年来政府工作理念、思路、方式中最引人注目的根本性变化。在这个变化的过程中,政府公共服务的职责日益突出,公共服务也成为政府改革最为活跃的一个领域,很多国家和地区的政府针对公共服务进行了大刀阔斧的改革,形成了电子政务社会服务新体系。运用这一新体系,以往需要到政府机关与工作人员面对面才能解决的问题,通过上网,在家中就得到了解决。政府通过网上服务系统,使服务界面由办公室、柜台窗口转向计算机屏幕,实现“人机对话”,极大地简化了原来的手续和步骤,提高了工作效率。公众只要点击鼠标,通过访问政府站点就完成了原来需要跑很多部门才能办完的事情。

1.1.3 电子化公共服务与传统政府公共服务的比较

1. 电子化公共服务的共性特点

政府电子服务在本质上当然属于公共服务,它仍有着传统公共服务的共性。

(1)它是大众化的服务,一般以一个地区为单位,是向这个地区的公民普遍提供的服务,不是只为特定少数人提供的服务。

(2)它是基本服务,也就是满足人们日常社会生活中基本需求的服务。离开它,人们就不能正常地生活。

(3)它是内容广泛的服务。公共服务既要提供物质产品(如水、电、气、路、通讯、交通工具等),又要提供非物质产品(如公共安全、医疗、教育、娱乐等),并且,公共服务的项目随着社会的发展而不断增多。

(4)它是非营利性服务。公共服务是一种低价位的服务,以保证人们能够持续性地消费。它不能以营利为主要目的,更多的是提供一种社会化的公益服务。

2. 电子化公共服务的个性特点

电子化公共服务是依赖于电子化手段的服务，其服务平台、服务理念以及政府在其中所扮演的角色等与传统公共服务有所不同，有着自己的个性特点，这些特点表现如下。

（1）随时随地提供服务。与传统方式服务显著不同的是，政府电子化公共服务通过互联网、现代通信等技术的应用，使得政府服务突破了时间、空间的限制，可以做到让社会公众随时随地享受政府服务。“随时”指每周 7 天，每天 24 小时不间断的服务；“随地”是指不管社会公众身在何处，只要能够接入互联网，都可获取其居住地政府的服务。

（2）以社会公众为导向。“以社会公众为导向”的服务，是指政府提供的各项服务不是让社会公众来适应政府工作的需要，让社会公众在不同的政府部门之间来回穿梭、迂回等待，而是政府服务部门应最大限度地从公众的需要出发，以“公众的利益为中心”设计服务项目，提高服务效率，降低服务成本，改善服务品质，为社会公众提供服务效益。

（3）集成性。政府电子化服务有很强的集成性特点。它把众多政府部门的不同职能通过互联网集成在一起，让社会公众享受“一站式”的政府服务，以有效地节省服务时间，提高服务效率。这样，服务关注的焦点在于服务种类与服务流程上，而非职能部门上，集成性的政府服务要求政府不同部门打破各自为政的传统做法，进一步理顺关系，建立起敏捷、顺畅的业务流程，让社会公众获得高效、全面的政府服务。

（4）智能化。政府电子化服务的智能化是指政府服务部门综合利用网络技术、计算机技术以及现代信息技术，为社会公众提供高水平的智能化服务。智能化服务有效地减少了政府服务过程中的人为干预，使得政府服务更为规范、科学。政府服务的智能化有益于提升政府形象，提高政府工作效率，节省政府服务成本。

（5）个性化。在传统服务条件下，由于受到人力、物力的限制，政府机构所提供的服务只能是“粗放型”的。在电子化服务条件下，政府的服务能力有了显著的提高，为社会公众提供个性化的、“一对一”的服务成为可能。例如面向个人的健康保健、教育培训、面向企业的税务服务都可做到按个性化的要求提供服务方案。

（6）自助化。政府电子化服务对提高服务的自助化程度也大有益处，因为互联网的应用使得社会公众能更加主动地获取政府服务，并能充分按照个人意愿选择服务项目，这在一定程度上提高了公众对政府服务的满意度。比如，通过电子化手段办理结婚、离婚手续，使当事人能更自主地做出决定，可有效地避免隐私的泄漏。

（7）双向、互动、服务方式多样化。传统的公共服务中，政府几乎是服务内容、方式、方法的唯一决定者，公众则基本上处于被动地位。电子化公共服务则改变了这种格局，通过网络公众既可以将服务申请上传，也可以发表对服务内容、方法的意见，政府则必须对这些意见做出相应的处理，而且处理的过程和结果都是公开化的。因此，电子化公共服务的服务方式由“政府—公众”变为“政府—公众、公众—政府”，即由单向变为双向，由一方主动变为双方互动，由单一化变为多样化。

（8）服务成本较低。电子化公共服务成本的降低表现在两个方面：第一，公众获取公共服务成本的降低，包括办理时间的减少、空间地点的不受限制等；第二，政府提供服务成本的降低，虽然为了提供电子化服务，政府需要建设信息基础设施，开发网站和电子化公务处理系统，短时间内看成本可能高于传统服务方式，但是从长远来看，工作流程的简化，决策质量的提高，服务周期的缩短都可以持续地降低成本。

（9）服务效能提高。服务效能提高是一个由上述多种因素综合作用的结果。其具体表现包括：政府网站能够同时容纳多用户访问，而实地接待则必须逐个进行；工作繁忙的用户可在8小时法定工作时间之外办理相关事宜，将获取政府公共服务改在其他时间进行；将政府保有的信息资源在网站上发布，实现了政府信息资源的增值等。而其中最为突出的就是用户从申请到获得处理结果的时间大为缩短。

综上所述，电子化公共服务与传统政府公共服务的比较可以概括为表1-1所示。

表1-1　电子化公共服务与传统政府公共服务的比较

比较项目	电子化公共服务	传统政府提供的公共服务
服务理念	以公众满意为导向、以服务为宗旨	管理、监督、管制
服务平台	一站式、一网式、一表式平台	办公室、窗口、柜台
服务时间	无时间限制	传统八小时工作制
服务地点	无地点限制	有专门的服务地点
服务态度	“慈母式”	“严父式”
服务效率	高	低
服务成本	低	高
服务区域	无限制	区域性

1.2　政府公共服务电子化的主要类型

为能更好地认识电子化公共服务，推动电子服务实现符合特定客观规律的良性发展，有必要按照不同的标准对电子服务进行类型划分。本节介绍几种具有实际价值的分类。

1.2.1 按服务对象划分

作为政府电子服务的“顾客”，也就是服务对象可以分为个人和组织两大类。其中，个人又分为国内和国际两种，组织可分为企业、政府和其他非营利性组织三种。由此，可以根据不同的服务对象，将政府的电子化公共服务分为：政府为公民提供的电子化公共服务和政府为组织提供的电子化公共服务。其中前者又可分为政府为国内公民提供的电子化公共服务以及政府为境外人士提供的电子化公共服务；后者又可分为政府为企业提供的电子化公共服务、政府为政府及其他非营利性组织提供的电子化公共服务等。

按照服务对象划分电子化公共服务项目，实际上就是按照政府客户的需求进行分类，这是国际上一种常用的方法，很多国家、地区和地方的门户网站上都是采用了这种办法组织大大小小的对外服务项目。比如加拿大国家政府门户网站（www.canada.gc.ca）整合了政府的服务，按照公民、企业和国际客户分为三个入口。美国政府门户网站——第一政府网（www.firstgov.gov）网站则突出政府对公民、政府对企业、政府对政府等三大块业务。澳大利亚联邦政府门户网站（www.fed.gov.au）按照个人、学生、企业、非本地居民四类对象组织信息和服务。北京市电子政务在线服务平台（eservice.beijing.gov.cn）按照面向个人的服务和面向单位的服务两大板块来提供服务。广州政府门户网站——中国广州政府（www.gz.gov.cn）则按市民、企业、政府三大主体整合政府的信息和服务。

政府面向以上三类不同客户的部分服务项目参见表 1-2 所示内容。

表 1-2 面向不同服务对象提供的电子化公共服务

服务对象	政府对公民	政府对企业	政府对政府
服务内容	在线教育培训 在线就业服务 电子医疗服务 社会保险服务 电子信息服务 交通管理服务 电子税务服务 电子证件服务 ……	网上资格认定和审查 电子税务申报 网上工程验收 电子证照办理 电子公开采购 电子招标投标 信息咨询服务 ……	电子信息服务 身份认证服务 电子培训服务 网上联合审批 电子邮递服务 业绩评价系统 电子法规政策提供服务 电子化后勤服务 ……

1.2.2 按具体行政行为划分

按具体行政行为，可将电子化的公共服务化分为以下 5 种类型。

1. 行政许可服务

行政许可是指在法律允许的范围内，行政主体根据行政相对人的申请，通过颁发许可证或执照的形式，依法赋予特定的行政相对人从事某种活动或实施某种行为的权利和资格的行政行为。这类电子化公共服务有驾驶执照、工商企业营业执照、出国护照等许可。

2. 行政征收服务

行政征收是指行政主体凭借国家行政权，依法向行政相对人强制地、无偿地征集一定数额的金钱或实物的行为。最典型的关于此种行为的电子服务就是电子税务，目前有很多国家和地方的税务部门已经实现了网上报税、发票核查等业务。

3. 行政确认服务

行政确认是指行政主体依法对行政相对人的法律地位、法律关系或有关法律事实进行甄别，给予确定、认定、证明（或否定），并予以宣告的具体行政行为。这类电子化公共服务如网上防伪打假，对公民身份、婚姻、学历状况等提供的网上认证或公证服务等。

4. 行政给付服务

行政给付服务即行政物质帮助，是指行政主体在公民年老、疾病或丧失劳动能力等情况或其他特殊情况下，依照有关法律、法规规定，赋予其一定的物质权益或与物质有关的权益的具体行政行为。社会福利电子支付是一种典型的行政给付服务。

5. 行政合同订立服务

行政合同是指行政主体为实现行政目的，与行政相对人之间缔结的契约。最典型的行政合同订立服务是政府电子采购合同的订立。

1.2.3 按行政职能领域划分

所谓行政职能，就是指行政机关按照宪法和有关组织法的规定而依法行使的国家的行政职权及其管理范围。按照职能领域可以将电子化的公共服务项目分为四大类：政治服务、经济服务、文化服务、社会服务。其中，政治服务包括军事、安全等服务；经济服务包括工商、税务、金融等服务；文化服务包括教育、体育、娱乐等服务；社会服务包括法律、交通、劳动、就业、医疗卫生、保险、婚姻、社会福利、环境保护、气象等服务。

按照行政职能领域划分的电子化公共服务项目参见表 1-3 所示。

表 1-3 按照行政职能领域划分的电子化公共服务

职能领域	政治服务	经济服务	文化服务	社会服务
服务内容	电子国防服务 军事情报服务 信息安全服务 ……	电子工商 电子税务 电子招标投标 电子公开采购 网上银行 网上报关 网上证券 网上保险 ……	在线教育 在线培训 网上书店 网络旅游 网上信息服务 电子出版物 ……	在线人才服务 电子邮证服务 电子医疗 社会福利电子支付 智能交通管理服务 ……

下面的表 1-4 反映了我国近一个时期，一部分行政机关在履行具体职能过程中所提供的不同类型的电子服务的概貌。

表 1-4 当前我国部分行政机关提供的不同领域的电子服务内容

机关名称	服务内容
中国人民银行	信息发布(法规、货币政策等)、金融服务、支付结算、数据统计服务、相关链接
海关总署	信息发布、产权保护、电子口岸、数据统计、关务公开、通关指南、外汇核销
国家旅游局	网上办公、旅游预报、线路介绍、旅游投诉、教育培训、政务公开、预警预报

续表

机关名称	服务内容
国家卫生部	信息发布、统计数据、数据库、文件表格下载、公众信息查询、检索、站点导航
国家劳动和社会保障部	信息发布、信访与监督、统计与公报、表格下载、就业指导、养老保险、农村社会保险、职业技能鉴定
教育部	信息发布、网络教育、教育指导、教育监督、出版传播、后勤校产、就业服务
税务总局	法规发布、税收统计、防伪税控／一般纳税人专用发票数额查询、电子报税
国家工商总局	网上专项审批、网上注册与年检、网上经营证件申请
文化部	信息发布、机构介绍、文化机构、驻外交流、文化产业、数据查询、防伪查询
商务部	信息发布、政策法规、出口配额许可证发放、招商引资服务
铁道部	新闻、法规发布、机构介绍、站点导航、铁路黄页、列车时刻

1.2.4 按电子政务的发展阶段划分

电子政务自身有着特定的从简单到复杂、从初级到高级、从表面到深层的发展规律，在它发展的每一个阶段，所能给社会提供的电子服务的内容与形式也存在很大的不同。

根据电子政务的发展阶段，可以把电子服务对应地分为单向发布、简单交互、在线应用、变革发展四类，见表1–5所示。

表1–5　电子政务不同发展阶段的电子服务

发展阶段	服务内容
单向发布	基本信息发布：提供政府部门名称、职责、地址、联系方式、相关法律法规等
简单交互	提供基本搜索服务、与其他相关网站的链接、下载表格、获取关键信息、可以实现简单的双向信息交流、公众可获得与政府沟通的电子化途径（电子邮件、留言板）等
在线应用	缴纳税费、办理许可证、申领牌照、政府电子采购、发布投标邀请、组织投标等
变革发展	电子听证会、部门协同办公、“一站式”办公、“一网式”服务、“一表式”审批等

1. 单向发布

这个阶段的电子政务的明显特征是政府机关已经接入互联网，并且设置了内容与结构都相对比较简单的网站。这时候电子服务的主要内容就是单向发布信息，比如将政府部门职责、机构设置、联系方式、工作地址及时间、政府公文、法律规章等正式公之于众。

2. 简单交互

这个阶段的特征是开始具有交互性，实现简单的双向信息交流。这时候电子服务除了发布信息，提供基本的信息搜索服务，提供表格下载（典型的像中国人事考试网的准考证下载，国家劳动和社会保障部的表格下载，各大城市公安局的护照申请表的下载）等之外，还可以提供与服务对象沟通的简单途径，如标明电子邮件地址，开辟留言板等。

3. 在线应用

处在这个阶段的电子政务的明显特征是公众可以通过在线操作获得所需要的绝大多数有用信息，能与政府进行即时的信息沟通，并能足不出户完成相关事项的处理。这时的电子服务的内容有了很大变化，除了发布信息、提供表格文件下载、进行简单双向沟通之外，最重要的是为公众建立自助的在线应用服务，实时信息沟通成为现实。在该阶段，典型的电子服务项目包括：缴纳税费、驾照办理、缴付罚款、办理许可证、申领牌照、发布投标邀请、组织投标等。为公众提供这种类型的电子服务是全球许多政府的直接目标之一，此类电子服务使过去人们想都不敢想的365天 ×24小时全时段政府服务成为现实。

4. 变革发展

这个阶段电子政务的明显特征是全面改进政府管理，重塑政府与公众的关系。在电子服务的提供方式上，可以通过设置一个统一联系点（一站式）、一个网站（一网式）、一个网页甚至一张表格（一表式）的方式实现政府服务，公众可以一次性完成诸如交税、更新驾照、申请护照等所有业务，尽管这些业务可能涉及不同的政府部门。

1.2.5 按服务提供方式划分

按服务提供方式以及支持的信息技术，可以将电子化的公共服务化分为以下九种。

1. 信息发布服务

信息发布服务即通过电子手段将政府信息向社会发布，这是最基本、也是应用最广泛的一种服务方式。当前信息发布的主要阵地是政府网站，主要的技术手段也就是网站信息发布手段，包括 WWW、FTP 等。从信息变动情况来看，政府网站公布的信息主要包括静态信息和动态信息两种。静态信息主要是指一经产生没有变动的信息，比如法规、指南、手册、档案资料、研究报告等；动态信息主要是指产生之后会更新的信息，比如通知、展览、办事程序、市场动态、部门设置、官员名单、联络方式等。目前颇受大众关注的信息资源有：宏观的大政方针，如政府的施政纲领、财政预算、工作报告；有关民众生活的实时消息，比如某条街道因施工而改道，地铁改线，水、电、暖供应情况，健康卫生标准的变化，放心食品的种类，药品的批号和价格等；专业数据库，如有关企业、产品、科研成果、市场信息、教育（学校、分数）等方面的数据库等。

2. 信息搜索服务

如果说信息发布方式中，用户接受信息的方式较为被动的话，那么信息搜索服务中，用户获取信息的方式则较为主动，用户向搜索系统提出需求，系统经过处理后，将查询结果返回给用户，这种服务适合信息量非常大的政府信息系统。提供信息搜索服务的主要是政府网站，应用到的主要的技术手段包括搜索引擎、WWW 数据库等。

3. 文件下载服务

公众除了在政府网站上查询和阅读有关信息外，还可以将它们下载到本地。政府网站上可供下载的文件类型很多，最为常见的就是表格。在很多服务活动中，大都需要公众填写相关表格，提供表格下载服务，使公众不必花费时间和精力亲自去相关部门索取，既节省时间，省去了路费，也避免了经常跑空的麻烦。主要的应用技术是文件传输技术 FTP。

4. 电子邮件服务

为了方便公众及时向政府发送意见、建议、要求，很多政府机关都向社会公布了其领导、部门的邮件地址，让公众通过电子邮件的形式及时、随时地向政府机关发送意见和要求，从而形成一种良性互动，以便快速获取相关的反馈信息。这方面主要的应用技术包括电子邮件接收和发送技术，如 SMTP、POP3 等。

5. 留言板、公共论坛服务

除了电子邮件外，很多政府网专门设置了留言板、公共论坛等栏目，不仅让公众能够随时与政府交流，而且能互相交换看法。留言板、公共论坛服务主要的应用技术是BBS。

6. 电子合同服务

电子政务的主要服务对象之一是企业，特别是在实行政府电子采购之后，政府和企业间的电子商务活动会越来越多，电子合同的签订也将会越来越多。电子合同服务主要应用的技术包括电子数据交换、网络传输协议、信息安全技术和电子数字签名等。

7. 电子会议

电子政务的实施，使工作人员可以利用多媒体、视频、电子邮件、电子布告栏（BBS）等来互相讨论并做出决策或得出解决问题的办法，此种方式称为电子会议。它可以充分调动参与人的积极性，每个人都有公平发表意见的机会，有利于提高决策质量。

目前电子会议中一个具有重要发展前景的就是网络视频会议，它主要运用的技术包括声音图像快速传输技术、多媒体技术、计算机协同处理技术等。

8. 电话呼叫中心

呼叫中心，是英文Call Center的直译，过去主要应用到服务性企业中，如旅游业、饭店业、保险业以及企业客户服务管理中，它是服务供应商为提高对客服务水平而建立的一种智能化的信息服务系统，是一种基于计算机网络和通信网络集成技术的，集信息采编、知识提取、自动流转于一体的，通过电话、传真、电子邮件、互联网站以及视频会议等高新技术向顾客提供综合性的服务。在建设电子政务的过程中，由于我国上网人数比例太少（不足10%），政府的服务功能难以得到最大程度的实施，而电话呼叫中心可以胜任这个任务。所谓的电话呼叫中心不光接电话，还可以定期打电话给最需要关注的人群，还能处理信件、电子邮件、短信、传真等多种信息源。即使在上网人数占人口总数一半以上的美国，也不是所有的电子服务都在网上，电话依旧是普遍应用的方式。电话呼叫中心的核心技术包括智能网络、自动呼叫分配、交互式语音应答、计算机电话综合协同应用。

9. 在线业务处理服务

在线业务处理服务即从政府受理服务请求、处理到返回服务结果的整个过程都在网上进行。这种服务方式成为电子政务系统建设的一个重要目标，它实现了公共服务过程而不是单个环节的电子化。它需要整合多种 Internet 技术,目前国内外优先实现的在线服务包括电子报税、电子报关等。

1.3 政府公共服务电子化功能与目标

政府公共服务电子化通过计算机网络的应用,使得不同部门的服务得到有机的集成。政府公共服务电子化的功能是非常显著的,它有助于政府信息化建设目标的早日实现。

1.3.1 公共服务电子化的功能

总体来讲,公共服务电子化具有以下主要功能。

1. 方便公众享用政府服务

互联网由于具有每周 7 天、每天 24 小时全天候的特点,对方便公众享用政府服务提供了极大的便利,而且,互联网作为一个全球性的网络,可以突破空间的限制进行双向交流,这为社会公众随时随地获取政府服务创造了理想的条件。互联网特有的交互性,运用于政府服务中比传统的报刊、杂志、广播、电视等传播媒介更方便、更直观、更生动活泼,而且,通过相关数据库的开发与应用,能够实时、动态地自动记录和处理相关信息。可以说,这种交互式的电子化政府服务与政府上门服务质量不相上下,有时还略胜一筹。而且,电子化服务系统还可与传统的政府人工服务系统以及电话客户服务系统进行有机集成,形成更强的服务能力,最大限度地为社会公众提供方便。

2. 降低政府服务成本

电子化服务在降低政府服务成本方面所起的作用是十分明显的,它可以有效减少客户服务人员的数量,大大降低纸质文件在纸张、印刷、邮递方面的费用,大幅度节省电话、传真等通信费用,大大缩减政府服务部门和办公设施。例如在传统的情况下,政府通过纸质文件的形式下发给有关当事人,所投入的费用极为可观。若改用政府网站发布,费用将大大下降。据统计,通过柜台办理银行业务,每次的成本约为 1.07 美元,而通过互联网办理,每次可以下降到只需 0.01 美元。由此可见,互联网在降低服务成本方面潜力巨大。

3. 提升政府服务品质

电子化服务对提升政府的服务品质是显而易见的，它可以充分利用互联网这一媒介，获取公众访问政府网站状况、对政府现有服务的评价以及进一步明确潜在的服务需求，并针对公众的需求提供个性化的服务，让公众得到更为满意的服务。电子化服务将使得政府服务的信息容量更多，服务的速度更快，服务的效果更好，服务的针对性更强。比如，政府通过互联网提供面向公众的就业服务、医疗服务、保险服务等，能大大改善传统服务的不足，为公众提供高水平的就业中介、医疗保健顾问服务等。

4. 促进电子化民主进程

政府电子化服务将使政府与公众的关系发生根本性的变化。一方面，由于电子化服务要求政府服务牢固树立起“以公众需求为中心”的服务理念，必然会提高政府服务的自觉性和主动性，以赢得社会公众的积极支持和广泛参与。另一方面，电子化服务为公众参与政府事务提供了畅通的渠道，既可以有效监督政府的各种行为，使政府事务更为公开、透明，又可以让公众参与政府的具体决策，大大提高政府决策的科学性和民主性。所以说，政府电子化服务对推动政府的民主化进程起到了重要的作用。

5. 推动政府服务的持续创新

互联网为政府与社会公众之间架起了一座畅通、便捷、高效的服务桥梁，为政府服务的持续创新提供了广阔的空间。根据中国香港特别行政区政府电子政务的实践，政府电子化社会服务的范围十分广泛，公众参与的形式方便灵活，服务项目多种多样，产生了政府与社会公众“双赢”的理想效果。在我国内地，随着政治体制改革的不断深入，社会公众参与电子政务的热情提高，我国政府电子化社会服务无论是形式还是内容都会出现重大变化，这对推动政府服务的持续创新将会发挥不可低估的作用。

1.3.2 公共服务电子化的目标

通过公共服务的电子化建设，可以达到如下目标。

1. 塑造良好的政府形象

政府形象是政府综合素质和工作状况的集中表现形式。良好的形象是政府赢得公众信任的重要条件，对政府的工作开展发挥有力的支持作用。从根本上说，良好的政府形象来源于政府的具体社会实践。同时，政府形象的塑造又必须借助于各种高水平、高效率的服务活动的开展。通过公共服务的电子化建设,有助于树立廉洁、公正、高效的政府形象。

公共服务的电子化过程,既是行政管理的透明化过程,暗箱操作变为透明,又是服务观念转变的过程,社会公众以主人的姿态参与政府与公众之间的互动,这种互动不仅提高了政府的服务观念,也提高了公众的参与观念。公共服务的电子化过程,更是服务流程规范化的过程,只要具备接受服务的资格和条件,任何个人或组织在网络面前一律平等。运用电子政务办理公共事务,消除了公共权力滥用的物质基础,树立了政府的廉洁形象,消除了公事不公的现象,弘扬了正气,消除了拖沓、扯皮、推诿等恶习,提高了政府的效能。

2. 加强政府与公众的沟通

政府与公众的关系问题是电子政务根本性的问题。政府与公众的沟通,是指政府作为活动主体,通过多种途径和方式,与公众进行思想与信息的交流过程。

在信息化环境下,信息网络是政府与公众沟通的主要手段和途径。在传统政务条件下,政府与社会公众缺乏沟通,严重地影响和制约了政府工作效率的提高和社会职能的发挥。在电子政务环境下,政府与社会公众的沟通和交流,是通过信息在电子网络上的交互运作来实现的。政府与公众沟通的方式一般为下行沟通、平行沟通和上行沟通三种形式。下行沟通即政府自上而下与公众进行的沟通,可采用政府信息发布、新闻传播等方式;平行沟通即政府与同级组织或其他社会团体间进行的沟通,可采用座谈、协商、对话等方式;上行沟通即公众自下而上与政府进行的沟通,可采用专线电话、信访、咨询等方式。

要想使公众满意政府的执政行为,就要从这两方面入手。一是分析、认清公众的需求。一些地方政府抱怨他们经常给群众提供很多便捷的办事程序,但公众却并不认可。其实,这是政府对公众的需求认识不清的结果。二是要重点解决窗口部门的问题。从公众的角度上看,他们所接触的政府主要就是政府对外的窗口部门,这些部门服务水平的高低直接决定着公众对整个政府服务的认同度。

由于通信手段的进步、信息传播效率的提高,事实上,政府已经被置于能见度较高的"鱼缸"之中,称之为"鱼缸效应"。政府与公众这种服务与被服务的关系,是一种"鱼水"关系,二者互相依存,缺一不可。脱离任何一方,电子政务就无法运营。

3. 提高对公众的服务质量

与传统的政府服务方式相比,网络政府所提供的服务方式不仅功能优越，而且服务效率和服务质量大大提高，解决了传统服务效率低、服务技术手段落后等问题。网络服务方式能够减少机构冗员和中间管理层次，可以克服官僚主义所带来的低效率问题，拓展了为社会公众服务的广阔天地。政府为社会公众进行网上服务的内容和方式是多种多样的。

当前政府面向公众的电子化服务，至少要做好以下四种类型的工作。

（1）信息服务。政府是网上信息资源的最大拥有者，政府要注重信息资源建设，并将所掌握的信息适时发布，实现信息资源共享，并最大限度地拓宽信息资源的共享空间。

（2）网上办事。网上办事是政府在网上履行自己的职责，是政府实现在线服务的重要方式。目前初步开展的主要有网上审批、网上采购、网上招投标、网上纳税、网上收费与缴费、网上发证等，网上办事的开展，极大地改进了政府的办事质量，提高了办事效率。

（3）便民服务。这种服务是为方便群众的生活和社会活动而开展的，主要有电子福利、电子教育、电子保健、电子社会保险、电子邮递、电子户籍等。不同的人在不同的时间随时可能需要特殊服务，政府在线应该能够及时提供这种特殊的个性化的服务。

（4）采言纳谏和社会监控服务。该项服务既是社会公众参政议政的需要，也是政府及时体察民情和推进自身勤政廉政建设的需要。当政府某项政策要出台时，可以采用网上信息发布的形式公布于众，使群众能够及时反馈意见，为了保证信息反馈及时、迅速，一些国家政府还为此专门设立专线、开设专门的网站或网络专栏，使群众能够随时进言献策。

4. 实行政务公开

政务公开是实现行政公平、公正的前提，是人民群众履行自己的基本公民权利，是政府有效实施为公众服务的重要手段。自我国加入WTO后，在国内经济与全球经济进一步融合的情况下，政务公开已成为我国政府必须解决的重要问题。政府公共服务电子化为推进行政公开创造了优越的条件，它能以其强有力的手段来保障政务公开的有效实施。

实行政务公开，要正确确定可公开的政务内容和范围，解决好实施公开的方法、途径以及推进其实施的保证措施等问题。要对可公开的和不可公开的行政内容进行界定，尽量扩大可公开的内容，缩小不可公开的内容，除涉及党、政、军机密和公开后会危及国家安全、影响政府管理有效进行的信息外，能公开的内容要尽可能公开。我国政府在实施政务公开时，凡涉及以下事项的都应该公开，即：行政决策事项、行政法规事项、行政审批、行政收费、行政许可、发照、登记、注册、行政处罚、所有涉及企业和个体工商户的收费项目及其收费的依据、社会保障事项、工程招投标事项、重点工程以及达到法定标的数额的建筑工程、涉外服务事项等；行政公开的方法与途径，是指使公民获取政府资讯的步骤、次序、渠道和工具。利用网络化手段，开设信息发布网站并使可公开发布的政府信息及时上网，建立政务信息公开的专线和咨询、查询站点无疑都是有效的方法；解决政务公开问题，关键在于加快政务公开化的法制建设。为此，要制定政务公开法，通过立法建立我国公开服务承诺制度、公开政府会议制度、公开获取政府文件和信息的制度，以法明确行政公开的内容、范围和对象，以法规定公民在政务公开中的权利和义务，以法规定政务主体拒绝政务公开或应公开而没有公开的法律责任。与此同时，要加快制定政务公开载体的行政程序法典，用法律程序解决公民获取政府信息的程序、渠道和手段等问题。

5. 缩小数字鸿沟

随着信息化进程的推进，社会得以高速发展，但同时也造成了一种令人担忧的不良社会现象——数字鸿沟，意思是指在社会信息化进程中弱势群体与强势群体在所占据的信息资源、基础设施、有关权利等方面的差距在拉大，造成了新的社会不公平现象。

政府是公益性服务的主要提供者，也是纠正社会不公现象的主要执行者。公共服务电子化的过程，需要坚持平等原则，考虑弱势群体的需要，包括穷人、残疾人等，为他们享受电子服务提供必要条件。比如中国香港特别行政区政府在不同地点为失明及视障人士设立“社区数码站”，装置附有特别设施（如显示放大软件、语音仿真软件）的计算机，让他们获得电子化公共服务及其他信息科技服务。公共服务电子化网站也采取了一定的技术性措施，方便失明及视障人士使用。这些举措对于缩小数字鸿沟起到了重要的作用。

6. 实现网络民主

所谓网络民主，主要是指民主过程及方式的电子化，包括通过网络和在线服务实现价值观和政治立场的交流、反映和集中。在网络民主的运作框架下，网络将所有的社会成员以每人一票的原则组织起来，快捷地收集、统计、公布、实施每个成员的意愿。由于网络智能系统能迅速准确收集统计得票结果，并可将结果直接发布实施，就完全排除了任何人为干扰和暗箱操作，极大地提高了公共事务的服务效能。

通过政府网站，政府决策过程和结果得以实时公开，公民通过政府提供的电子邮箱、电子举报箱、电子听证会等，可以非常容易地对国家法律、法规、政策的制定发表自己的看法，也可以随时随地对公共服务的内容、数量、质量等做出评价，提出意见和建议。例如：几年前，在美国俄亥俄州的哥伦比亚市建立了世界上第一个“电子市政厅”，公民可以经由电子设备真正参与地方计划委员会的政治会议，公民在家中一按按钮，就马上能对地方分区、建设高速公路等进行投票，还可以参与讨论，发表广播演说。因此，公共服务的电子化过程，也是政府管理的透明化过程，是网络民主不断健全和完善的过程，它保证了公民的知情权、参与权和监督权等，拉近了公民与政府的距离，公民参政议政的积极性提高，这种多人参与的网络民主，既提升了政府决策的质量，又促进了社会民主和进步。

1.4　政府公共服务电子化的实现方式

1.4.1 电子化的公共服务系统

1. 公共服务系统的含义

所谓公共服务系统是指政府部门根据社会和公众的服务需求，利用互联网技术等为公共服务的不同对象提供各种具体服务的信息系统。

一套完整的电子化公共服务系统是一个综合性的服务整体，它通过发展信息站点、顾客账户处理、顾客重组等综合手段形成整体的公共服务体系。其中：信息站点是各种能够发布信息的设备终端，如统一的信息接收点、电话室、免费电话、热线电话、信息入口、社区终端通道等；顾客的账户处理系统在足够的信息通信技术的支持下，通过数据库服务系统，为公众提供一步到位的服务；顾客重组则是借助于“客户关系管理”思想，按人口统计、社会经济特征、地域共同需要等对各种顾客（其实就是各类接受政府公共的个人或组织）进行重新分类，借以实现更为科学、合理的一步到位服务。

2. 公共服务系统的功能

公共服务系统的功能包括政府信息发布、公众意见收集、公共事务处理等多个方面。

公共服务系统的上述功能，可以具体表现在改变政府职能、提高政府公共服务能力等方面。首先，社会公共服务过程是一个政务信息公开过程，公共服务系统的建立增强了政府公务处理的透明度；其次，公共服务系统从根本上改变了政府与社会、公众、企业的信息不对称状态，公众、企业可以通过网络及时获取政府的各种信息；此外，公共服务系统使公众享受政府服务只需一个入口，改变了传统的通过一个个“衙门”去拜访的串行工作方式。公众不仅可以享受到政府提供的“一站式”服务、在线服务等，而且大大加强了政府与公众之间的互动，从而使政府可以不断提高公共服务的质量。

电子化公共服务系统的建立，突破了时间和地域的限制。网络服务系统为政府机构提供了大范围、大容量的事务处理机制，在提高政府机构服务效率的同时也提高了客户的办事效率。由于政府服务部门对客户环境的掌握更全面，也使政府服务更具适应性。

总之，公共服务系统将最大限度地提高公众对政府服务的满意度，密切政府与公众的关系，使政府为民服务的工作更为有效，同时也为广大企业，特别是为政府的窗口单位创造了一个提高公众满意度、提高政府部门形象和扩大知名度的高效率渠道。

3. 公共服务系统的内容

针对社会、公众和企业对政府公共服务多方面需求，目前我国政府公共服务系统实际应用中的服务内容主要有以下三个方面。

（1）面向公众的服务

包括：个人证件的申请和延长，如护照和驾照；汽车登记，如新车、二手车以及进口车；建设许可证的申请；公共图书馆在线资源提供；在线教育服务提供、入学登记；地址变更服务；就业信息查询；社会保险缴款；有关健康的设施和服务等。

（2）面向企业的服务

包括：员工的社会税款缴纳；公司所得税的申报和通知；增值税的申报和通知；新公司注册；向统计部门提交数据；有关环境的许可证（包括报告）；政府公开采购等。

（3）面向社会提供的一般应用服务及信息发布

包括各类公开信息和一般的、非敏感的社会服务。例如，基于政府互联网网站的信息发布及查询；面向全社会的各类信访、建议、反馈及数据收集统计系统；面向全社会的各类项目计划的申报、申请；相关文件、法规的发布及查询；各类公用服务性业务的信息发布和实施，如工商管理、税务管理、保险管理等。

近一时期，我国各级政府建立的公共服务系统大致提供了如下具体内容的公共服务。

交通服务：包括申请续办驾驶执照、申请续办车辆牌照、预约驾照考核、预约或更改检车时间、更改驾驶执照通讯地址、更改车辆牌照通讯地址、旧车交易、道路交通信息服务、道路损坏报告、交通堵塞报告、交通时刻表、电子地图、交通部门介绍等。

个人服务：包括申办出生证明并查询相关信息、申办死亡证明并查询相关信息、申办结婚证书并查询相关信息、申办户口及证明、申报举办公益活动并查询相关信息、财物招领、物品捐赠、更改个人资料、公共服务查询、天气预报等。

信访服务：信访部门作为政府面向群众的一个重要窗口，提供网上服务将营造一个民主的政府。所有Internet提供的信息或反映的问题将根据类型转入政府机关内部公务处理系统中的不同人员的信箱，整理后做相应处理。

预约服务：受理各种申请和答复、办事预约，可根据具体的业务情况做出安排。

教育服务：包括各小学、中学、大学各种相关信息检索，各省市及国外大学资讯、网上课程学习、教育统计报表、网上学历认证、社会力量办学介绍等。

就业服务：包括各工种介绍、岗位技能培训、专业技能考试、登记求职、登记职位空缺、查询职位空缺、查询求职者和各类劳动法规介绍、劳工部门介绍等。

纳税服务：税务查询、市场及商户销售报告申报税项、更改纳税人资料、缴纳税款、税务部门介绍。

保险服务：通过电子网络建立覆盖地区甚至国家的社会保险网络，使公民通过网络及时全面地了解自己的养老、失业、工伤、医疗等社会保险账户的明细情况，有利于加深社会保障体系的建立和普及；通过网络公布最低收入家庭补助，增加透明度；还可以通过网络直接办理有关的社会保险理赔手续等。

法律服务：包括法律服务查询，政法部门介绍，了解法律知识、司法程序等。

文化娱乐服务：包括旅游资讯、图书馆书籍查询、申报举行公开活动并查询相关信息、文娱服务部门介绍等。

商务服务：申请营业执照并查询相关信息、中小型企业投资指南、公共服务查询、更改商户资料、办理国外雇佣通知书、缴付政府费用、邮递服务查询、政府新闻信息服务、常用统计资料、订购政府刊物、商务部门介绍等。

旅游服务：旅游线路查询、旅游目的地介绍、旅游饭店预订、景点门票预订、航班以及列车票务预订、旅游常识、电子地图、公交线路查询、旅游部门介绍等。

4. 公共服务系统的设计与开发原则

公共服务系统是具有特定功能、特定结构的信息系统，在设计与开发的过程中需要遵循特定的原则，其中最为重要的方面如下。

(1)以公众为中心提供服务。公共服务系统的服务对象广泛，社会公众是其中的核心部分。因此，在系统设计与开发过程中，一定要以公众为中心，充分了解和掌握公众的需求，始终以满足公众需求作为系统设计开发的宗旨，一切想公众之所想，急公众之所急。

(2)针对中国的实际情况，充分利用电话、传真、短信、信件、网络等多种手段，充分发掘政府内部信息资源的潜能，充分提供公众所需的数据和信息，及时有效地处理公共服务中的各种问题，建立适合国情、省情、市情、县情、区情的公共服务系统。

(3)建立完善的信息发布管理机制和信息反馈机制。要针对不同类型的用户提供不同的信息，善于将各种信息按权限分级管理、分级共享，保证政府重要信息的安全性。另外，系统还一定要重视信息反馈机制的建设，使系统真正具有即时互动的能力。

(4)系统还需要具有必要的智能管理能力，比如，系统能自动积累和生成大量数据，能及时了解和分析公众和各种社会组织对政府服务的需求，能够及时将有用信息反馈给政府的决策部门，作为政府决策中的重要依据。

(5)建立坚固、稳定、管理功能强大的 Internet/Intranet 网络平台，为公众提供真正方便、快捷、优质的服务。为此，各种网络系统要具有强大的数据访问、存储、操作与管理功能；系统还必须具有可维护性；所有流程的设置都应当通过图形化的界面实现。在系统提供的主页模板上，经信息处理工作后的信息将自动生成网页在网上发布。可以利用系统提供的模板随时扩充新的应用，页面模板应当可以随意更换；系统应当具有灵活应变的能力和扩充性能，建立易扩展、易二次开发的应用平台，以适应不断发展的需要。

1.4.2 基于政府门户网站的窗口作业模式

政府公共服务系统主要是以政府网站的形式出现的，在各种各样的政府网站中，最重要也最具代表性的公共服务窗口是政府门户网站。

1. 政府门户网站及其内容、特征

门户网站是通向互联网世界的大门，迈向网络社会获取信息资源及服务的第一步。门户网站通过集合众多内容，以及提供多样服务，成为网络用户的首选网站。同时，门户网站引导互联网用户前往其他目标网站，普遍具有鲜明的个性化特征和地域性特征；及时跟踪用户的使用兴趣爱好和行为，满足用户的需求；通过桌面化组织管理和资源分类，以消除信息冗余，使用户能顺利访问多种类型的信息。

政府门户网站是电子化公共服务的一个最重要的窗口。所谓政府门户网站实际上就是由政府部门统一建立的网站。它通过高速接入互联网实现资源共享，是电子化公共服务统一的对外窗口，为公众、企业或下属单位提供信息和服务，并使他们以最简便的操作方式，快速地找到自己所需要的服务和信息。

政府门户网站所提供的公共服务内容一般包括：政府新闻、统计资料、政府出版物、数据库查询、问题咨询、邮件列表、服务承诺、隐私保护政策、办事指南、政务公告、网上投诉、网上查询投诉结果、各种政府表格下载、在线提交申报表格（电子表格）、网上查询办事进程、网上招标、网上采购、网上缴税及支付各种费用等。

政府门户网站的主要特征是：友好的网站界面、清晰的网站导航、完善的帮助系统、完整的信息和完善的在线服务等。

2. 政府门户网站推广的重大意义

政府门户网站和地方政府门户网站对电子政务的推广应用非常重要，但目前我国只有为数不多的城市政府网站具有门户的作用，全国性的政府门户网站建设也是才刚刚起步。政府网站的问题主要表现在几个方面：域名和网站名称不规范、联系信息不完整、网站设计不专业、信息量少、实用性差、缺乏交互性、更新不及时等。

政府门户网站是电子政务“三网一库”建设中连接内网和外网的桥梁，是连接政府和政府、政府和公众、政府和企业的纽带。电子公共服务的功能和内容基本上是通过政府门户网站的形式表现出来的，外界许多人对政府的了解也是从政府门户网站开始的。

虽然电子政务建设的大量工作体现在后端，如“三网一库”建设的硬件平台、应用软件、实施管理等，但电子政务的核心是政务处理的电子化，电子政务的关键是公共服务，公共服务的水平则更多地体现在前端，即政府门户网站上面。作为电子化公共服务的窗口和应用平台，政府门户网站的建设一定要向信息丰富、更新及时、功能强大等方面努力，以提高政府网站的使用率，体现电子政务的实质。

政府门户网站与一般的门户网站不同，它以服务为主，突出特征就是要为公众、企业和政府系统服务，服务是政府门户网站的生命线。在电子政务的早期阶段，各个政府部门的网站都是按照政府的组织结构来设计的。经过一段时间的实践发现，要真正为用户服务得好，必须以用户为中心，按照用户的意向来设计政府的网站。用户通过一个政府门户网站应当可以进入到政府的所有部门，或者可以进入任何一个由政府向用户所提供的服务项目。对于那些需要几个政府部门同时介入才能完成的事务处理，这种门户网站对用户来说更为方便。因为用户对政府的纵横交错的结构是“看不见的”，用户只需要在网上完成他所需要的与政府互动的相应操作，根本不需要知道事务完成的过程。

3. 我国政府门户网站建设要注意的问题

当前，西方国家的电子政务服务经历了从内向外，从局部到系统的演进发展，其中他们的电子政务应用项目发展重点中有 20 个基本公共服务项目为优先考虑，其中 12 个面向居民服务，8 个面向企业服务。我国政府的电子化社会服务还处于发展初期，目前我国电子政务公共服务正处于后台内部整合，互联互通，内网、外网、政府门户网站同时建设的时期，也正处于从内向外、从局部到系统的演进发展阶段，还需要大力推动各级政府门户网站建设。推动各级政府门户网站建设，其中最重要的一点就是政府门户网站要以服务为本，而政府网站规划服务要突出解决以下几个方面的常见问题。

（1）如何掌握政府服务目录的编制技巧。

（2）如何更有效地与公众保持良好的互动。

（3）如何提升门户网站的直接服务能力。

（4）如何在形式上体现“庄重、典雅、大方”风格和本地化特征。

（5）如何保障网站的可持续发展与运营，以及规划设计的适度超前性。

（6）如何建设良好的政务信息呈现与查询系统。

（7）如何提升门户网站的影响力和最大程度地吸引公众、企业的参与。

1.5　我国公共服务电子化现状、问题与对策

自1998年政府上网工程启动以来,我国各级政府在公共服务电子化方面所取得的成绩是有目共睹的。但也存在着一系列的问题,必须采取一定的措施来解决这些问题。

1.5.1 我国政府目前所提供的电子服务简介

目前,由于我国的电子政务还处于初步发展阶段,各级政府实际能够为各方面提供的电子服务种类还比较有限,以下几个方面的服务具有一定的普遍性。

1. 电子采购

电子采购是我国政府重要的电子服务项目,通过电子化的公开招标、选择性招标、谈判采购、竞争采购等,可以帮助各级政府机关和其他公共部门、事业单位完成采购任务。电子采购具有价格透明、效率高、竞争性强、节约成本等优势。

2. 电子税务

电子税务包括电子申报和电子结算两个环节。电子申报指纳税人利用各自的通信网络系统直接将申报资料发送给税务局,而不必亲临税务局;电子结算是指国库根据纳税人的税票信息,直接从其开户银行划拨税款的过程。通过电子税务系统服务使纳税人足不出户地完成从申报到完税的全过程,带来了税收流程的大变革,把纳税人和税务工作人员从繁琐的事务中解放出来,提高了双方的效率,从而带来了经济效益和社会效益。

3. 电子邮政

电子邮政服务就是建立整体性的电子邮递系统,以电子手段实现信息高速传递。这种电子服务可以增进政府之间、企业之间、公众之间,政府、企业、公民几者之间的信息沟通效率。目前,我国开展的电子邮政服务主要是实物函件到电子函件、电子函件到电子函件、电子函件到实物函件等传送服务。

4. 电子资料库

在广泛收集各方面的数据和信息的基础上，一些政府部门建立了供社会公众享用的各种电子化的资料库，内容范围大都包括法律法规、政策、相关情况查询等。国家有关部门在举办各类大型考试之后开设的分数查询系统，教育部门开办的高考志愿填报辅助系统等就属于这种性质的电子服务。

5. 电子化公文

在保证信息安全的前提下，政府向企业甚至公民开放电子化公文服务，服务对象可以利用计算机进行相关公文的制作和传输及管理，并通过网络进行公文的交换，随时随地取得政府资料。

6. 电子认证

政府通过电子网络进行面向社会的电子认证服务，包括电子签章（签名）认证、电子身份认证、证件查验等。电子签章（签名）是通过电子形式保证发送信息的真实性、可靠性，同时通过加密的形式确保发送与接收信息的安全。电子身份认证是以一张智能卡或一个用户ID集合个人的医疗资料、个人身份证、工作状况、个人信用等身份识别信息，通过网络实现政府的各项便民服务程序。目前在上海已经试行这种“一卡通”服务。

7. 公共电信服务系统

这是一个联系公众，为公众服务的一个行之有效的电子服务系统。有人把它简单地叫作“电话呼叫中心”，其实它有着更深刻的内涵，它不仅仅是简单地把电话和互联网联系起来，让百姓更多的感受电子政务带来的好处，还可以为点击率最高的热点问题生成标准答案，或者干脆由系统自动应答。这是一个前端有互动，后端有分析的投资小、见效快、不涉及政府业务流程重组的实用系统，在电子政务初期阶段有很高的应用价值。

8. 电子审批

在依法全面清理行政审批事项的基础上，对依法需要保留的行政审批实现全部或部分线上作业。行政相对人只需要登录相关网站，点击鼠标即可完成审批事项的主要程序。

9. 电子支付

电子支付与银行系统相配合，完成一部分税费的网上缴纳。

10. 电子监控

以电子化手段对某些行政过程进行监控。如对政府投资的建设项目进行网上实时监控(对资金流、项目进度等),对司法部门的执法程序进行过程监控等。

11. 电子咨询

各级政府还可以就社会各有关方面关注的热点问题提供电子化咨询服务,如设立网上咨询台,开辟热线电话,开辟电视栏目等。

12. 应急联动服务

随着城市规模的日趋庞大,如何提高城市的社会应急反应能力成为城市管理急需解决的问题。因此,应急联动服务应运而生,它通过一个通信系统与信息系统集成的平台,统一协调公安、消防、急救、交警、公共事业、民防等政府部门,为市民提供快速、及时的各种救助和相应的服务。统一报警、统一指挥、快速反应、联合行动是该服务系统的显著特色。一个时期以来,在我国绝大部分城市的应急服务多处于分散管理状态,有 110 的公安指挥中心、119 的火警、120 的医疗急救服务、122 的交通事故处理等。它们各有分工各有特定的功能,但由于缺乏统一管理,造成了投资分散、技术不完善、资源配置重复,不利于应急服务所需的快速反应和合成作战指挥的后果。有些市民根本就搞不清相关号码的服务内容,也导致救助时间的延误。为了把公众所需要的电子服务落到实处,我国一些大中城市的政府已先后开始构建统一的社会应急联动服务系统并投入运行,这个系统将 110、119、120、122 等纳入统一的指挥调度体系,从而实现了跨部门、跨地区以及不同警种之间的统一指挥、协调一致,使高效应急、联合行动成为现实。

1.5.2 当前公共服务电子化存在的问题

当前,我国公共服务电子化方面存在着如下一些问题。

1. 信息资源共享程度低

促进部门间的信息资源共享,打破部门利益分割,是服务型政府发展的重要环节。但我国目前各个部门都是各自为政,有的部门甚至把自己掌握的相关数据当成“独家秘笈”,在数据库、应用系统的建设上,不考虑同其他部门的互联互通、协同办公。电子政务的服务功能还难如人意,如当前我国很多城市的国税、地税、工商、财政等部门的信息化水平都很高,但是部门之间的信息交换却显不足。目前数字城市建设的信息共享程度从组织内部来看只是趋于组织内部信息公开阶段，不同部门之间信息共享不是很高。而从组织外部信息共享来看，还仅仅是处于不同组织间的信息交换阶段。

2. 整合力度远远不够

政府网站的“信息孤岛”“信息烟囱”现象还比较明显，各个部门网站之间、部门网站与门户网站之间存在大量相互封锁的现象，彼此不能互联互通，更不能实现互动，而且政府外网、专网和内网之间的信息也很难进行有效共享。政府网站的前台和后台数据库之间缺乏有机的制度性联系，政府网站中“条块”信息整合仍存在一些机制和体制上的障碍。这就造成目前不少政府网站的协调效益非常差，整体优势难以发挥。

3. 使用效率不高

在很多情况下，公众的服务请求在政府机构之间来回穿梭，耗时费力，有的干脆石沉大海。社会公众对政府服务不满集中在政府服务的低效率。如果政府相关部门能够做出快速回应，并能告知目前处理的阶段与回复的期限，则必然会得到公众的理解与支持。否则，电子化服务则只能成为“摆设”，于社会公众没有实际意义。

4. 网络服务非常薄弱

通常来说，随着网络的日趋普遍、公众上网越来越多和服务网络化的发展，政府网站将日益发挥其“功能强大，服务面广，容易与公众沟通”的优势。但是目前这些优势发挥得还很不够，政府网站的服务人群少，服务领域窄，服务形式单调，直接服务能力弱，以及服务程度非常浅等。例如，未能提供网上咨询或无法在网上查询政务公开内容和办事状态，未能设置明确的政府电子信箱或信箱形同虚设，未能通过信箱、留言板、政务论坛等形式实现与公众的沟通，在体现执政为民的公众反馈和网上监督功能等方面做得很不够等。需要指出的是，除了目前许多政府网站在服务公众和企业上表现比较薄弱外，对公务员的服务也十分弱，这在一定程度上较为严重地阻碍了电子政务效益的发挥。

5. 公众抱怨较多

虽然我国政府网站从无到有的过程进步很快，成绩也比较明显，但是也引起了许多公众的不断抱怨，这些抱怨在公开的大众媒体上有反映，在一些网络论坛中也有所体现。这说明我们不少的政府网站离公众的实际需求还有很大的差距，而且随着国际电子政务的发展，以及公众对网络服务要求的提升，这种需求差距可能不会缩小，甚至还会扩大，这也说明我国政府网站建设的任务还非常繁重。

1.5.3 提高我国公共服务电子化的对策

切实提高政府电子化服务水平是我国各级政府的共同愿望，对此，我国应该采取的策略与措施有很多，其主要对策主要体现在如下几个方面。

1. 要强化对电子服务的认识

从目前我国的实际情况出发，无论是政府还是社会公众，无论是政府的决策层还是一般的公务员，都需要进一步提高对电子服务重要性的认识。

如前所述，电子服务实际上就是公共服务的电子化，而我国是在公共服务还很不发达的情况下来发展电子服务的。不管是服务还是电子化，我们的起点都不高，认识水平都很有限，甚至对政府公共服务本身的认识还都存在问题。这将构成电子服务发展最大的思想障碍。现实告诉我们，我国在电子政务建设中，比较普遍地存在着“重监控、轻服务”“重政府内系统建设，忽视对外公共服务系统建设”的倾向。这一现象的思想根源就在于我们还没有真正认识到政府改革的世界性趋向，就是要使政府职能实现的方式从以管制为主转变到以服务为主；政府发展电子政务的核心价值之一就是改善政府的公共服务，提高公共服务的水平和质量。正因为如此，国外在发展电子政务的过程中，普遍把政府为公众提供电子化公共服务作为优先实现的内容。

我国在电子政务建设中，从政府到公众并没有真正认识到这一点。道理非常简单，如果人们根本就没有想到电子政务主要是发展公共服务，那么，没有服务又哪里会有电子服务？如果社会公众没有普遍的服务需求，甚至把从政府部门获得的本来就是天经地义的点滴服务也视作“施恩”，更不能以强有力的方式向政府表达自己的服务诉求，那么，又会有多少政府部门会主动放弃传统的管制权，转而热心搞自己本来熟悉的东西，发展公共服务并把它电子化呢？ 所以，在我国当前阶段，强化对电子服务的认识非常关键和重要。

2. 要重视服务设计

电子服务最本质的内容就是服务，但由于政府部门长期以来是重管制轻服务的，因此，服务实际上是政府管理中的弱中之弱——水平低，效果差，投入少，欠账多。这其中的原因除了前面所说的认识问题之外，也与我们不讲究服务设计有关。其实，服务是有特定目标、特殊规律性的活动过程,有着特殊的复杂性,如果我们对服务目标、服务项目、服务方式、服务标准、服务提供过程、服务效果的评定等缺乏整体规划和具体的安排,就难免目标不明、管理粗放、服务质量不高、服务效果差强人意。我们实在很难想得通,人们在物质生产领域,为了保证质量,便于生产和管理,可能对生产小小的螺丝钉也不敢放弃甚至不敢放松设计,但对关涉因素几乎包括人、财、物、信息等所有方面,过程与结果高度复杂的公共服务却为什么可以不讲究设计,甚至根本就没有设计。在服务方面,政府部门需要向企业界学习,特别是要学习企业注重服务设计的精神。电子化的公共服务实际上要比企业为社会提供的服务复杂得多,它也就更需要精细、科学的设计。

3. 要注重信息资源的建设

资源是服务的根本,如果电子服务缺乏资源,服务就成了空谈。人、设备工具、资金等都是电子服务所需要的资源,但其中的核心当然还是信息资源。从目前我国电子服务的实际状况看,我们最为欠缺的恰恰就是信息资源。一些政府机关建立的网站,技术并不落后,装备水平也不低,但老百姓并不买账。其中的原因非常简单,网站上面没有信息可用。这样的服务就不是服务,再好的电子化手段也永远是手段,没有内容的服务实际上就是没有服务。政府电子化服务,第一位的是内容;否则,方式再多样,手法再新颖,样子再漂亮,态度再友好,但人们根本得不到所需要的东西,人们就永远不会满意。政府并不缺乏信息原材料,社会信息中的80%以上实际上都在政府的掌握之中,关键还在于愿意不愿意、敢不敢、善于不善于把有用的信息拿出来,让它真正为社会公众所用。愿意不愿意的问题,需要通过政府和全社会各个方面不断增强认识、树立正确观念,通过形成必要的社会压力(包括充分的立法)等方式解决;敢不敢解决问题,需要政府部门解放思想,同时也需要国家尽快立法,确立信息公开的法律保障,既维护社会公众的合法权益,也给政府部门的信息公开活动确立依据,减少政府机关工作人员的后顾之忧;善于不善于解决问题,则完全是政府部门自己的事情,系统地研究和确立信息公开的工作机制,培养出合适的人才,掌握信息公开的一整套方法,这是电子服务资源建设过程中亟待完成的历史性任务。政府部门在这方面,必须尽快完成从不熟悉、不适应到全面熟悉、全面适应的转变。

4. 满足公众需求,超越公众期望

要提高政府电子化服务的水平,首先要保证满足公众的需要,同时要在此基础上有新的突破,力争超越公众的期望。了解公众需求最常用的方法是在网站上提供用户反馈功能，收集公众对政务电子化服务的意见。英国政府为了听取公众对政府电子化服务的意见，专门成立了一个由 5000 人组成的公众代表会，成员是在全国随机选择的，它代表英国不同年龄段、不同地区、不同性别的各方面人士。政府有关部门定期组织专门的调查，了解诸如“公众希望哪些服务能做到 24 小时进行”“公众希望用何种方式同政府打交道”等。因此，学习借鉴国际、国内的先进经验，结合实际需要，创造性地提供社会服务的电子化实现方案，可为社会公众提供更多、更好、更快的政府服务。

5. 加强应用集成，促进职能重组

政务电子化社会服务的一个重要特点是它打破了传统的政府分工，使不同部门的政府服务能做到有机的集成。对广大公众来说，他们不需要了解政府各部门的职能划分，不必关注某件事应由政府哪个部门负责，而只要像选择电视频道一样简单。与此同时，政府部门之间要进行跨部门的合作，必须将相关业务按公众的需求重新整合，没有必要的职能重组是很难达到预期目标的。

6. 提高政府服务网站的有效性

提高政府服务网站的有效性，首先，必须注意合理使用自动化技术。合理使用自动化技术对提高政府服务质量有很大的帮助，在使用电子化服务的公众中，既有网络高手，也有刚出道的初学者，如果自动化技术使用不当，难免会产生消极影响，但过分依赖自动化技术，会让很多用户因不适应而放弃。其次，必须考虑各种不同访问者的需求，尽可能让不同类型的访问者满意。以下一些问题有助于网站设计有效性的判断。

（1）访问者能迅速地找到常见问题的答案吗？

（2）疑难问题能在 24 小时内回复吗？

（3）网站内容能随着公众的反馈而不断更新吗？

（4）是否把站点最新更新信息快速传递给访问者？

（5）知道经常光顾的访问者对哪些信息感兴趣吗？

（6）是否能经常听到公众对政府服务站点的正面或反面的评价？

如果对以上的问题回答基本是肯定的话，则说明这个网站的有效性是有保证的，否则就要进行调整。

7. 全面创新服务观念与机制

政府服务机制不健全是导致服务水平低下的重要原因，比如服务程序不完整，服务流程不清晰，服务体系不完善或服务任务不明确等。因此，

服务机制创新在政府电子化服务的发展中同样具有重要作用。具体包括:

(1)服务运作机制创新。服务运作机制创新要求政府相关部门和人员建立起"技术为业务服务,后台为前台服务"的全方位服务理念,理顺各个部门的关系,明确各自的职责,建立起规范化的服务业务处理流程,提高服务效率和水平。

(2)服务监督机制创新。服务监督机制创新要求政府相关部门不断完善服务监督机制,逐步采用定量化的服务质量评价方法,加强部门工作绩效考核,不断提高服务人员的素质,形成科学合理、优胜劣汰的服务机制。

(3)服务激励机制创新。服务激励机制创新要求政府有关部门把调动政府服务人员的积极性、主动性和创造性作为一项重要的机制,加大政府服务的激励力度,鼓励政府公务员不断提高服务水准,为创造高水平的政府服务工作尽心尽力。

8. 及时了解电子服务的发展趋势

为了在将来能够预见性地提供各种高效、优质、及时、圆满的电子服务,必须要高瞻远瞩、未雨绸缪,及时了解未来电子服务的发展趋势。根据有关专家的初步推算,电子服务在今后一个时期,无论在广度上还是深度上,都会有一个比较大和比较快的发展。

电子服务的发展首先表现在广度方面。随着电子政务的不断扩展,电子服务将同步实现服务领域、服务方式、服务提供者范围的扩展。

在服务领域的扩展方面,电子服务将很快向更加广阔的应用领域开拓。需要由政府提供的绝大多数公共服务,都有通过电子化手段实现的可能性。除了目前在世界各国政府已经普遍开辟的社会事务与经济事务处置领域外,政治事务处置(参政议政、竞选投票等)、文化教育事务处置(文化设施利用、文化服务享受、教育服务选择等)、医疗健康事务处置、劳动就业事务处置、法律事务处置等领域都将比较普遍地应用电子服务。

在服务方式的扩展方面,将呈现有益的多样化局面。现代信息技术已经为多样化的电子服务提供了充分的条件,目前使用最普遍的单向信息提供方式将很快被双向信息交流方式所取代;非实时信息提供方式,将很快被实时信息提供方式取代;部分电子化部分非电子化的复合型方式,将越来越多地被全电子化方式取代;完全依赖于计算机网络系统实现的方式,将被以计算机网络系统为主体,以更具普及性的电话网、有线电视网、电力线网为辅的方式所取代;只能观其文,不能见其容,不能听其言的单媒体方式,将逐渐被具有一定人性化色彩的、人与人间可以间接谋面的多媒体方式所取代;以共性服务为主的方式,将不断被越来越具有个性化特点的方式所取代。

在服务提供者范围的扩展方面，政府将不再是电子服务唯一的提供者。在世界范围内公共服务民营化的浪潮中，一部分本来由政府直接向社会提供的服务，会改由民间机构代为承担。政府需要做的是通过外包、业务分担等方式把具体的服务转交民间机构，自己则承担必须承担的财政资金筹措、业务监督责任，以及相应服务业绩成败的责任。

为了避免民间机构盈利取向可能造成的不公正和对社会责任和公共利益的疏忽，民间机构承担的电子服务项目应当是有限制的，事关国家主权与安全的服务不能由民间机构负责；明显会造成不公平、不公正服务结果的也不能由民间机构承担，政府确实无法对被委托者的服务提供过程实施有效监控时，也不能将相关服务委托民间机构代为实施。

社会非营利组织也可以成为电子化公共服务的提供者。非营利组织不仅可以成为政府与服务对象间的桥梁，而且可以直接提供公共服务，特别是那些政府无法有效履行的服务项目，如一部分文化教育服务、医疗卫生服务、社区发展服务、社会福利服务等。当然，这些服务中的一部分同样也可以电子化。

电子服务在深度方面的发展，将主要体现在服务质量的全面提升方面。具体表现为：一方面，各项电子服务要切实以顾客为导向，政府要更加重视客户关系管理；另一方面，要充分发挥电子服务的应用价值，切实使其产生比传统服务更加优化的服务特性，这些特性应该是传统服务所不可比拟的，主要包括功能性、可靠性、安全性、高效性、经济性、灵活性、直接性、整合性、充分性、公正性以及舒适性、周到性等。

有人对电子服务在近期的理想状态做出了描述，实际上这样一种状态正是电子服务特性优化的综合反映：政府可以在任何时候、任何地方、以任何方式为公众提供每年 365 天、每天 24 小时的全天候服务；公民不必走进政府机关即可获取丰富的信息；公民只需在单一机关办事，任何事情皆可随问随答，所办事情立等可取；如果公民申办事情涉及多个机关，则政府机关可在一处办理，全程服务；公民无需进入政府机关，即可经过其提供的电子化方式申办；各项服务简便快捷；政府可以与公众形成良好互动；服务更为直接、更为公平、更具有较高的附加值。

第 2 章　电子政务与政府服务模式的创新

2.1　电子政务的含义与特点

电子政务是快速发展的现代电子信息技术与政府改革相结合的产物,是政府信息化建设的主要内容。本节将阐述电子政务的含义,说明它与传统政务的不同,并介绍其特点。

2.1.1 电子政务的含义

所谓政务,简单理解就是政府部门需要办理的各项事务。在《现代汉语词典》中对"政务"一词的解释是:"关于政治方面的事务,也指国家的管理工作"。可以看出,其含义有两个,一是指"关于政治方面的事务";二是指"国家的各类行政管理活动,即专指政府部门的管理和服务活动"。电子政务中"政务"的含义是侧重于后面的含义。

以我国为例,"政务"的概念可从广义和狭义两个角度来理解:广义的"政务"泛指各类行政管理事务,包括政党、政府、人大、政协、军队等系统所从事的行政管理活动,如党务、税务、检务、军务、社区事务等;狭义的"政务"则是专指政府部门所开展的行政管理和社会服务活动。在我国,对"政务"的理解基本是从广义的角度出发的。

电子政务(Electronic Government, 缩写为 E-Gov)是一个近几年来伴随着互联网的发展和应用而产生的新术语。如果简单从字面上理解,电子政务就是借助电子信息技术而进行的政务活动,是指各级政府部门运用先进的信息技术手段,将政府可公开的信息面向社会、面向企业、面向公众发布,并使政府的服务工作网络化。它实质上是构建一个电子政府,利用信息技术和通信技术,有效地实现行政、服务及内部管理等功能。

对于电子政务的概念,目前还没有统一的描述。笔者认为,电子政务的概念可以定义为:政府部门运用现代管理思想对传统"政务"进行改革和业务流程重组，充分利用信息和通信技术，将政府的管理和服务通过网络技术进行集成，实现超越时间、空间与部门分隔的限制，全方位地向社会提供优质、规范、透明和符合国际水准的管理和服务。

从上述定义可以看出，电子政务其实本身包括三个方面的内涵：一是政府机构各部门实现行政自动化、网络化和信息化，帮助提高政府在行政、管理和服务方面的效率，积极推动机构精简和程序简化等新的业务流程和管理模式；二是利用政府内建立的网络、信息资源和现代化手段，为社会公众提供多种方式、任何地点、任何时间（Anyhow、Anywhere、Anytime）的 3A 优质服务；三是加强政府各部门之间的信息整合和业务协作。

2.1.2 电子政务与传统政务的区别

电子政务与传统政务相比，有许多显著的区别，主要体现在以下几个方面。

（1）从组织结构上看，传统政务管理方式实际上是一种层级结构的管理模式；电子政务则通过先进生产力来提高管理能力，形成管理方式上的网络型扁平化结构的管理模式。

（2）从办公手段上看，信息资源的数字化和信息交换的网络化是二者的显著区别。

（3）从与公众沟通的方式上来看，传统政务的政府与公众的联系，中间环节多；电子政务则能够做到政府对公众的要求进行快捷的反应，直接地为公众服务。另外，与传统政务相比，电子政务可以对行使管理的过程进行快速有效的监督。

（4）从工作方式看，传统政务管理大多以开会研究、逐级下达和层层上报为主；电子政务通过虚拟办公、电子邮件交换和远程连线会议等手段进行管理工作。

（5）从工作模式看，电子政务利用现代信息技术加强全局管理，精简和优化政务流程科学决策，使政务处理更加集约、快捷。表 2-1 总结了传统政务与电子政务的区别。

表 2-1　传统政务与电了政务的区别

比较项目	传统政务	电子政务
政府部门的存在形式	物理实体存在	网络虚拟存在
政务办公的方式	面对面办公	跨越地理限制
政府组织结构	金字塔形的层级结构	网络型扁平化结构

续表

比较项目	传统政务	电子政务
政府管理方式	严格时间限制	7×24 方式
政府生效方式	集中管理	分权管理
政务处理程序	公章、签字等	数字签名等
政府工作重心	以管理、审批为中心	以服务、指导为中心
政府主要议事方式	会议为主	网络会议、讨论等
政府决策参与范围	主要集中在政府内部	政府内部与外部的统一

在电子政务与传统政务以上许多的不同之中，其实最主要的就是事务处理流程与支撑技术的不同。传统政务处理事务的方式是以政府各部门的职能为中心，为公众提供面对面的政府服务。企业、公众和社会组织等要通过政府部门办理一些事务的一般步骤是：第一步，了解政府部门的职能、权限和具体分工等；第二步，按照解决事务的流程逐一到不同的政府部门办理。如图 2-1 所示，可以看出，这种事务处理方式流程复杂，审批环节多。

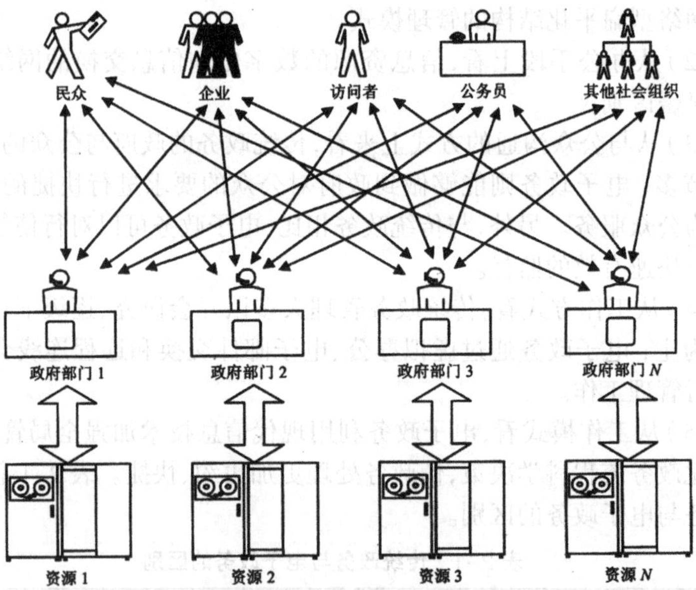

图 2-1 传统政务的事务处理流程图

电子政务的流程是以社会的需求为中心，政府以“政府就是服务”为出发点，帮助企业、公众、社会组织等快速、高效地解决各种事务，协调各种关系，如图 2-2 所示。

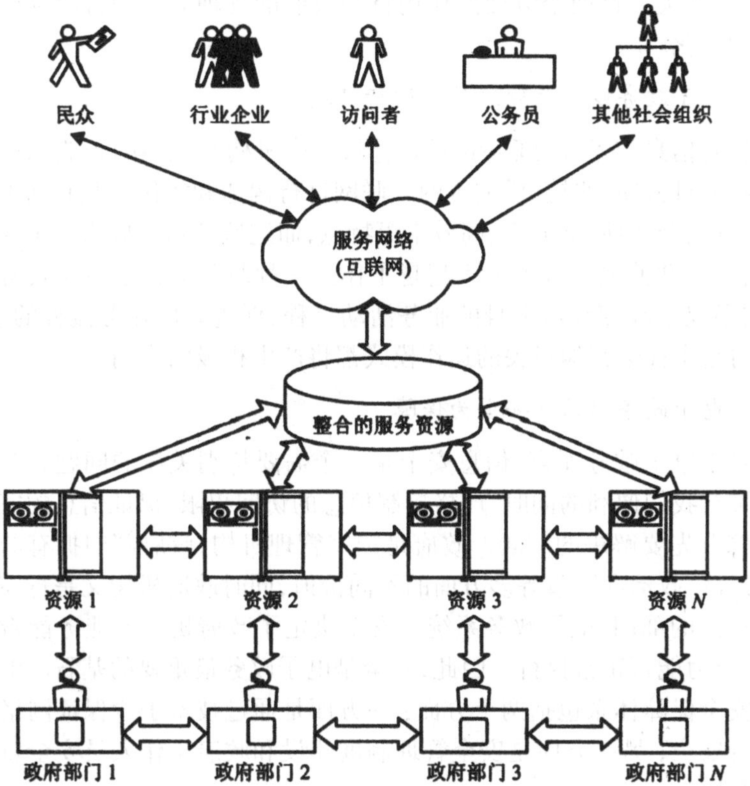

图 2-2　电子政务处理事务的流程图

从图 2-1 和图 2-2 的比较可以看出，电子政务提供的政府服务是一个以信息技术为基础的、通过政府服务流程的改进、向社会公众提供数字化的政府服务。

2.1.3 电子政务的特点

电子政务的实质就是政府部门的信息化建设，相对于传统政务，它具有如下特点。

1. 电子政务以信息技术作为主要应用手段

信息技术的高速快捷和打破时空的特点使得政府在信息的生产和传播、管理的模式和手段等方面发生了深刻的变化。一方面，政府在某些领域具有更强的信息获取与控制能力，从而拓展了政府职能的作用域，能够更有效地实现对社会的控制；另一方面，政府在信息获取和控制方面的垄断优势也将被打破而面临来自各个层面的竞争，导致某些职能受到压缩，甚至流失。这两个方面的作用将为政府的管理方式和行政手段带来革命性变化。

2. 电子政务以互联网络作为运行环境

随着信息技术和互联网络的发展，政府机构与众多的企业和社会公众能够通过方便、快捷、低成本的互联网进行沟通和协作。互联网本身具有开放性、全球性、低成本、高效率等特点，而这些特点也成为电子政务的内在特征，并使电子政务大大超越了作为一种政务运行平台所具有的价值，它不仅会改变政府本身的业务活动过程，促进政府业务流程的重组，而且对整个社会其他机关的运作模式都将产生积极的作用。

3. 电子政务以信息安全为保障

对于电子政务而言，信息安全是一个需要特别关注的问题。在享受网络带给我们便利的同时，严格控制信息的访问权限、保证信息的完整性是政府首先要解决的问题。政府是国家管理机构，政府部门拥有的信息具有经济、政治和军事等多方面的不同价值，同时政府机构又是行使国家行政权力的部门，电子政务系统的安全决定了政府机构的业务能否正常开展、权力能否正常执行。因此，安全是电子政务最重要的基石。电子政务的安全保障体系包括两个方面：一方面是通过技术手段保证网络安全和信息安全；另一方面是安全管理制度建设和政府工作人员安全意识的培养和树立。

4. 电子政务是一种全新的政府行政管理理念

电子政务不是传统政务和信息技术的简单叠加，不是用先进的信息技术去适应落后的传统政务模式，而是借助于信息技术对传统政务进行革命性改造。在过去的几十年间，企业从信息化建设中获得巨大的经济效益和社会效益的例子不胜枚举。但政府部门的信息化与企业信息化的目的是不同的，企业把追求利润作为一切活动的根本目标，而政府是一种公共行政管理组织，它把促进国家和社会的发展作为一切活动的根本出发点，政府信息化的目的是更好地为公民服务。然而，政府的信息化建设应该借鉴企业信息化的经验。这是因为企业的活力、企业的创新、企业的凝聚力都是政府所缺少的，如果政府能够借鉴企业信息化的成功经验，将会使自身更加有效率、充满活力。从这个角度来讲，电子政务可以看作是一个“以企业精神改造政府”的管理理念。

5. 电子政务的核心是在信息资源支撑下的科学管理

电子政务的核心是管理创新，信息化是强化管理的必由之路。因此，在电子政务建设中,管理平台的建设十分重要。在电子政务建设中,必须做到:完善管理制度,规范管理方法,改进管理手段,提升管理质量,提高管理效率,优化工作流程,增强服务意识,逐步实现管理手段和方法对信息技术发展要求的适应性;同时,还需要保证各类资源的合理使用,合理利用物质资源的潜在效用,深入挖掘信息资源的内在价值,充分发挥人力资源的真实能量,真正实现各类资源的有效调配。

6. 电子政务是一个不断发展整合的动态过程

电子政务不是一个一蹴而就的结果,而是一个持续不断建设和发展的动态过程,是一个运用技术手段改革政府管理模式和手段的不断探索、积累和发展而又螺旋式上升的实践过程。一方面,信息技术处于高速发展、不断更新的时期,这决定了电子政务建设具有很强的阶段性、时效性和动态性;另一方面,在电子政务建设过程中,组织建设的不断加强,管理改革的不断深入,业务体系的不断优化,决定了电子政务建设与行政管理需求间具有一定的适应性差异。从自身发展历程来看,电子政务必然经历从工具信息化到事务信息化,到管理信息化,再到组织信息化的四个不同层次的建设阶段。

2.2　电子政务的功能与应用

电子政务具有不可替代的特殊功能,它能全面提高政府管理的效能和政府公共服务的水平,并带来很大的经济效益和社会效益;同时电子政务的应用有其自身的特点和规律。

2.2.1 电子政务的基本功能

电子政务的实施为推动政府的职能转变,规范政务流程管理,优化政府运行机制,提高行政效率和信息资源利用,增强回应公众呼声和社会需求能力,提升政府管理水平,促进政府的政务公开和廉政建设以及推动国家信息化事业的发展等方面起着重要的作用。

1. 电子政务可以有力地促进政府的职能转变

在社会主义市场经济不断巩固发展的今天,我国政府面临的一个重要历史性任务就是转变政府职能,使政府的主要职能转变为经济调节、市场监管、社会管理和公共服务。

电子政务在政府职能转变中将发挥"助推器"的作用。一方面,电子政务可以为政府职能转变提供行之有效的工具支持,使政府更有能力完成这种转变;另一方面,电子政务还可以为职能转变提供更加有利的环境条件。特别是电子政务特有的有利于社会公众参与政府管理,有利于政府为社会提供更加快捷、便利的公共服务,有利于政府更好地掌握和利用社会信息资源等属性,将会为政府职能转变创造非常重要和必要的条件。

2. 电子政务可以很好地促进政府提高办事效率

降低政府的行政管理成本、提高办事效率是政府管理的永恒追求。电子政务在全面提高政府办事效率方面将发挥"助推器"的作用。它主要是通过实行办公自动化和业务流程重组这两个途径来降低运行成本、提高办事效率。

对于办公自动化所能带来的好处,国内很多政府机构已经深有体会。政府很多事务性、常规性的业务,如文档管理等,都可以进行自动化处理。由于很多政府业务的手续、步骤和流程都已经比较成熟和固定,所以,实行电子化办公能够有效地降低每个环节的成本。同时,电子政务还可以以网络技术为基本手段,优化并扩展政府机构的业务模式、管理模式和服务方式;电子政务可以依靠电子化的信息系统,将信息技术在政府机构的应用从简单的取代手工劳动提高到优化工作方式的新层次;电子政务可以实现跨越时间、空间限制高速传输政务信息的特点,降低管理成本,以无纸办公及远程办公方式,克服"文山会海"的"公文旅行"等现象,节约人力资源、物力资源和经费。

除此之外,电子政务还可以通过推动业务流程的重组来节省系统中冗余结构所消耗的成本。业务流程重组可以大幅度降低运营成本。在电子政务的建设过程中,由于借助了先进的计算机和网络技术,很多过去传统模式下必不可少的环节和步骤变得不再必要,所以配合电子政务建设,可以调整原有的业务流程结构,精简不必要的手续、步骤乃至整个部门,这不但可以精简政府机构,提高办公效率,同时也能大幅度地降低政府的运行成本,形成行为规范、运转协调、公正透明、廉洁高效的行政管理体制。

3. 电子政务可以有效地增强政府的监管力度

实施电子政务,能够用信息化的手段来加强政府的有效管理,使政府的各项监管工作更加严密、有效。政府的主要职能是经济调节、市场监管、社会管理和公共服务。在现代市场经济条件下,在发挥市场机制在资源配置中基础性作用的同时，必须充分发挥国家对整个国民经济的调控作用。我国电子政务建设的首选目标确定为加强政府业务监管。银行“金关”“金税”等工程所取得的成就都说明上述选择是符合我国国情的重要决策，对于监督和整合市场秩序，加强财政管理，规范财税秩序，保障经济的正常运行，增加国家收入，促进国民经济健康有序的发展起到重要作用。

4. 电子政务系统可以方便地提供决策支持

电子政务可以在政府信息系统的基础上完善决策支持系统，以达到科学决策的目的。

决策支持系统（Decision Support System，缩写为 DSS）是一种新兴的信息技术，它通过整合个人的智力资源和计算机的能力来改进决策的质量。政府业务通常要涉及各个行业和部门，其间关系错综复杂，决策往往很困难。而 DSS 系统大量采用先进的计算机技术，可以将多方面的资料进行综合并加以整理和分析，是克服政府决策困难的有效途径。

具体地说，DSS 可以解决政府决策中海量信息的处理问题。随着各级政府信息系统的建立和完善，政府在日常业务中处理的信息量会以几何级数增长。由于各行业和各部门的业务对象迥然不同，所以信息不仅仅在内容上差异甚大，而且各有各的格式和模板。要在这种信息海洋中滤掉信息中的杂质，继而归纳出系统性的知识，将会带来巨额的工作量。

DSS 中所结合的海量数据库等计算机技术能够将自然语言形式的信息通过形式化的方法转化为计算机可以识别和使用的方式，从而能以更为严谨的逻辑方式对信息进行推理，并得到其中系统性的知识。这样，人们借助 DSS 就可以更快、更全面地对海量数据进行分析和处理。虽然很多政府业务涉及的模糊决策问题，只能依靠经验和主观判断来进行决策，但是近年来飞速发展的模糊推理技术和不确定推理技术可以在一定程度上解决这一问题，这就使得更多的政府决策问题可以借助政务 DSS 技术来得到解决。

5. 电子政务可以为社会公众提供更多优质的公共服务

电子政务的核心理念就是全心全意为公众服务。政府发展电子政务的核心价值之一就是改善政府的公共服务，提高公共服务的水平和质量。在一定意义上，没有电子化的公共服务，就没有电子政务。在促进政府完善公共服务的过程中，电子政务发挥了“放大器”的作用。借助政务信息系统，政府可以向社会各界提供各类信息，支持企业和公众的决策。政府机构是整个社会最大的信息收集者。电子政务系统的建设可以促进国内各级政府单位信息中心的建设，不但可以为政府决策提供综合性的信息服务，而且还可以向企事业单位和公众提供信息服务。随着电子政务的发展，可进一步将各级政府信息中心整合，向政府部门、企事业单位和公众提供更为全面的信息。

电子政务对政府公共服务的放大作用，一方面表现为它可以把一个每周工作 5 天、每天服务 8 小时的政府，放大成为“一年 365 天天天工作、每天 24 小时时时服务”的政府；另一方面则在于，电子政务可以极大地扩展政府的实际服务能力，在不需要增加工作人员（甚至可以减少）的情况下，设立更多的服务项目，完成更多的服务任务；最重要的是，电子政务还可以帮助政府大幅度地提升服务质量，使传统政务环境下“门难进，脸难看，事难办”的“衙门”，变成“不限时，不进门，不排队，不看脸，符合条件事好办”的服务窗口，使人民能够真正享受到公开、公平、公正、便利的公共服务。

6. 电子政务可以促进政务公开和廉政建设

政务公开是社会主义民主政治发展的客观要求，可以使政府及时了解社情民意，改进工作作风，密切与群众的联系。同时，它还有利于对政府行使公共权力的过程进行监督，杜绝滋生腐败的“暗箱操作”，增强政府工作的透明度和责任感，促进政府部门的廉政建设。电子政务在政务公开和廉政建设方面，发挥了“监视器”的作用。

电子政务可以大大增加我国政府和公众之间的沟通和互动，为政府提供一种全新的为公众服务的方式。政府可以互联网为基础，构建政府服务骨干网络，提供电子窗口、电子目录、电子邮寄、电子新闻、电子民意信箱、政策法规资料查询和办事程序查询等基本服务。人们不必走进政府机关，只需坐在家中轻击鼠标进入政府网站，就可获取有关政府机构设置、办公流程和工作动态等方面的信息。对于普通百姓来说，政府工作不再神秘，任何人都可以平等地获得政府提供的服务。

电子政务还可以推动政府服务向“单一窗口”“跨机关”“7 × 24 小时”“自助式”“一站式”和“一表式”服务的方向发展。人们无须进入政府机关，在家中通过计算机网络就可以申办居民身份证、护照、驾驶证，办理纳税、户籍等手续。

有了电子政务，政府与公众间的距离近了，政府工作可以真正置于社会公众的监督之下。电子化手段非常有效地克服了传统政务环境下绝大多数社会成员不可能与政府实现空间上近距离接触和第一时间接触的困难，使人们足不出户、远在千里之外就可以在第一时间把政府及其运作过程看得清楚。办理事务的市民面对的电子政府是“一站式”结构，他们不必知道自己究竟是在和哪个政府部门打交道，就可以将事情办完。采用这种方式办事，只认规则、不分亲疏、不分等级、人人平等，不仅可以方便群众，提高政府部门的办事效率，更可以防止人情因素的干扰，减少腐败滋生的土壤，社会监督的有效性会越来越强，应当公开的政务将不会再因缺乏公开手段而不予公开，政府与公众的关系将不再疏远，“暗箱操作”“中间环节肠梗阻”等腐败现象将得到有效的遏制。

7. 电子政务可以有力地促进整个国家的信息化建设

在当今社会，一个国家的信息化水平已经成为综合国力和社会发展水平的重要标志。作为国家信息化事业的重要组成部分，电子政务在这项事业的发展过程中，发挥着“领头羊”和“动力库”的作用，它的建设能起到直接推动其他领域信息化建设发展的作用。例如，目前国内电子商务的发展已经遇到了瓶颈，网上支付、CA 认证等都是亟待解决的问题。但是这些问题并不是靠商家单方面努力就可以解决的，而需要政府首先制定规范、确定标准。从这个意义上来说，电子政务的发展，实际上能够为电子商务的发展铺平道路。

政府是社会结构中的一个重要枢纽，是具有高度权威和强大影响力的强势机构。政府实现了信息化，必然会为社会各行各业树立典范，从而带动国家信息化的发展。企业和社会公众要享受电子政务带来的电子化的公共服务，自身就必须实现信息化。这就使电子政务引领了国家信息化的发展。

由于政府是整个国家信息资源的最大拥有者和应用者，因此发展电子政务也就成为社会信息化的中心环节。电子政务发展了，整个国家信息化所需要的信息资源就可以在极大程度上得到丰富，国家信息化就有了取之不尽、用之不竭的动力来源。目前电子政务系统是国内规模最为庞大的网络工程之一。在这个异常庞大的系统中，如何解决各个单位之间的通信和交互问题，也是一个很大的挑战。为了解决这个问题，需要政府规范各系统和各级部门的通信、文档处理、加密等一系列协议、标准。这些协议和标准将为国内今后的信息化建设奠定基础。另外，电子政务系统对于安全性的要求非常高，所以其建设工作将极大地推动国内相关软硬件的研发和市场化工作，促进国内信息产业的发展。

2.2.2 电子政务的组成部分

电子政务的基本应用一般应该包括以下三个组成部分。

1. 政府部门内部办公的电子化、自动化和网络化

这是电子政务的基础,但绝不是简单地将传统的办公模式照搬到网上,而是还要做需求的优化和流程的调整。有了该项内容作保证,才可以实现网上交互办公。

2. 政府部门通过网络与民众之间进行交互式办公

这是电子政务得以实现的基本要求。该模式下,各级政府在 Internet 网上建有自己的网站,公众可以查询其机构构成、政策条文、政府公告,它相当于政府的"窗口"。一方面为百姓提供信息服务,另一方面加强与百姓的沟通与联系。

此时,政府可以在网上办事,实现 24×7 式的服务,比网下办事的效率要高得多。使用安全认证等技术作保证,同样具有可靠性、保密性和不可抵赖性。不过,此时各部门还只是独立进行网上办公,即各办各的事,当事人为办一件事还是可能要去多个部门。

3. 政府部门之间通过计算机网络而进行的信息共享和实时通信

这是电子政务的高级阶段,即在各部门资源共享的基础上,实现各种功能,包括:实现多部门网上联合办公,办事程序统一入口、统一出口,在企业和居民看来,整个政府是一个高效、便捷的大部门;多政府协同办公,有利于支持政府的宏观决策和运行控制,同时各种政务信息资源可以供社会共享,推动社会和经济的发展。

具体地说,目前各级政府部门广泛使用的办公自动化系统属于第一类电子政务的范畴;我国 20 世纪 90 年代规划建设的"三金"工程以及 2003 年规划的"十二金工程"是第二类电子政务的典型例子;政府部门通过自己的互联网站发布政务信息,以及进行网上招标、网上招聘、接受网上投诉等,则属于第三类电子政务。

一个完整的电子政务系统,应当是上述这三类系统的有机结合。

2.2.3 电子政务的基本模式

电子政务的行为主体包括政府机构(包括政府工作人员)、企业和社会公众。为此,政府的业务活动也主要围绕这三个行为主体展开。从这个角度上讲,可将电子政务的基本应用模式划分为以下四种:政府间的电子政务(G2G)、政府对企业的电子政务(G2B)、政府对公众的电子政务(G2C)、政府对政府公务员的电子政务(G2E)。下面分别进行介绍。

1.G2G——政府对政府的电子政务

G2G的全称是Government to Government，简写为G2G。G2G是一种政府对政府的电子政务应用模式，是电子政务的基础性应用，它主要分别应用于以下四种关系。

（1）隶属关系——同一组织系统中的上下级机关之间属于领导与被领导的隶属关系，如省政府与下属各市省政府。

（2）业务指导关系——同一专业系统中的上下级主管业务部门之间属于业务指导关系，如人事部与省人事厅。

（3）平行关系——同一组织系统中的同级机关之间属平行关系。如省政府下属的公安厅与财政厅。

（4）不相隶属关系——非同一系统中的任何机关或部门均为不相隶属关系，如中央宣传部办公厅与解放军总政治部。

由此可见，G2G是应用于上下级、平级政府及其部门之间的电子政务，因此又可划分为一个具体政府机关内部的电子政务和政府机关之间的电子政务两种形式。一个具体政府机关内部的电子政务应用模式主要定位于机关自身公务处理电子化。公务处理电子化实际上就是对政府办公自动化（OA）的发展，主要涉及公文处理、视频会议、事务处理、日程管理、流程监控、信息服务、档案管理、决策支持、信息资源管理、知识管理等方面，其主要功能是通过各相关方面的协调运作，提高机构自身的工作效率，科学决策，为电子政务的其他应用模式奠定基础。政府机关之间电子政务的应用模式主要定位于政府机关系统内部公务处理的电子化。通常主要通过网络（尤其是内网）及电子公文传输系统、办文系统、一站式办公系统、协同办公系统等收发、传递公文及其他形式的政务信息，以会签、联合行文、联合审批、远程会议等方式处理公务，其基本目标是共享信息，加强协调机制，实现交互式协同运作，提高办事质量和效率。

政府机关之间电子政务应用的主要内容如表2-2所示。

表2-2 政府机关之间电子政务（G-G）应用的主要内容

名称	含义
电子法规政策系统	对所有政府部门和工作人员提供相关的现行有效的各项法律、法规、规章、行政命令和政策规范，使所有政府机关和工作人员真正做到有法可依，有法必依
电子公文系统	在保证信息安全的前提下在政府上下级、部门之间传送有关的政府公文，如报告、请示、批复、公告、通知、通报等，使政务信息非常快捷地在政府间和政府内流转，提高政府公文处理速度

续表

电子司法档案系统	在政府司法机关之间共享司法信息,如公安机关的刑事犯罪记录,审判机关的审判案例,检察机关检察案例等,通过共享信息改善司法工作效率和提高司法人员综合能力
电子财政管理系统	向各级国家权力机关、审计部门和相关机构提供分级、分部门历年的政府财政预算及其执行情况,包括从明细到汇总的财政收入、开支、拨付款数据以及相关的文字说明和图表,便于有关领导和部门及时掌握和监控财政状况
电子办公系统	通过计算机和网络完成机关工作人员的重复工作,节约时间和费用,提高工作效率,如工作人员通过网络申请出差、请假、文件复制、使用办公设施和设备、下载政府机关的各种表格,报销出差费用等
电子培训系统	对政府工作人员提供各种网络教育课程,加强对员工的专业培训,员工可以通过网络随时随地注册参加培训课程、接受培训,参加考试等

2.G2B——政府对企业的电子政务

G2B 的全称是 Government to Business,是一种政府对企业的电子政务应用模式。在 G2B 模式中,政府主要通过电子化网络系统为企业提供公共服务。G2B 模式旨在打破各政府部门的界限,实现业务相关部门在资源共享的基础上迅速快捷地为企业提供各种信息服务,精简管理业务流程,简化审批手续,提高办事效率,减轻企业负担,为企业的生存和发展提供良好的环境,促进企业发展。G2B 模式目前主要运用于电子采购与招标、电子化报税、电子证照办理与审批、相关政策发布、提供咨询服务等。如 G2B 中的“一网式审批”,尽管涉及多个政府部门,但由于采用了统一入口、统一出口的多部门网上联合办公方式,因而大大缩短了审批时间。过去企业要反复奔波于各个政府部门,跑许多冤枉路,花几天甚至数月时间才能办成的事,如今在网上很快便可办理完毕,大大降低了企业的时间成本,相应的人力资源和社会交易成本也较大幅度地下降。以我国第一个全面实现交互式网上办公的电子政务系统——中关村科技园海淀园区为例,办理新企业入园申请和高新技术企业认定,只需一次性在线填写申请表,提交网上在线审批(以前这个过程要往返很多次),就可以随时查询所提交事项的状态,一经批复,企业便可直接到园区管委会窗口领取当场打印出来的证书。政府对企业电子政务的主要内容如表 2-3 所示。

表 2-3　政府对企业电子政务（G-B）的主要内容

名称	含义
电子招标采购	通过网络公布政府采购与招标信息，为企业特别是中小企业参与政府采购提供必要的帮助，使政府采购成为阳光作业，减少徇私舞弊和暗箱操作，降低企业的交易成本，节约政府采购支出
电子税务	电子税务使企业通过政府税务网络系统，在家里或企业办公室就能完成税务登记、税务申报、税款划拨、查询税收公报、了解税收政策等业务，既方便了企业，也减少了政府的开支
电子证照办理	通过因特网申请办理各种证件和执照，缩短办证周期，减轻企业负担，如企业营业执照的申请、受理、审核、发放、年检、登记项目变更、核销，统计证、土地和房产证、建筑许可证、环境评估报告等证件、执照和审批事项的办理
信息咨询服务	政府将拥有的各种数据库信息对企业开放，方便企业利用，如政府向企业开放法律法规规章政策数据库，政府经济白皮书，国际贸易统计资料，国家对行业发展的中长期发展规划等信息
中小企业电子服务	政府利用宏观管理优势，为提高中小企业国际竞争力和知名度提供各种帮助，包括提供统一政府网站入口；利用集合优势，帮助中小企业向电子商务供应商争取有利的、能够负担的电子商务应用解决方案

3.G2C——政府对公众的电子政务

G2C 的全称是 Government to Citizen，又写作 G to C，指政府通过电子化网络系统为公众提供各种服务。与 G2B 模式一样，G2C 模式的着眼点同样是强调政府的对外公共服务功能，所不同的是前者侧重针对企业，后者的服务对象是社会公众特别是公众个人。

G2C 模式的服务范围更为广泛，例如：网上发布政府的方针、政策及重要信息，介绍政府机构的设置、职能、沟通方式，提供交互式咨询服务、教育培训服务、行政事务审批、就业指导等。G2C 模式旨在为社会公众提供快捷方便地获取政府公共服务的渠道，提供参政议政的实际途径，通过直接与政府的“对话”、交流，拉近政府与公众的距离，使政府能更及时、真实地了解和充分满足公众的需求。

政府对公民电子政务的主要内容如表 2-4 所示。

表 2-4　政府对公民电子政务（G-C）的主要内容

名称	含义
教育培训服务	建立全国性的教育平台，资助学校和图书馆接入互联网和政府教育平台；政府出资购买教育资源然后对学校和学生提供；加强对学生信息技术能力的培训

续表

名称	含义
就业服务	通过互联网向公民提供工作机会和就业培训,促进就业,如开设网上人才市场,提供与工作职位缺口数据库和求职数据库信息,在就业管理劳动部门所在地建立网站入口,提供网上就业培训,就业形势分析,指导就业方向
电子医疗服务	通过政府网站提供医疗保险政策信息、医药信息,执业医生信息,为公民提供全面的医疗服务,公民可通过网络查询自己的医疗保险个人账户余额和当地公共医疗账户的情况;查询国家新审批的药品的成分、功效、试验数据、使用方法及其他详细数据;查询当地医院的级别和执业医生的资格情况
社会保险网络服务	建立覆盖地区甚至国家的社会保险网络,使公民通过网络及时全面地了解自己的养老、失业、工伤、医疗等社保账户的明细情况;通过网络公布最低收入家庭补助,增加透明度;还可以通过网络直接办理有关的社会保险理赔手续
公民信息服务	为公民提供方便、容易、费用低廉的接入政府法律法规规章数据库的能力;通过网络提供被选举人背景资料,促进公民对被选举人的了解;通过在线评论和意见反馈了解公民对政府工作的意见,改进政府工作
交通管理服务	通过建立电子交通网站提供对交通工具和司机的管理与服务;通过建立电子地图提供市民对交通目的地信息的查询以及行车路线的确认
电子证件服务	允许居民通过网络办理结婚证、离婚证、出生证、死亡证等有关证书
公民电子税务	允许公民个人通过电子报税系统申报个人所得税、财产税等个人税务

4.G2E——政府对政府公务员的电子政务

G2E 电子政务是指政府(Government)与政府公务员(Employee)之间的电子政务,是政府机构通过网络技术实现内部电子化管理的重要形式,也是其他电子政务模式的基础。

G2E 主要是利用互联网建立起有效的行政办公和员工管理体系,为提高政府工作效率和公务员管理水平服务。G2E 电子政务的具体实施方式不一而足,不同政府部门应从自身需求的实际出发,探索具体可行的电子化管理方式。G2E 电子政务的主要内容如表 2-5 所示。

表 2–5 政府对政府公务员电子政务（G–E）的主要内容

名称	含义
公务员日常管理	利用电子化手段实现对政府公务员的日常管理。如利用网络进行日常考勤、出差审批、差旅费异地报销等工作，既可以为公务员带来便利，又可节省领导的时间和精力，还可有效降低行政成本
电子人事管理	政府公务员的人事管理是政府机构自我管理的重要内容，已在不少政府机构得到实践。电子化人事管理包括电子化的招聘、培训、学习、沟通和考评等内容。电子化人事管理的发展将使传统的、以纸面档案管理为中心的人事管理方式出现一场新的革命，对提高政府人事管理的水平和效率、降低管理成本起到极为重要的作用

下面的图 2–3 表明了电子政务的上述四种模式及其相互之间的关系。

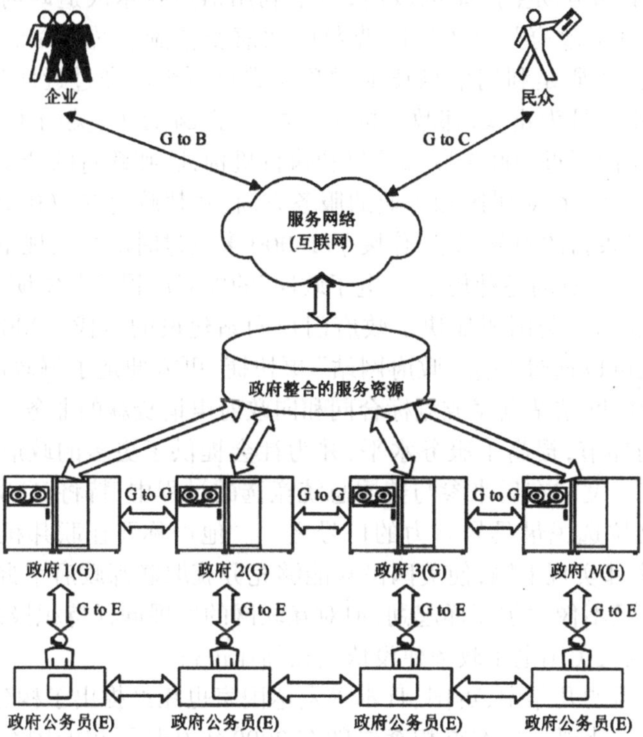

图 2–3 电子政务四种基本模式及其相互关系

2.3 电子政务的产生与发展

2.3.1 电子政务概念的出现

电子政务的概念最早于1993年出自美国前副总统戈尔所领导的全国绩效评估委员会的两份报告。1992年，克林顿政府就任时宣布，他的政府将是一个电子政府（E-Government）。当时，他的目的是要将美国联邦政府改造为一个“少纸的”政府，一个利用信息技术提高政府政务的有效性、效率和劳动生产率的政府，一个利用信息技术改造政府内部业务过程的“电子政府”。1993年，克林顿政府委任副总统戈尔领军进行政府再造，其实质是利用信息技术对政府进行重组。经过近四年的努力，至1996年1月为止，联邦政府的员工减少了24万人，关闭了2000多个办公室，撤销了近200个联邦项目和执行机构，联邦政府的开支则减少了1180亿美元。在对居民和企业的服务方面，联邦政府的200个部局确立了3000多条新的服务标准，作废了16000多页过时的行政规章，同时，简化了31000多页的各种规定。“电子政府”的发展取得了非常明显的效果。

与此同时，美国还加快了政府门户网站建设的步伐。2000年9月，美国公众可以通过“第一政府网站”更快捷、更方便地了解政府，并能在同一个政府网站站点完成竞标合同和向政府申请贷款的业务。这大大减少了中间环节，提高了服务水平，并为社会提供了更多的政府服务的机会与渠道。戈尔在后来参与美国总统竞选的过程中，特将E-Government当作自己拉选民最具号召力的口号之一。他声称要让联邦机构最迟在2003年全部实现上网，使美国民众能够充分获取联邦政府掌握的各种信息。布什虽不像戈尔那样起劲，但对互联网的发展同样持积极态度，布什入主白宫后，美国电子政务建设依然在加速进行。

在之后的几年中，英国、日本等发达国家也相继提出了构建“电子政务”的宏伟计划。日本首相森喜朗在2000年9月下旬的国会会议上发表的施政演说中，雄心勃勃地勾勒出了一个所谓“E-日本”的构想，拟在2003年建成日本的“电子政务”，力争5年内在全球信息化潮流中超逾美国，成功地实现其“第二次追赶”。

此次E-Government的浪潮不仅引发了信息发达国家的再一次“军备竞赛运动”，并且，从亚洲、欧洲、澳洲、中东直至拉美等国，无论大国、小国，穷国、富国，发达的或发展中的国家，E-Government已大有席卷全球、引发有关政务模式全面变革运动之势。中东地区最大的商业金融中心、阿拉伯联合酋长国迪拜酋长国的王储兼阿联酋国防部长穆罕默德于2000 年年初强调：该国各政府部门必须在 18 个月内实现上网，颇富独创性地提出了"不上网，便下岗！"的号令。此外，据报道，中东欧地区的斯洛文尼亚国，以及拉丁美洲的巴西、亚洲的新加坡等国均已积极致力于 E-Government 的建设，并已颇具成效。

2.3.2 电子政务的产生动因

电子政务的历史确实不长，但它的出现绝非偶然。应该说，电子政务是信息时代的必然产物，是世界各国政府信息化建设的重要内容，是国际政治经济新格局对与之相适应的政府管理平台的呼唤。各国加大电子政务的建设力度，加快电子政务的发展步伐，有其广泛的社会基础与诸多动因。从全球来看，推进政府部门办公自动化、网络化、电子化，推进政务信息全面共享是大势所趋；从我国来看，社会主义市场经济的建立迫切需要建立更加高效的政府，迫切需要政府迅速转变职能，迫切需要通过信息化使政府更好地适应经济和社会发展的现实需要，从而提升政府的效能、竞争力和回应力。

1. 建设高效的政府是推行电子政务的内在动力

建设高效政府是推行电子政务的内在动力。电子政务意味着高效、开放的政府凭借计算机等高新技术在安全可靠的网络平台上全方位开展政务活动。作为电子政务的主体，政府机构期望以此为契机，深化机构改革，转变政府职能，提高施政效率，进而推进全社会的信息化进程。从1999 年至今，全球经历了不断变革的信息时代中社会变革最为急剧的特殊阶段。从联合国经济社会理事会把通过信息化改进发展中国家的政府组织、重组公共管理、最终实现信息资源的共享作为其工作重点到中国政府上网年；从日本冲绳首脑会议公布《全球信息社会冲绳宪章》到我国政府明确提出用 3~5 年时间建立以"三网一库"为基本架构的"全国政务信息系统信息化枢纽框架"；从中国加入 WTO 要求我国政府在政务活动方面与 WTO 规则接轨到中共中央、国务院决定重新组建国家信息化领导小组，以及国家标准化管理委员会和国务院信息化工作办公室批准成立电子政务标准总体组……所有这一切都充分表明：世界范围的"信息化发展战略"已经形成，电子化工作环境日益完善，对提高政府效能的呼唤愈发强烈。

世界上越来越多的国家认识到：只有建设高效的政府，才有可能引领国家跻身于现代化国家之林。电子政务的开展，给高效政府的建立提供了非常有利的条件。客观事实非常明确地告诉人们，电子政务确实有利于大幅度改进政府工作，整合政府职能，规范政府行为，提升政府形象，推进政府机构改革，提升公务员的现代管理理念和科技素质，拓展政府公共服务的范围，全面提高政府的服务水平。

2. 信息化、民主化的需求与发展趋势是推进电子政务向前发展的社会因素

信息化对经济发展和社会进步带来的深刻影响，已引起世界各国的普遍关注。无论发达国家还是发展中国家，都十分重视信息化，都将其视为经济和社会发展的跨世纪战略任务。由于政府机关的特殊地位与影响，与电子商务相比较，电子政务具有更深刻的政治内涵和国家色彩，关系到数字时代政府机构的工作绩效，关系到国家新世纪的宏观发展战略。在信息化进程中，政府部门是最大的信息拥有者，掌握着全社会 80% 以上的信息资源，也是最强有力的指挥者。只有政府部门才具有调配、调节、引导信息资源的充分权威和管理职能。正因如此，在世界各国积极倡导的“信息高速公路”的五个领域中，“电子政务”名列前茅，成为各国政府的重要奋斗目标和各国之间展开全球角逐的竞技场。我国政府也已将电子政务作为信息化的龙头。

在现代社会，政务信息具有公共物品的性质，人人享有平等获取的权利。随着全社会民主意识的提升，公众要求参政、议政，要求政府实施民主化管理的呼声日益高涨。政务公开、信息公开已经成为信息社会的发展趋势，提高政府运行的透明度成为现代国家的必然选择。电子政务的出现恰逢其时，它为民主政治的建立和发展、为政府运行的透明化创造了十分有利的条件。在电子政务环境下，社会主义民主政治所追求的理想状态将逐步变成现实，将本属于人民的公共权力再交还给人民，政府在人民的直接和间接监督之下代为行使权力。电子政务会使我们看到这样的效果：人民的期望和要求可能会得到最快捷的回应，人民的意愿可能会得到真正的尊重。

3. 信息技术的应用与普及是电子政务强劲的“助推器”和强有力的实体支撑

众所周知，信息技术已成为当今最先进也是最活跃的生产要素，计算机和网络技术的革命，使信息化所要求的信息收集、传递与最大限度的共享、利用，具备了充分的必要条件。信息技术已经成为推动人类社会发展的重要生产力，并日益推动着生产关系和上层建筑的变革。互联网的发

展规模不断扩大，网络技术的腾飞以及网络个性化服务和网络移动化的发展，为电子政务的发展提供了很好的技术平台和支撑环境。在大力推进信息化、民主化进程的社会需求面前，信息技术“推波助澜”，成为电子政务强劲的“助推器”和强有力的实体支撑。在信息技术席卷全球，网络彻底改变人们的工作方式、生活方式的今天，实施电子政务不仅是必然趋势，而且具备了充分的现实可行性和技术保障。尤其需要指出的是，互联网的迅速发展和网民数量的增加，已经为电子政务的实现奠定了重要的基础。可以说，信息技术的普及与应用是加速电子政务成为各国政府的奋斗目标和网络时代政府新的工作模式的加速器。“一站式办公”“一网式办公”“一表式办公”的成功运行就是很好的例证。

2.3.3 电子政务的发展阶段

如前所述，电子政务的内容可以从两个方面来理解：其一是政府部门内部利用先进的网络信息技术实现办公自动化、管理信息化、决策科学化；其二是政府部门与用户（企业和公众）利用网络信息平台充分进行信息共享与服务、强化监督、提高办事效率以及促进政务公开等。从不同的角度来看电子政务的发展阶段，可以将其划分为几种不同的类型。

1. 以政府部门办公信息系统为标准

按照政府部门办公信息系统的功能、复杂程度和成熟程度可以将电子政务的发展过程分为初级阶段、中级阶段和高级阶段。如图 2-4 所示，这个发展过程可以从三个维度来说明，即：以实施技术为特点的“电子政务功能度”、以信息交互程度为特点的“电子政务复杂度”和以满足公众需求为特点的“电子政务成熟度”。

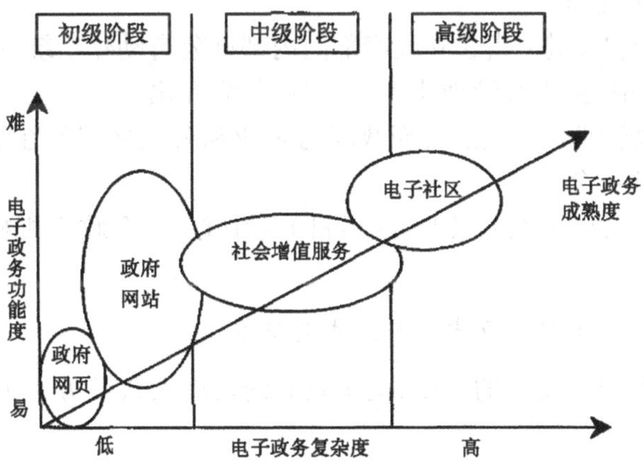

图 2-4　电子政务发展模型图

如果将政府内部各种办公信息系统作为比较基准的话,那么图2-4就为认识电子政务提供了很好的分析框架。其中的纵坐标代表政府提供服务所需要技术的功能难易程度;横坐标反映了政府提供的服务性质和质量对交互程度的要求。交互程度也可以理解为政府作为信息提供者的复杂程度。政府提供的服务可监督程度越高(包括内外监督),涉及的外部接口越多,则交互程度就越高。斜坐标则代表电子政务适应社会经济发展的匹配度,同时也表明电子政务越来越能为公众提供贴心的满意服务。

2. *以政府内部工作形式的变化为标准*

从政府内部工作形式来看,电子政务分为四个发展阶段,如图2-5所示。

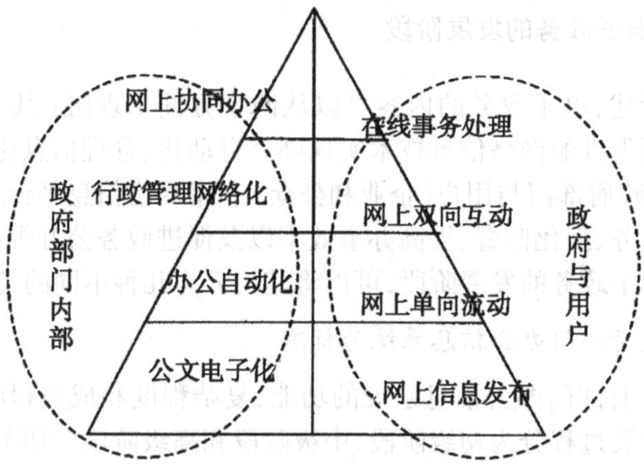

图2-5　电子政务的发展阶段

(1)公文电子化:指政府部门内部的公文的管理和存储以数字化形式实现电子化处理。

(2)办公自动化:指建立政府部门内部办公自动化系统,应用计算机辅助行文、汇报、报表及管理业务,达到业务流程化。

(3)行政管理网络化:实现政府与企业和公众之间的在线信息交互和网上交互式办公。

(4)网上协同办公:以业务(项目)为中心,多个政府机构利用网络平台协同工作。

3. *以政府与用户交互内容与方式为标准*

从政府与用户交互的角度,电子政务的发展大致经历了四个阶段,如图2-6所示。

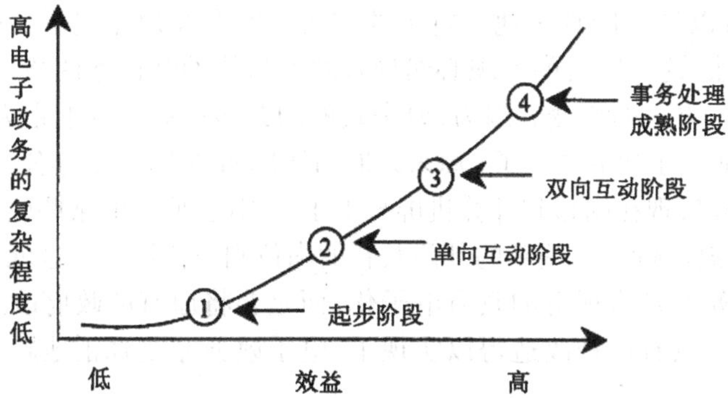

图 2-6　电子政务发展的四个阶段

（1）政府信息网上发布。这是电子政务发展早期较为普遍的一种服务形式。主要是通过网站发布与政府有关的各种静态信息，如部门法规、办事指南、工作手册、组织设置、机构职能、通讯方式等。这样的网站一大部分有可能将始终仅以提供信息服务为目的，另一些则有可能进一步向深层次和高级应用的方向发展。在这个阶段，政府与用户是“被动 / 被动”的关系，二者在网上互不联系，或者也不通过其他方式相互沟通。

（2）政府与用户单向互动。在这个阶段，政府开始在网上实现与用户的互动，但是，这个互动还只是单向的——政府主动，用户被动。政府在网上发布与政府服务项目有关的动态信息，并向用户提供某种形式的服务，但是政府却不在网上回答用户的各种询问。这个阶段的一个例子是用户可以从网站上下载为接受政府某种服务所需要填写的表格（如申领护照申请表）。在这个发展阶段，电子政务显然已经超出了仅仅提供信息服务的范畴，而使用户可以享有某种程度的政府服务。

（3）政府与用户双向互动。在这个发展阶段，政府继续扩大与用户的互动，用户可以在网上与政府部门进行通讯，政府部门也可以通过电子方式应答用户的要求，政府与用户可以在网上完成双向互动。一个典型的例子是用户可以在网上取得申领护照申请表，在网上填完该电子表格，然后，从网上将其发送至公安部门下属的出入境管理职能处室。在这个阶段，政府也可以根据需要，随时就某件事情、某个非政治性的项目（如公共工程），或某个重要活动的安排在网上征求居民的意见，使居民参与政府的公共管理和决策。企业和居民也可以就自己关心的问题向政府提出询问或建议，并与政府进行讨论和沟通。

（4）网上事务处理。在这个阶段，政府和企业或居民之间所发生的相关事务的整个过程都可以通过网络来实现，企业或居民不再需要亲自到政府部门，足不出户就可以享受政府通过网络提供的各种服务。到了这一步,可以说政府真正地以电子的方式实实在在地完成了一项业务的处理。显然,这个阶段的实现必然导致政府机构的结构性调整,也必然导致政府运行方式的改变。因为,原来政府的许多作业是以纸张为基础的,现在则变成电子化的文件了;原来政府与居民的"接口"是办公室,或者在柜台、在窗口,现在则移到计算机屏幕上了。因此,原有的某些政府部门及某些人员需要裁撤,一些新的部门及新的岗位则需要设立。这就是为什么说电子政务不是将现有的政府电子化,而是要将原有的政府改造为一个电子政府。只有这种改造得以实现了,电子政务才是真正地趋于成熟。

2.3.4 电子政务的实施模式

电子政务是一项系统工程。实施电子政务,不可避免地受到政治、经济、行政、管理、人员、知识和技术的各种约束。对于现实中的决策者来说,想一下就能动员到所需要的各种资源,困难极大。因而,渐进式实施策略成了现实中大多数国家和政府的选择。下面介绍一下电子政务实施阶段策略的几种常见的基本模式。

1.DNI 模式

DNI 是英文 Distributed Networked Intelligence(中文意思为"分布式网络智能")的缩写。该模式将电子政务视为公共管理网络化和智能化的过程。因而,网络化和智能化就成了决定电子政务发展过程的关键因素。根据该模式,电子政务由以下递进的序列组成。

(1)政府工作人员效率的提高。政府将对其工作人员进行教育和培训,使政府工作人员更新知识结构,掌握与新的岗位相适应的信息技术,并学会利用这些新技术提高工作效率,增强协作的能力和信息的收集、加工和处理能力。

(2)部门中高绩效办公自动化小组的成立。基于先进的信息技术平台,政府部门将有效率的个体整合在一起,分群体合作、信息处理、时间管理以及决策制定等多方面,形成新的结构模式。办公自动化技术引入政府之后,行政管理人员在某种意义上便成为信息工人,既要担负起信息保存和传播的责任,更要重视信息的使用与创新。

(3)政府信息基础设施的建立。加大技术设备的投入,依照标准规范建立起企业化、大规模的政府信息技术基础设施,把局部的自动化扩充到整个政府体系中,从而在更加广阔的范围内保障信息的共享和交流。中央政府的政令能够畅通无阻地抵达权力底层,基层的反馈也能迅速地向上传递,同级政府之间不再被地理边界和人为的"本位"观念所阻隔,政府内部实现了统一高效的指挥和管理，同时很容易倾听到不同的意见。简言之，传统的政府内部界限被打破了，政府的信息和功能得到了整合。

（4）政府信息内容的数字化。当新的技术设施开始运作时，信息内容的提供就变得愈发重要。政府不仅应该督促机构彼此之间合作与努力，创造出更为广泛的数字化资料内容，还应该重新整理自己所拥有的大量资源，以最有效的方式提供给公众使用。这样，政府的花费更少了，绩效也更高了。

（5）开放的电子化政府。政府信息设施与互联网连接，并提供开放的入口。在以互联网为核心的全球互连的虚拟空间中，只要人们需要，政府就可以跨越时空障碍执行公务。当政府的触角以电子方式广泛而深入地伸向机构、公民和所有服务对象，当机构、公民和服务对象也能以电子方式广泛而深入地触及政府内部时，一个全新的、类似企业 / 客户沟通的政府在技术上就已经构建起来。这时，政府既可以产生一些新的行政程序（例如允许公民在重要议题上参与“电子听政会”，借助“电子民意调查”取得大众观点，甚至扶植那些对社会福利有贡献的“虚拟利益团体”）来赢得民众的支持和认同，而公众也将以极大的热情介入到“数字化政治行为”中，从而形成良性的互动。

2.PITT 模式

PITT 模式包含四个阶段：网站呈现（Presence）、信息互动（Interact）、业务处理（Transaction）和流程变革（Transformation），该模式取名于四个阶段的英文首字母。

PITT 模式的基础是以电子服务为核心的电子政务发展战略模式。它以政府网站功能的扩展和完善过程为核心，以电子服务的发展规律作为实施电子政务的基本出发点，以政府系统变革为最终目的，如图 2–7 所示。

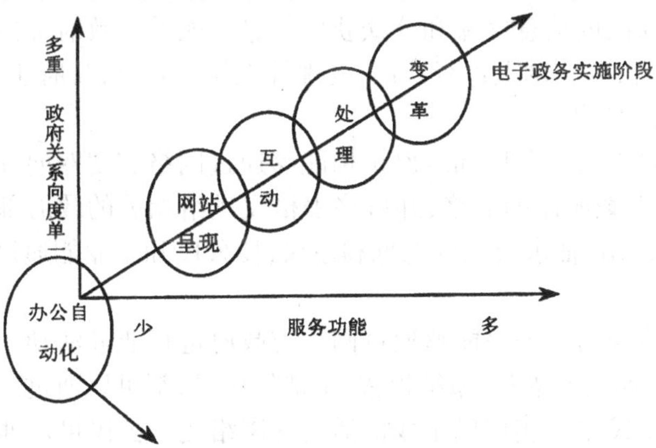

图 2–7 PITT 模式示意图

PITT 模式的各个具体阶段内容描述如下。

（1）网站呈现（Presence）。政府机构建立一个网站，向公众提供基本的信息。

（2）信息互动（Interact）。政府机构扩展其网站的能力，使得公民不仅能参观其办公室，而且能提出对政府的建议，可以下载相关表格，并通过电子邮件和政府机构联系。

（3）业务处理（Transaction）。政府机构在网站上增加自我服务功能，人们能在线实现完整的事务处理。网站开始补充其他服务通道，为公众提供跨机构的共享服务的全方位的接口和机会。在此阶段，政府网站也征求建议，提供投标法规，开始走向电子采购。

（4）流程变革（Transformation）。政府提供服务甚至政府自身的运行考试重新界定，传统的政府机构之间、中央和地方之间，乃至政府、私人组织、非政府组织和个人之间的界限被打破，界限信息、服务提供和政府程序被不断整合。信息和服务越来越多地针对公民和企业的特定需要来定制。政府机构之间、政府和公民之间以及政府和企业之间的关系也通过电子政务被重新塑造，新兴的电子民主开始出现。换句话说，整个公共部门的设计、运行和文化都出现了能更好地反映信息社会的发展方向和要求的广泛而深入的变革。

3.ASPA 模式

该模式由美国行政学会（American Society of Public Administration，缩写为 ASPA）提出。它以网站建设为中心，以网站功能的完善作为电子政务发展的目标。实施步骤如下。

（1）电子邮件和局域网。其目标是在政府机构内部实现联网办公，让同一套计算机系统为不同的政府部门服务。

（2）跨部门的信息交流和公众获取信息。能够使政府部门之间通过网络传递信息，并在网上进行认证、处理等工作。同时，政府建立网站，为公众提供政务信息。

（3）双向沟通。公民和政府机构能够通过网络实现双向互动。公民可以从网上下载所需的表格，并可将表格发送给相关的政府部门。政府也可以通过网络，征求公民的意见和建议，使公民和企业能通过网络参与政府的行政活动。

（4）价值交易。公民能够通过网络与政府进行业务活动。政府提供的大量服务，如获取福利、缴纳税款、申请执照等，都可以通过网络进行。

（5）电子民主。实现民主政治活动的网络化。公民可以通过网络参加投票、表决等活动，也可以组织网上的公共论坛，施加各种政治影响。

（6）跨部门的政府合作。通过政府网站或智能卡将来自不同政府部门的不同服务整合起来，使公民和企业无须获得政府结构的知识即可获得无缝隙的服务（Seamless Service）。

2.3.5 电子政务的建设内容

政府承担着大量的社会、经济、文化的管理和服务功能。在当今信息时代，当企业逐步应用电子商务模式，银行实现金融电子化，以及消费者实现消费网络化的同时，将同样对政府服务和管理行为提出新的要求。电子政务的建设内容就是在信息网络环境下，通过 Internet 这种快捷、廉价、生动形象的通信手段，在网上成立虚拟政府，并使政府能生动活泼、高效、科学地扮演好“服务者”“管理者”和“消费者”这三重角色。

1. 电子政务中政府作为“服务者”角色的建设内容

当作为“服务者”角色时，电子政务的建设内容包括如下四个部分。

（1）监督电子化。电子政府可以在网上公开政府部门的名称、职能、组织结构、办事章程、各项文件等，以便公众迅速了解政府机构的组成、职能和办事章程、各项政策法规，增加办事的透明度，同时设立友好的访问界面、丰富的站点，接受民众的意见，自觉接受公众的监督。美国作为 Internet 的发源地和最发达的国家，在网上建立了大量的政府网站，联邦一级的政府机构已全部上网，所有州一级政府也已全部上网，而且几乎所有的县市已经建立自己的网站；在欧洲，也有了网上虚拟议会，人们足不出户就可以积极参与国家事务和对执行法律的考核，促进社会民主的进步与发展，使政府管理更加直接、有效。

（2）文档电子化。网络的一大特点就是能开放、充分地提供各种信息，政府服务部门和科研教育部门的各种文献、资料、档案、数据库的上网使政府的服务更加完善，更好地为社会服务。例如，可以把各城市所有注册公司单位的情况在网上公布，供公众查询，这样在进行商业交往的时候，通过 Internet 查询，就可以方便迅速地了解到对方的资信情况，以有效地避免商业诈骗活动，保护商业者的利益。教育部也可以把全国各大专院校的情况搬上网，供考生在报表时查询选择等，这些都是政府对公众服务的一个重要内容。

（3）沟通电子化。由于网络的交互式特点，电子政务能在网上建立起政府与公众之间相互交流的桥梁，便于发挥民众的主观能动性，从网上行使对政府的民主监督权利。政府通过对民众来信和意见做出及时有效的处理，提高政府工作效率，消除腐败的产生，树立政府在民众中的威信。同时还可以就一些问题展开网上调查，作为政府各部门的工作参考。

（4）市场规范电子化。电子政务，除了其相关职能和信息内容上网以外，应建立起各个部门相应的专业交易市场，以推动经济的发展，特别是要为中小企业的健康发展提供各种便利条件。由于个体企业的资金、技术有限，就需要政府为其建立起面向供需双方的专业化网上市场，这对于搞活经济、繁荣市场非常重要，能迅速形成规模，产生出巨大的社会效益和经济效益。

2. 电子政务中政府作为“管理者”角色的建设内容

当作为“管理者”角色时，电子政务的建设内容包括如下三个部分。

（1）办公电子化。电子政务的另一个作用就是在网上实现办公。以往人们到政府部门办事，往往要跑到该地区的各管辖部门的所在地区，如果涉及各个不同部门，要盖不同的章，更是费时费力。除了有一些手续必须有实物证明外，可以建立一个文件资料电子化中心，把各种证明和文件电子化。同时，交税、项目审批等与政府有关的各项工作也可以在网上完成。例如，新税务电子信息系统。税务征管方式已经实现了由传统手工方式向纳税人自动申报方式的转变，尤其计算机技术和网络技术的进一步发展及计算机自动化申报方式的采用，如大厅申报与网络申报等，则会给纳税人带来很大的便利。而在政府内部，各部门之间也可以通过Internet 相互联系，各级领导也可以在网上对所管部门做出指示，指导各部门机构的工作，并能及时地进行意见反馈，节省了工作时间，提高了工作效率。

（2）调控电子化。由于市场自身的缺陷，加强和改善国家对经济的宏观调控成为政府主要职能之一，电子政务的应用能对政府调控职能的实施带来全新的变革，即实现“电子调控”。

以价格调节为例：电子政府通过 Internet 和上网企业连接，可直接取得企业产品的价格信息，并可将各行业企业的全部价格信息收集齐后，形成价格管理信息系统，对不同行业产品价格、不同质量等级产品、不同产地产品价格进行汇总、加工及处理，取得产品价格的总体情况，以及进销差价、质量差价、地区差价、批零差价等，并通过 DSS（决策支持系统）对这些数据进行分析，从而得出促进扩大商品流通、提高商品质量的方法。再根据价格中存在的问题，将处理结果转化成政府决策、电子命令，通过Internet 发送到各个需要调整价格的企业，并在网上监测其更改，从而大大节省时间，提高了办事效率。

另外，财政税收作为一种经济杠杆，在电子政务中通过电子税务系统和公共财政系统的应用，将能很好地实现它们的调控作用；在信贷调控方面，随着金融电子化的不断深入，政府对银行信贷行为的调控将更加直接、方便、快速、可靠。

（3）监督职能电子化。经济监督是政府对经济活动的监察和督导，是国民经济管理的一个重要职能。行政监督由专门的监督机构（监察部、审计署）和以行政监督部门为主要职能的工商、物价、海关等部门构成，其中的工商行政管理监督的工作首先将由于电子商务的应用而扩展，原有的发放营业执照和商标注册管理将被互联网上的域名注册所代替。因此，电子政务环境下的工商行政监督的首要任务就是要建立权威性的域名体系，制定域名注册和管理的政策条款，促进网络进一步健康发展，抑制抢注域名、买卖域名等不利于互联网健康发展的现象。其次，工商行政管理机构维护城乡市场秩序的职责将由维护电子市场、电子购物中心的安全、有序、信誉问题所代替。工商行政管理机构将由有形市场的管理转向“虚拟市场”的管理。由于虚拟电子市场同样存在不合理价格和假冒伪劣的产品，在企业与企业之间，企业与消费者之间同样有矛盾，因此工商管理机关应向公众设立专门网站，以利于消费者检举质次价高产品的生产商以及纠纷。

3. 电子政务中政府作为“消费者”角色的建设内容

政府也是一个巨大的消费者，每年用来购买公共用品的支出占 GDP 的 7% ~ 15%。政府作为“消费者”角色，在电子政务中的建设内容包括政府采购和电子招标两个方面。

政府采购是指政府为了开展日常政务活动或为公众提供公共服务的需要，在财政监督下，以法定形式、方法及程序，从市场上为政府部门和所属公共部门购买商品和服务。

我国政府原先在采购物品时，由财政部门每年根据预算和各预算单位的用款，进行层层下拨经费，由各直属单位根据需要自行购买。在这种分散采购方式下，采购资金脱离财政监督，出现了盲目采购、重复采购、随意采购、不公平竞争等现象，导致公共开支的浪费和资金使用效率下降，同时也为腐败的产生创造了条件。

电子招标是指通过 Internet 向全国各企业公开招标来购买商品，对于政府采购来说，运行机理如下：首先，当基层政府机构和公共部门需要购买车辆、计算机等办公用品时，都通过和局域网连接并向上级政府部门提出申请，说明购买数量、理由等。而省级具有统一购买权的政府部门（政府采购中心）在进行检查、核实之后，确定一定时期内需要购买的产品数量、规格、交货时间、价格及其他有关问题，接下来就开始准备电子招标。

先由政府在Internet网上公开其所需购买产品的有关信息,欢迎各个企业前来投标。同时,可以对感兴趣的企业网站发出E-mail,邀请其前来投标,并说明前来申请的截止时间。有意投票的企业需要取得数量、价格、规格等数据和产品性能、优势等文字说明,报送到政府招标的专门网页上。由政府有关人员对其招标项目进行审核,初步做出筛选。到规定的公开招标时间,被初选中的招标企业通过Internet同时向该政府部门公开竞价,即多次报价。由政府有关人员在网上接收报价,当最终一个企业出价最低时,即可确定该企业中标,此时竞价停止,并宣告该次招标结束。

在整个交易过程中,政府所购的商品仍然留在生产企业中,然后再由政府机构和该企业网上联系,通过EDI技术订立电子合同,数字签名生效后,就可由生产企业负责与需要该产品的基层部门所在地的分销处联系,由其实现产品的配送,此时,凭收单由政府通过网上银行的电子支付系统向该企业划拨款项,整个政府采购行为完毕。

由上面的电子招标过程可以看出,电子招标能够让企业公开、公正、公平地进行竞争,尤其Internet网毫无“人情味”,只认价格、质量、数据的客观比较,从而杜绝了“人情标”“关系标”的存在,减少了腐败发生的可能性,同时电子招标也大量地节省了工作时间和精力,提高了工作效率,并在网上实现了政府采购的国际化。

2.4 电子政务环境下政府管理理念的变革

电子政务环境条件下的政府管理所依赖的主要资源已经从物产资源革命性地转向了信息资源,因此,主观和客观上的诸多因素都要求政府管理理念做出适时转变,也就是要求政府在管理模式、服务理念、组织机构、工作流程、规章制度等方面进行相应的变革。

2.4.1 变革电子政务环境下的政府管理模式

从世界范围来看,电子政务的发展始终与政府管理模式的变革相联系。就电子政务的技术基础来看,信息技术的发展无疑改变了而且正在改变着政府管理的环境和内容。

信息化在促进政府行政的现代化、民主化、公开化、效能化方面起着十分重要的作用。现代信息和通信技术的发展,对政府管理的理念、政府治理的结构、政府工作程序和流程、政府的政策及其制定都产生了巨大的冲击。信息化在促进政府反应力、提高政府沟通效率和决策质量,更有效地运用人力资源、节约政府经费开支、扩大公民参与、创新政府服务等方面均显示出优势。因此,电子政务的实现必须与政府管理模式的变革相结合。

从目前发展来看,电子政务与政府管理模式变革的结合主要体现在:应用信息技术改变传统的层级化的公共组织的架构,建立网络型组织;改变政府运作流程,建立一个无缝隙的政府,即在任何时间和地点都能得到服务的政府;改变政府的职能,实现导航型政府;改变政府治理结构,从国家单独治理转变为国家与社会的共同治理;实现政府治理观念的更新,建立以公众为导向的政府。

电子政务环境下政府管理模式具有知识化、信息化、虚拟化、数字化等特征。

1. 知识化

知识是人类在认识自然、改造自然过程中的经验总结和理论思维的高级形式。目前,知识在我们所处的时代的作用是以往任何时代都无法比拟的。20世纪90年代初,管理大师彼得·F·德鲁克指出,我们正进入知识社会,知识已经成为社会的核心,知识资本的比例已大于资金资本。知识正日益代替权力与资本成为世界向前发展的动力。知识的生产率将日益成为一个国家、一个行业、一家公司竞争的决定性因素。因而,电子政务的运营必须考察社会生产的知识化特征,从而确立电子政务的目标。

从泰勒创立科学管理到现在,管理理论的发展已经经历了五次大的飞跃,如今的知识化管理携信息化大潮扑面而来,成为当今最为流行也最为有效的管理模式。管理之精粹莫过于提高效能,而知识化管理结合当今迅猛发展的信息技术在提高效能方面有着传统管理所无法比拟的优势,这也许正是当前知识化管理越来越被人们所关注的根本原因。

电子政务的运营必须体现知识化管理的要求,只有这样才能提高办公效率、降低管理成本、合理调配资源、加强对外交流。电子政务利用网络平台,开发各种基础应用,如:内部语音交换、视频会议、电子邮件、传真服务器、公文管理、档案管理日常事务、会议管理、多媒体培训、办公自动化系统与Intranet/Internet的互通等。开发各种专业应用,如:政府流程管理、电子服务提供、财务管理、人事管理、行政事务管理、公众关系管理等。最后,为了保障政务信息的安全性,还要着手防火墙的建设,严格防治计算机病毒。

2. 信息化

20 世纪 50 年代以来，世界科技的突飞猛进，引起了经济和社会生活方式的重大变化。以互联网为核心的信息化的迅速发展，已将我们带入信息时代。这个时代的最大特点在于，信息及其相关管理与技术成为决定经济发展的主导力量。互联网正在快速地向着集成、高性能、智能化的方向发展，逐步变成了一个覆盖全球的开发和充分利用信息资源的网络，并以极快的发展速度进入人类社会生活的方方面面。

信息时代不但使得互联网成为全新的媒体形式，而且将重新塑造全新的管理模式。信息技术的发展极大地改变了信息的价值，也使得国家机关工作人员加深了对信息的依赖程度。在信息时代，国家机关工作人员必须思考诸如此类的问题：如何提高信息处理能力，以提高政府效能？如何利用信息做出正确决策？如何应用现代信息技术，提高政府服务质量？如何应用信息技术来加强与公民的互动关系？等等。政府面对复杂多变的环境，面对大量的问题，为制定合理的决策，促进有效管理，建立电子化的管理信息系统，进而完成高层次的电子政务系统建设就成为必要。

3. 虚拟化

电子政务实际上是在利用现代信息技术，特别是网络平台构建“虚拟政府”。尽管许多实际的管理工作和公共服务的提供还离不开实际的工作部门，但诸如信息提供等服务则完全是可以通过虚拟方式来实现的。

公众利用“虚拟政府”所提供的全天候服务，可以解决生活中的诸多问题。这不仅提高了行政效率，也提高了公众满意度。由于政府所提供的公共服务特征，使之比商业企业更宜于虚拟化。因为，电子商务必须以强大的物流配送体系为保障，而电子政务中所包含的诸如电子纳税、电子审批等诸多服务并不要求实物的送达。如此一来，传统政府的实体管理和实体服务就可以通过网络逐步虚拟化。原先政府管理的功能，未来都将可能通过以网络提供为特征的“虚拟”形式来实现，政务处理将逐步虚拟化。政务处理的虚拟化意味着公共管理和公共服务活动可以在很大程度上脱离物理空间和时间的限制，可由服务对象自主选择服务时间、具体服务提供者和服务方式的全方位公共服务模式，将把政府的管理和服务水平提高到新的高度。

虚拟化政务处理，有助于政府组织实现：组织结构的扁平化、组织机构的简约化、组织变革的科学化、组织要素的智能化、管理过程的协调化、经营方式的合作化、资源配置的合理化、组织文化的多样化、组织功能的专业化、经营管理内容的弹性化、组织运营的高效化等功能特征。用计算机虚拟真实的行政组织，要求对政府运作的每个管理环节都非常了解，制定相应的政务处理规划，建立相应的模型，经组合后真实反映政府管理的每个环节，包括对行政绩效、行政程序等方面等进行分析，对行政决策备选方案进行论证，提前发现行政执行中的薄弱点，如监控办法、考评体系等，并作相应修改，以减少决策风险，提高政府绩效，改善服务质量，增进社会福利。

4. 数字化

政府比其他任何组织更能从来自数字程序及其改进中获益。例如，政府可以利用无纸化程序来履行繁杂手续，因为这些手续是必要的，但实际上都是重复进行的、例行的。人在处理此类事务中的优势比不上数字化的机器。政府可以通过数字化程序为社会提供新的服务，这种服务的实际提供者是只认"规则"、不认具体人的机器；它在实现刚性的"法制化管理"和"绝对公平"的服务方面，也比人直接出面具有更大的优势和便利。政府通过数字化程序，还可以降低公众对复杂工作流程的反感，提高公众对政府服务的满意度，因为数字化程序可以使公众不必理会，甚至可以完全不知实际运行中的必备程序流程有多么繁复，做出简单操作和选择后就可以获得结果。

数字化管理在社会各界已引起普遍关注。在电子政务运营中，管理运作越数字化，受益的程度就越高。因此，行政组织应充分利用数字技术，精简工作流程和组织，创建和不断优化数字神经系统。领导者应亲自参与数字化管理战略的设计，参与组织流程和机构的优化设计，让每一个工作岗位都充满活力，这就要遵循充分授权和开放的数字化管理思想，设计的目标是让整个组织有接近本能式的反射能力。

在实践中，数字化管理最广泛的应用是"数字化城市"的建立。以"数字化北京"为例，数字化城市建设将满足五项需求：第一，满足客户的上网需求；第二，网上办公需求；第三，办公自动化；第四，资源共享；第五，最高层次是协同共享。

1995 年美国麻省理工学院教授尼葛洛庞帝提出数字化生存的概念。今天，中国对数字化的认识已经比 20 世纪 90 年代中期深刻得多、全面得多，采取的实际行动果断得多、有力得多。例如，北京就制订了投资 300 亿打造数字北京的宏伟计划。中国只有建设自己的"数码港""数字城市"，加快推进各个领域的数字化进程，才能缩短与发达国家的数字化的差距，尽快填平"数字鸿沟"。

2.4.2 调整政府与公众的关系以便建立服务型政府

信息技术带来的最大影响之一就是缩短了服务提供者与接受者之间的距离,改变了政府与公众打交道的方式。传统的政府工作模式是以政府的机构和职能为中心,企业或公众围绕政府部门转。企业或公众要办一件事,必须了解各个政府部门的职能权限、处室分工,然后一个个部门跑,来来回回反复报批。在这种管理模式下,管制型政府大行其道。电子政务的推行将有效地改变传统的政府管理模式,特别是门户网站的“一站式”服务,政府应用信息技术,通过信息网络,降低了进政府办事的“门槛”,原来所谓的“门难进,事难办”的现象,在网络上可以很好地得到解决。

“一站式”服务,是指政府通过整合有序的政务外网为企业、社会组织、公民个体及其他服务对象提供的集中便捷和优质的服务。“一站式”服务,使得政府服务对象从统一的网络入口就可以实现远程的甚至跨地区的服务申请和业务办理。“一站式”服务建立在标准化和规范化的政府业务办公的基础上。因此,需要整合不同政府部门的网络和信息资源,并建立起各类法律、政令信息系统,文件管理、档案管理系统,信息采集和统计系统等,形成成熟的网上办公服务。在现有的政务流程和网络基础的条件下,我国一些政府部门实行的“一站式”办公服务,尚处于物理的“一站式”阶段,即政府及其职能部门为了解决部门机构设置和办公地点分散的矛盾,为了方便企业和公众,将办公地点集中起来办理面对公众的服务事项。常见的做法是:政府职能部门把与企业和公众密切相关的本部门的办事窗口集中设置在同一个场所,授予其一定的行政决定权和审批权。各办事窗口受理企业和公众的申请,解答咨询,依权限办理相关事项,送达批复结果。可以说,这种物理的“一站式”服务是现实国情条件下阶段性的选择,在一定程度上提高了行政效率,改善了服务质量,降低了社会成本。但是,随着经济社会生活、政治文明的发展,物理的“一站式”服务将不断朝着网络的“一站式”服务迈进,并最终为后者所替代。

信息技术的发展使得公众对未来政府的期望值不断提高,不仅仅是要求服务质量得到提高,而且要求获得服务的方式和程序也要不断改善。公众期望在任何时间、任何地点,以多种渠道获取自己所期望的服务形式和服务内容。为满足公众需求,世界各国政府将不断自我创新和调整,整合传统公共服务,建立“单一窗口”,给公众提供“一站到底”的公共服务。

2.4.3 重建新形势下的政府组织结构形式

将政府组织看成是受社会、经济、文化环境影响的生态系统，是当代政府发展理论的一个基本观点。与信息社会相适应的政府组织形态毫无疑问将是电子政务发展的产物。其中，新的管理手段出现和社会经济的进步是推动政府组织形态发展的关键因素。

电子政务环境下的政府组织形式将出现三种发展趋势，分别是：政府纵向结构的扁平化、政府横向结构的整合化以及政府组织形式的虚拟化。

1. 政府纵向结构的扁平化

现有的政府组织形态是工业革命的产物，与工业化的行政管理的需要和技术经济环境相呼应，已经存在了 200 多年。像许多工业企业的管理体制一样，政府作为一个整体（包括政府部门），都可以看作是一个基本上包含三个层级的金字塔结构，即战略层（决策部门）位于金字塔的顶部，战术层（管理部门）位于金字塔的中间，操作层（执行部门）位于金字塔的底部。每一个层次完成不同的职能，对数据和信息有着不同程度的需求和控制，在这个层级化的管理结构中，每一个层级上的工作人员都只对他们的顶头上司负责。在操作层上采集到的信息沿着纵向的指令系统在每一个层级上处理后，逐级向上流动而到达金字塔的顶端。战略层利用这些信息做出有关的决策之后，决策部门的指令再沿着纵向的指令系统层层传达并逐级予以实现。在一些复杂的政府部门中，层级之中还有层级，形成一个相当复杂的多层次管理系统。

这种管理系统在 20 世纪的大部分时间里支配着许多国家的政府。一个明显的事实是：这种管理模式在很大的程度上依赖着中间的管理层——既依靠他们处理政府内部的纵向信息流（几乎没有横向的信息流），又要通过他们对政府的活动进行协调和控制——其结果是中间管理层变得越来越臃肿，成为政府结构中最庞大的一块。由于决策过分集中，“刚性”较大，对形势和市场的变化做出及时和正确的回应相当困难。中间管理层是信息通信技术落后的产物，它的存在既减缓了信息传递的速度，又易造成信息的严重失真。随着信息全球化和经济全球化的发展，这种管理体制弊病丛生，使许多国家和地区失去竞争优势，其在工业化时代的许多优点已经成为在信息化时代的致命弱点。

现代信息技术使操作执行层与决策层直接沟通，金字塔式的管理结构就没有了存在的必要。首先，现代信息技术使得政府管理获取信息变得更加容易了。利用数据库和计算机网络，在同一个业务过程或业务流程中的不同的工作人员可以在不同地点、不同城市、甚至不同的国家，分享和处理信息，完成各自不同的职责，实现信息源头的一次性捕获与业务流程中的信息共享。其次，可以迅速地获取信息意味着业务活动的控制和协调可以在决策的较低的层次上，即在更接近于实际活动的层次上来完成；信息也可以方便地在横向进行处理，而不需要通过纵向的管理层次一层一层地传递。再次，“知识库”可以扩大工作人员的“能力”，使一般工作人员有可能变为很有知识的人，借助于一台计算机和决策支持系统，几乎任何人经过授权都可以作决策，只要信息充分，权责明确，不一定要通过金字塔式的组织结构层层上报审批。最后，管理者和其下属都可以利用信息技术手段随时了解对方的状态和意图，而且仅占用很少的精力和时间，一个管理者能够同时指导更多的下属人员，从而增加了管理幅度，使得一个行政组织要完成与过去同样的工作量所需要的行政人员大为减少，从而使行政组织更加精干高效。

2. 政府横向结构的整合化

传统的组织机构多数按职能部门划分，组织结构一般是等级层级结构，这样的组织结构便于控制和计划，但部门间沟通不畅，造成了许多问题。随着政府管理服务范围的拓展，专业部门持续扩大，导致机构膨胀臃肿，财政浪费，政府机构像体积庞大的航船，行动不便，转向缓慢，机构整体机能趋于退化，效率低下。而且因为机构层次繁多，造成某些环节上脱离公众，高层决策者听不到直接来自公众的声音，听到的常常是经过层层传递失真了的声音。在具体工作中，各部门只对自己的工作负责，只对自己的上级负责，无人对流程负责，这种职能分割的状况使各部门将工作重心放在个别作业的效益提升上，当职能部门的利益与整个组织的利益发生冲突时，职能部门的利益与个体的短期利益可能凌驾于组织发展目标之上，产生严重的本位主义，整个组织的效能渐趋弱化。

电子政务的发展，特别是政府业务流程的重塑，将对原有的组织结构造成冲击，使原本讲求分层负责、部门壁垒分明的传统组织结构，被横向整合的新组织形态所取代。

电子政务的价值之一就是通过电子化工具和手段建立跨部门、跨层级的直接连接渠道，使原来无法直接连接和沟通的行为者能够实时、直接连接和沟通。基于网络的电子政务系统是一个跨机构的、一体化的、支持前台（门户网站）和后台（包括内部管理信息系统、电子办公系统、数据库、安全平台和业务平台以及决策支持系统等）的无缝集成的智能化综合系统。这种智能化的电子政务系统是由“一个技术平台，四个资源整合”构成一个有机整体。一个平台是指数字化、网络化、信息化的技术集成平台，四个整合是指政府资源整合、企业资源整合、社会资源整合及社会服务整合。

这种跨部门的平台整合，使得政府内部突破部门之间与地区之间的纵横限制，解决电子政务应用系统现存的大量"信息孤岛"问题，实现资源共享与政府跨部门协同应用，提供一个能实现不同业务系统、不同类型数据进行有效转换和交流的统一的交换共享平台。从而打破中间层之间的界限，构建灵活的，以需求、任务、项目为核心的政府虚拟组织结构。

政府组织结构和政府管理本质上应当是不断调整和革新的。因此，对政府组织结构和管理方式的改革不是一次性而应当是连续性的，任何一个时点、基于任何一种直接目的而设计的政府组织结构和政府管理模式，都不是永远合理和有效的，政府组织和政府管理的合理性、有效性存在于政府对社会生活事务的动态调适过程之中。随着网络时代和网络经济的来临，管理正由传统的金字塔模式走向网络模式。政府的组织形态也必须由金字塔式的垂直结构向错综复杂的、扁平的网状结构转变。管理的层次将被减少，代之以各种形式的通过网络与政府其他部门与企业、与公众、与政府公务员等的直接联系。通过不断的摸索和实践，电子政务发展将最终构造出一个与信息时代相适应的政府理念。

3. 政府组织形式的虚拟化

这里的"虚拟"指的是这样一种能力：表面上看来浑然一体，实际上源自几个分立机构能力的快速传递和共享。当公众和一个虚拟的政府机构互动时，他们似乎在与一个紧凑的物质的机构互动，可实际上他们是在与多个机构互动。这些机构只通过数字网络就可以被整合，其中有一个实体的核心部门来负责协调和组织，其他部门通过这个核心部门实现相互之间的协作与沟通。例如：大家知道，工商部门的营业执照发放，其实牵涉很多前置许可部门（比如申请开设"网吧"，就需要文化、卫生、消防、电信等部门事先审核），如果设计一个网上并联的工商行政许可系统，就是以工商部门为核心，涉及前置许可的各个其他政府部门都虚拟地整合在一个流程上，此时其实就构成了网上虚拟政府。虚拟政府在具体运作的时候，还必须注重解决各个组成部门之间的协作问题，真正实现政府部门之间的联动和资源共享，形成跨部门的网络化办公环境，构建无缝政府，实现协同办公。

虚拟化的政府组织形式是分布式的，它存在于组织间网络以及网络化的计算机系统内，具有无限的可延伸和持久性，而且能轻易地适应差异和变化并找到自己的秩序；既富有弹性，又具敏捷性，能够迅速地调配其资源和能力，而不管它们分布在政府部门内部还是分布在组织之间。虚拟政府组织的出现符合社会未来发展的趋势，并有效地推动了电子政务的发展。它所具有的优点主要表现为以下几个方面。

第一，虚拟政府组织可以有效地处理多元化服务与专业化分工的矛盾。在知识经济和信息化时代，经济的全球化和需求的多元化、个性化，要求政府部门既多元化又专业化。但多元化服务与专业化分工存在种种矛盾。实行多元化服务是网络时代对政府部门的基本要求，而多元化服务必将给政府部门带来资源的分散，特别是整体资金、技术和人力资源的紧张，造成局部投入不足，致使政府部门管理成本增加。实行专业化分工，使相关政府部门更专注于某一服务，使政府管理成本大大减少，但又无法快速适应外界环境的变化。虚拟政府组织可以通过网上虚拟整合，把许许多多相互独立的部门虚拟整合在一个网络平台，组成虚拟政府组织，从而向社会提供多元化服务。

第二，虚拟政府组织可以有效地提高政府行政组织的弹性和可再造性，使得行政组织具有快速反应能力。虚拟政府组织将一个庞大的政府行政组织体系通过网络虚拟整合为若干个政府应用平台或系统，这可以适应环境快速多变的需要。虚拟政府组织中的一个节点即组成虚拟政府组织的某个部门，随着服务的需要、业务的拓展逐渐壮大，这时其业务范围也在不断地扩展和延伸，其结果必将导致业务的繁杂，无法实现专业化的目的。在这种情况下，虚拟政府可以根据环境的需要、专业化的需要进行业务重组，衍生出更多的专业化应用平台或业务应用系统。

第三，虚拟政府组织可以有效地减少运作成本。虚拟政府组织充分运用网络信息技术的力量，大大加速了跨机构信息与服务的流动，提高了整合化的信息处理能力；组成虚拟政府组织的各个部门在网络平台能有效地进行资源共享和互动联通；通过网络传递信息不仅节约了时间，而且还节省了办公经费。虚拟政府组织优化了行政业务流程、减少了办事环节、打破了时空的障碍，不仅大大降低了行政成本、提高了政府服务的质量和管理效能，而且还大幅度地降低了交易成本，提高了政府服务质量和便捷性。

第四，虚拟政府组织符合未来社会服务朝着个性化、自由化方向发展的趋势和行政组织改革的潮流。随着网络信息技术的发展，网络将遍布世界各个角落，国际互联网、可视电话、视频会议将全面进入政府部门和家庭。社会将朝着个性化、自由化方向发展，移动办公等形式将成为政府管理的基本方式，政府部门将从集中办公逐步走向网络办公、移动办公和虚拟办公。虚拟政府组织经由网络把这些分散的个体虚拟地整合成一个个能有效运作的团队,形成了跨部门的共享数据库、政府间网络、业务应用平台和虚拟办公系统。

2.4.4 建立“以客户为中心”的政府服务理念

将公众视为政府的“客户”,一切以客户为中心是 21 世纪政府管理创新的基本理念。“客户关系管理”是近年来在企业界非常流行的一种通过改善与客户的信息交流和互动,掌握客户消费习惯和行为方式来留住客户、扩大市场占有率的系统思想。现在,这种思想也开始用于电子政务之中,帮助政府管理与其“客户”即企业和公众的关系。因为,政府比任何企业或单位都有更多的“客户”,将“客户关系管理”引入到电子政务之中,可以体现以客户为中心,按照客户的意向来设计政府的电子政务系统,这样可以帮助政府更好地为有特殊需要的“客户”服务,从而建立新的、更好的政府与企业、政府与公众的关系。几乎所有国家在电子政务的发展战略中都这样写明:“向公众提供另一种高效便捷的服务,促进政府与公众之间的交互性。”

在电子政务实现的早期阶段,各个政府部门的网站都是按照政府的组织结构和业务过程来设计的。经过一段时间的实践发现,这并不能提高政府向客户提供服务的水平。要真正为客户服务得好,必须以客户为中心,按照客户的意向,即客户想要什么、想做什么,来设计政府的网站。网络环境下电子政务的工作模式,是要以客户为中心,以客户的需求为出发点,也就是说,政府要围着企业或公众转,把企业和公众真正作为客户,对其进行管理和服务。在当前的模式下,电子政务的建设事实上是以职能部门的管辖范围和职责来划分的,例如户政管理部门、税务部门、人事档案部门、教育部门等。同样是办一件事,可能要涉及许多个部门。比如申请出国护照、社会福利保障、医疗健康等,即使有了电子政务,公众仍不得不奔波于各个职能部门之间,各个职能部门的信息互不相同甚至互相矛盾,同样的表格需要填写多次。再比如,如果一位市民需要通过电子政务网站来申请解决问题,他就首先需要知道找哪个部门,需要哪个部门出面解决。但在大多数情况下,一件事情并不是简单地由某一个部门可以解决,而是需要多个政府职能部门的协作和配合,经过一系列的流程之后才会有结果。如果各个部门的电子政务网站不能实现信息的传递和共享,那么电子政务所要倡导的“高效性”和高质量服务将无从谈起,而市民也会逐渐失去对电子政务的兴趣和继续使用的动力。

正是基于此,世界各国都正在从以政府各部门职能来划分的“纵向”

电子政务，转变为以公众为中心，以为公众提供高质量、高水平在线服务为首要目标的“横纵结合”的电子政务。要实现这一转变，就需要打破当前的自上而下的相对封闭的网络体系，在互连、互通的基础上，将原来各自独立的信息进行集成，最终实现所有信息的互动和一体化。

2.5 实施电子政务的价值与效益

电子政务的实施可以产生重要价值，并且会带来令世人瞩目的社会效益和经济效益。

2.5.1 实施电子政务的受益用户群

电子政务实施以后，以下两类人员都是非常适用的受益用户群。

1. 适用于政府外部用户的在线服务类

该类别的用户群主要是政府部门提供服务的对象，其中包括公民、非营利性事业单位和企业等，其形式为政府通过应用门户网站（如以公民为中心的门户网站，可提供社区一览表和常见问题解答等互动内容）和处理日常事务的应用软件（如电子评估和网上支付停车收费、财产税和营业执照等费用），向企业和民众提供完善方便的服务。

2. 适用于政府内部用户的政府运作类

该类别的用户群主要是政府部门的内部成员，其中包括政府职员、政府部门和政府机构等，其形式为政府利用互联网，应用电子采购、网络化文件管理、电子表格及其他电子化途径，简化政府运作流程，从而提高工作效率和质量。

2.5.2 实施电子政务的 5E 价值

上面两种类型用户群的电子政务应用，都将表现出电子政务的重要价值，这些价值可以概括为“5E 价值”（Easy，Efficient，Effective，Extensible，Enjoyable），分别是：

1. 交流更通畅（Easy Communication）

电子政务的建设为政府部门内部、政府部门之间以及政府与公众之间扩展了交流渠道，加强了交流工具，消除了时空限制，增加了通信带宽，使得相互间的信息交换以至于思想交流更加容易和通畅。

2. 行政更高效（Efficient Corporation）

电子政务的建设必将促进政府的管理和流程的改革，使得政府的组织结构更加合理，业务流程更加优化，进而大大提高政府部门的工作效能，成为高效运行的政府。数字化、知识化管理可以加强政府行政的过程控制和结果评估，有助于提高政府的工作质量。

3. 成本更节省（Effective Cost-down）

对于政府而言，实行电子政务需要投资，但是通过政府业务流程重组和电子化行政手段（降低人员和时间成本）可以减少费用，从长远来看，电子政务必将为节省政府开支提供途径。对于社会来讲，一体化的虚拟政府管理必为社会公众节省大量的时间和成本。

4. 协作更延伸（Extensible Cooperation）

电子政务及其网络的建设实现以网络为纽带、打破时空界限的政府部门内部及政府部门之间信息的高度共享；应用操作的统一协调；行政管理的一致协同。同时，也延伸了政府管理与公众需求之间的相互协作和协调，实现快速反应、快捷服务。

5. 用户更满意（Enjoyable Customer）

上述各种作用最终都可归结为使得不管是内部用户，还是外部用户；不管是决策型用户，还是操作型用户都可以得到丰富的信息资源及其服务。电子政务个性化服务体系的建立可以使得电子政务系统的每一个用户都可以按需要、按兴趣获得所需的优质服务。

2.5.3 实施电子政务的整体效益

具体地讲，电子政务的实施可以表现为以下几个方面的效益。

第一，有助于提高政府部门处理事务的效率和质量。电子政务在公民与政府之间、企业与政府之间、政府部门与部门之间实现更多高效便捷的价值互换，从而显著提高政府部门处理事务的效率和质量。电子政务协助政府部门理顺整体工作流程，可节省更多时间，是政府机构处理事务的最佳方案。应用电子政务后，用户可每天 24 小时随时随地处理政府事务或使用政府服务，功能强大的电子化方案可以处理更多事务，提升价值。

第二，电子数据传输传递有助于节省成本。电子数据传输是电子政务解决方案的主要部件之一。实现电子数据传输后,政府职员不再需要手动处理各类数据,资金转移和数据更新可同步传输到后端系统,而公民同样可通过应用软件中设置的业务规则,查证交易的有效性。另外,电子支付账单显著降低了政府机构的在途资金。如果公民以传统支票的形式进行款项支付,公民的资金通常需要经过 12 个工作日后才能将其转到政府机构的账户上。而通过电子接收付款的方式,政府机构可将该时间缩短至两天。据统计,通过网络进行财产税支付的方式可将处理每件交易的费用由原来的高于 5 美元降低至约 25 美分。

第三,可以为政府部门带来更多商机。电子政务不仅可提高政府部门的运作效率,还可为政府部门带来更多商机。政府机构利用最新的技术,进入市场不会受到时间与地域的限制,也可同时以最低运作成本运作。此外,电子政务还可提供其他效益,如电子政务可改善传统机关与公民之间价值互动的成效,从而提高民望,政府部门通过电子招标和集中采购,可以减少政府采购成本;还有,电子政务还能带动我国的信息基础设施建设和 IT 业的顺利发展,并且为其他领域和行业的信息化建设起到示范带动作用。

第四,电子政务有助于密切政府与社会公众的关系。电子政务使社会公众享受到政府提供的比以往更加快捷、方便的公共服务,对政府服务的满意度有很大提高。北京电子政务平台(http://eservice.beijing.gov.cn)正式上网运行后,不仅市民可免去奔波之苦,而且“政府 10 分钟干了过去一天的活儿”。广州市工商局建成开通企业工商注册和年检并联审批系统,在涉及前置审批的 40 多个部门中,已有市区两级政府共 59 个相关审批单位加入了网上综合服务平台,正式开展审批业务。过去一个企业从申请领证到最终领取营业执照,短则 2 ~ 3 个月,长则半年,如今只需要 8 天就可领取工商营业执照。

第五,电子政务有助于推进社会主义民主化进程。电子政务给社会公众参政议政提供了可能。过去由于缺乏合适的手段,公众参与政府决策往往难以落实。现在这一难题迎刃而解。国家发改委于 2004 年底在网上开设了我国“第十一个五年发展计划”讨论栏目,短短 5 天内就有 14000 余人访问了该网站,5000 多人参加了讨论。在我国物业管理法的制定和“第十一个五年计划”的制定过程中,立法机关和行政管理部门通过互联网公开征集公众意见,集思广益,取得了很好的效果。随着数字安全技术的完善,公众可以通过在线政务系统进行选举登记,了解被选举人的资料,进行电子投票,与选举产生的代表进行在线沟通,参加在线听证会,获得实时的、第一手的信息,参与民主进程,而不是像以前那样只是在事后才得到有关的信息。吉林、福建、湖南三省 9 个县试点建立了“村委会电脑选举系统”，村民可以按照自己的意愿选举社区（村）的负责人，农民参与热情空前高涨。

2.6　电子政务对政府服务模式的影响

在当今的信息时代，信息技术作为最基本和最为普遍的技术手段，已经渗透到了人类社会生活的每一个领域。当前，我们正处在电子政务的起步阶段，充分认识电子政务对政府管理模式的影响，对于今后我国电子政务的健康发展具有非同寻常的重要意义。

2.6.1 公共服务电子化与电子政务的关系

公共服务电子化与电子政务之间具有非常密切的关系。一个政府提供的电子服务的好坏直接影响着电子政务的进展，它是电子政务建设的衡量器；同时电子政务的稳妥发展，可以进一步完善其所提供的电子服务的质量。下面从三个方面阐述二者之间的相互关系。

1. 电子政务的基本目标——改革公共服务

随着信息化进程的加速，政府办公电子化、自动化、网络化在 20 世纪后半期得到持续而快速的发展，政府在办公方式、管理方式等领域内形成了一股改革浪潮。在各国“信息高速公路”的建设中，列为五大应用之首的“电子政务”（其他四个领域为电子商务、远程教育、远程医疗、电子娱乐）因其自身优势更是得到各国政府的青睐。“电子政务”的出现，适应了当代政府提供公共服务对低成本运行和高效率工作两方面的要求。

电子政务的主要目标就是顺应信息化社会对政府管理的需要和要求，建立起“以为公众服务为导向”的政府。电子政务最主要和最积极的意义就在于：克服传统政务容易疏远公众、容易在中间环节发生腐败和“梗阻”的弊端。电子政务强调提高服务质量，要求政府更好、更直接地服务于社会。政府可以通过电子化，直接与人民群众沟通，收集群众意见，传达政府信息，从而高效率、低耗费地实现为公众服务。电子政务使社会公众可以获得更多的公共信息资源，使他们对于公共政策也从简单的服从和接受变成直接的参与和索取。电子政务的最佳状态，将是政府对公众服务需求做出更快捷的反应，公众更直接和广泛地获得由政府提供的各种服务。

2. 电子政务的核心理念——全心全“E”为公众服务

所有发展电子政务的政府几乎都认同这样一个道理，那就是：在电子政务发展战略中，如果没有为公众服务的，而且可以对服务效率和质量进行准确量度的目标，电子政务的发展就将是失败的。因为在电子政务的环境中，政府和公众不再处于传统时代时的那种对立位置上，他们之间存在一种多样化和多渠道的互动式交流关系。政府的管理理念从“为民作主”转变为“为民服务”；从“公众要讨好政府”转变为“政府要讨好公众”。政府通过网络提供给公民电子福利支付、电子医疗、信息发布、电子资料库、电子税务等服务，加速公众对政府提供服务的反馈和了解，减少“图章旅行”和一切不必要的工作环节，使公众能够更快捷、更方便地得到服务，不会再出现公民找政府时“门难进，脸难看，话难听，事难办”的怪现象了。

电子政务中，以公众需求为导向并向其提供优质和高效的公共服务是其唯一宗旨。公众对所获得的公共服务的满意度是衡量政府在公共管理上成效程度，衡量政府工作人员是否称职的一个主要依据。因此，通过电子服务，通过为公众多办事、办实事、办好事，取悦于民，获得公众良好的口碑，电子政务才能真正成为人民的电子政务，才能真正实现政府的初衷，才能为建立一个被公众拥戴和信赖的好政府发挥其特别作用。

3. 电子政务对公共服务的新要求——服务标准进一步提高

在电子政务环境下，公众获得政府服务的权利得到尊重；在信息技术和先进信息管理方法的保证下，政府所提供的服务需要具备如下特征。

（1）全面真切地了解公众的服务需求。

（2）对公众的服务需求能快速做出回应。

（3）为公众提供容易获得的、快捷方便的、可在一定范围内自由选择的服务通道。

（4）资源充分，使服务真正具备可取得性。

（5）服务标准确定、一致。

（6）服务提供过程与结果公平、公开。

（7）各种服务更直接，可以打破地域和部门限制。

（8）服务具有必要的互动性。

（9）各种服务更有质量保证。

面对这样的服务要求标准进一步提高所带来的新变化，必须树立强烈的服务意识，必须形成足够的服务能力，这些必须通过大力发展电子化公共服务来实现。在一定意义上，没有公共服务就没有电子政务，电子政务的本质就是电子化的公共服务。

由此，可以看出，电子服务是电子政务的核心内容，它的水平与效果，就是电子政务的水平与效果。在电子政务的建设中，必须重视且花大气力发展电子服务。

2.6.2 电子政务给政府服务环境所带来的变化

政府管理环境是政府部门开展行政管理工作的外部环境和内部环境的总称。政府管理环境对政府管理活动产生着制约作用，而政府管理活动的结果又反作用于政府管理环境。

此处所说的政府管理环境是中观或者微观层面的，包括硬环境和软环境两部分。硬环境指的是办公设备设施，软环境指的是行政观念、行政文化、行政制度。电子政务对这两个方面都带来了巨大的变化，从而对传统政务提出了挑战。

1. 电子政务对政府管理硬环境所带来的变化

电子政务意味着政府利用各种电子化信息处理设备实行电子化办公。这使得政府管理硬环境发生了历史性的变化，以往只发生在生产领域中的、主要代替人进行体力劳动的自动化，第一次全面进入政府管理领域，政府工作人员有史以来第一次系统地利用自动化程度很高的工具从事公务活动。

通过自动化设备可以高速度、高质量地完成与公众的对话交流，完成政府采购与招标、征税、信息发布、福利支付、民意调查等程序手续比较繁杂的重复性工作。这时的政府工作人员主要直接面对的是计算机等信息设备，进行简单判断的程序性工作基本上由这些设备承担，需要自己直接做的工作将是更具创造性的非例行的工作，与社会公众进行交流和提供服务的时间限制与空间限制被大大压缩，不必直接谋面，一年 365 天，天天 24 小时的交流与服务，将以“虚拟化”的形式实现，各个相关联职能部门之间的协同办公、联网审批、并联作业和“一站式服务”将得以顺利实现。

2. 电子政务对政府管理软环境所带来的变化

电子政务对于行政软环境的影响，最突出的方面还是它引发了人们行政观念的变革。

电子政务提供的信息化条件，使人们的生活方式、生产方式、思维方式、经营方式、政治行为方式都不可避免地发生了很大的变化，其中一种新的行政观念也在悄然兴起。这种观念就是,从政府的角度看,它必须意识到信息技术的广泛应用,特别是网络的发展,已经使公务信息的流通过程中不再有被动的受众,有的只是主动的参与者,所以政府再也不能简单地进行单向的政务信息传送、灌输。政府要真正地将公众视为平等的主体,必须认识到只有公众真正关心政府时,他们才会与政府的行为形成积极的配合。从公民的角度看,这种行政观念意味着自己要从原来政治生活中的狭隘被动者、顺从者向主动的参与者转变。因为在这个“足不出户可知天下事”的时代里,自己在家里通过网络就能参与政治和政府管理,自己“微不足道”的意见也可以影响到政府的决策。

2.6.3 电子政务对政府机关工作人员所带来的变化

政府机关工作人员是政府管理的主体,这一角色不会因为电子政务的出现而改变 。只不过电子政务对政府机关工作人员带来了一系列根本性的变化,这主要表现在以下方面。

1. 促进政府机关工作人员个人工作能力的改善和工作效率的提高

这种提高主要表现在两个方面。第一,促进体能的延伸与增强。电子政务借助于信息技术,如用计算机系统办文办事;用新的电信手段举行远程会议;用网络高速大量地收集和处理信息数据;这无疑在一定意义上打破了时空的限制,极大地开阔和提高了人们的眼界和能力,使国家机关工作人员可以看到、听到、触及到以前无法感知的事物,可以完成以前无法完成的工作。第二,开阔视野,提高判断、分析和解决问题的能力。电子政务强化了政府的信息处理能力,这使得国家机关工作人员能及时获得大量信息,有助于他们辩证地和系统地思考问题。互联网提供了获取信息的极大便利,使得国家机关工作人员真正做到“秀才不出门,全知天下事”“运筹帷幄之中,决胜千里之外”成为可能。

2. 促进国家机关工作人员综合素质的全面发展和管理观念的及时更新

电子政务的实现既对国家机关工作人员的思想观念、道德修养、政策水平、技术素质及其智力能力发展提出了更高的要求,又节约了原来靠手工处理信息所消耗的大量时间和精力,降低了信息采集、加工、传输的时间成本。前者成为行政人员不断学习与接受培训的直接动力,后者则提供了可能与机会。电子政务所带来的教育培训方式的更新(如网络教育、在线培训)更为行政人员学习现代化的管理知识,掌握与运用现代化的行政管理技术和工具提供了极大的便利和动力。另外,国家机关工作人员要适应电子政务的要求，就必须更新传统的观念，以便快速树立与电子政务发展相适应的新的管理理念。

3. 对国家政府机关工作人员的整体人才结构将产生一定影响

电子政务对国家机关工作人员的整体人才结构所带来的变化也是巨大的，主要表现为：单纯管理人员与单纯技术人员的比重均会有所下降，兼具优良技术素质与管理素质的复合型人员将占有越来越大的比重；承担相应信息管理与信息技术工作的人员将占有一定的比重，处于中间层的管理人员特别是只起信息传递作用的工作人员的比重将逐渐下降。

4. 国家政府机关工作人员自身的素质将大幅度提升

电子政务虽然以信息技术的应用替代人做了一部分过去由人直接完成的工作，但这种替代主要针对的是重复性的、例行性的工作，创造性的和非例行性的工作还需要由人直接完成。而且，随着政府管理职能的不断转变，政府内部组织结构的不断调整，这部分创造性工作、非例行性工作的比重会比传统政务环境下更大，需要工作人员发挥创造性的空间也会更大、更多。这些变化无疑对工作人员的综合素质提出非常高的要求，并以非常大的压力促进工作人员综合素质的尽快全面提高。

5. 政府机关工作人员总的数量规模将逐渐趋于减少

由于电子政务促进政府管理职能转变产生了实际效用，政府只做自己应当做的事情，其他不该做的一律不再做，交给社会有关方面做会比自己做得更好的事情，就委托出去让他人做；那些该自己做的事情则会在电子政务环境下，借助电子政务提供的技术条件，借助电子政务推动下形成的更优化的管理条件，做得更快、更好、更省时、省力，也更省人力。这就将导致政府机关工作人员总的数量规模将逐渐趋于减少。

2.6.4 电子政务对政府决策方式所带来的变化

政府决策是决策者为达到某一特定目标，对若干备选方案进行选择，以确定行动方案的过程。电子政务对政府决策的影响是围绕着提高决策的有效性和决策的效率展开的。

1. 对政府决策目标的影响

电子政务的发展改变了人们工作和生活的环境，因此对政府决策提出了新的要求。政府应以顺应客观规律，维护公众利益，令公众满意为决策的根本目标，为此，决策过程的公众参与及民主公开就成为一种必然选择。随着各地电子政务活动的开展,公众对政府的满意度也相应提高。

2. 削弱以至取消决策者与执行者之间的严格界限

在马克斯·韦伯所设计的科层制结构中,组织内部层层授权,下级对上级严格负责,只有处在金字塔顶端的人才能掌握足够的信息从而做出决定。而电子政务的实现使每个人都能及时获得所需要的信息,在工作现场就可以做出必要的决策,无需事事先向上级汇报,再执行上司的决策,真正可以做到"将在外,君命有所不受"。正如约翰·奈斯比特在其《大趋势》一书中所描述的:"由于新科技发展给社会生活带来的多样性和时效性,中央政府的集中决策愈来愈缺乏效率,谁是总统再也无关紧要,因为实际的政治力量,即把事情处理好的能力,已从国会和总统的手中转移到州、市、镇和邻里手里。"

3. 改善政府决策者的有限理性

管理决策的基石是由美国管理大师西蒙提出的"有限理性"学说,而信息的不完备是影响人们进行理性判断和决策的直接原因之一。电子政务可逐步实现在适当的时候、把适当的信息提供给适当的管理者,这样就改善了决策者的有限理性。网络化电子政务的实现,使得政府决策者可以在广泛了解决策所需信息的前提下进行决策,避免了靠经验决策和决策信息不完备导致的盲目决策现象,从而提高了政府决策的科学性和合理性。

2.6.5 电子政务对政府行政方法所带来的变化

电子政务构建的技术基础是现代信息技术,而信息技术与行政方法密不可分。所有行政过程都需要有相应的信息支持,而绝大多数行政方法就是专门为保证信息流通而创立和得到应用的。电子政务实现过程中所采用的信息技术必然引起行政方法的变革,这种创新性变革主要是通过以下途径实现的。

1. 改善现有行政方法的信息基础和信息通讯手段

例如,目前行之有效的网络规划技术,就因得到了先进的信息技术支持,而大大提高了政府管理效能。网络规划技术源于 19 世纪末美国学者甘特发明的甘特图,后发展为横条图形计算法,这是一种较为简单的安排工序和时间的图表。后来,随着科学技术的发展而不断改进成为网络规划技术。著名的美国阿波罗登月计划就因为使用了网络规划技术而使原定 14 年的计划提前 5 年实现。网络规划技术具有较高的科技含量,其工作程序的模型建立就得益于计算机等信息技术的运用。

2. 创立全新的行政方法和行政措施

信息技术的发展使决策支持系统、电子会议系统、远程控制、协同办公、动态网络规划成为可能。目前，我国政府上网工程就采用了一整套全新的管理方法，如人民银行网上支付、海关总署报关单和外汇联网的外汇核销系统、工商局红盾信息网提供企业数据库、国税总局增值税发票稽核系统和电子报税等。这些管理方法提高了行政效率，降低了行政成本。

2.6.6 电子政务给政府职能发展所带来的变化

政府管理职能也就是政府的职责和作用。不同时代的政府，其管理职能存在着很大的不同。电子政务就给政府管理职能的发展带来了一系列变化，特别是对传统政府管理职能提出了挑战。电子政务给政府管理职能的发展带来的变化主要体现在以下三个方面。

1. 促进了政府管理职能转变

在社会主义市场经济体制建立和发展的过程中，我国政府必须完成转变政府职能的历史性任务。也就是把政府职能重心从政治统治和阶级斗争转变到社会管理和经济建设方面，把以直接管理为主转变为以间接管理为主，把以管制为主转变为以服务为主。

电子政务在政府职能转变中发挥了“助推器”的作用。这种作用，既表现为电子政务给职能转变提供了非常有力的工具支持，更表现为给职能转变创造了有利的环境条件。

电子政务给政府管理职能转变提供的工具支持，首先是提供了一条为实现新职能所必需的信息高速通道，这主要是指电子政务所依托的网络平台在信息传输的速率方面有着无与伦比的巨大优势。更及时、更快捷的信息传递，使政府管理职能转变具备了最基本的条件。电子政务给政府管理职能转变提供的工具支持，最重要的方面还在于它为新职能的实现提供了充分的信息资源。我们知道，政府管理新职能能否实现，归根结底将取决于政府对信息资源的创造、收集、发送和分配能力的改善程度。电子政务的重要功效，就在于它可以从根本上改变政府信息资源的管理模式，为政府提供更加充分的信息资源支持。在数量上，电子政务可以最大限度地将一切所需要和能够采集到的信息整合起来，通过有效的共享机制，为政府、为社会公众提供真正海量的信息支持。在质量方面，电子政务可以以特定的法律保障、管理保障、技术保障，使信息更加可靠、真实、有效。

电子政务在政府管理职能转变中的“助推器”作用，还表现在为职能转变创造了有利的环境条件。实现新职能所需要的社会公众参与、强有力的社会监督、政务公开、政务信息公开、对社会公众需求的高速回应、与公民关系的切实改善等外部条件，都可以在电子政务的推动下得到实现，至少是获得必要的动力支持。因为电子政务依托的信息技术，特别是网络技术的开放性和双向即时沟通功能等，使这些外部条件可以很容易地实现，甚至不容许人为禁绝或阻隔。

2. 改变着政府管理职能实现的主要方式

电子政务为政府管理职能实现主要方式的改变同样创造了条件。我们知道，传统政府管理职能实现方式的特点，就是管制，也就是说不管在实施政治统治职能的过程中，还是履行对社会管理职能时，政府管理都主要表现为政府对公众的管制。而新的政府管理职能实现方式，就是要彻底改变这种面貌，使政府管理职能的主要实现方式从对公众的管制，变革为向社会公众提供全面的服务，管制降为次要方式。电子政务为这种变革提供了更加充分的条件。电子政务的基本目标就是为社会公众提供更加优化的电子化公共服务，服务是电子政务系统的本质功能，没有服务就没有电子政务，也不需要电子政务。国内外成功的电子政务系统都是以电子服务见长、以电子服务取胜的。这本身就充分说明电了政务对政府管理职能实现方式的影响，就是将主要实现方式从管制变为服务。

3. 降低了政府管理职能实现的成本

电子政务给政府管理职能的发展带来的另外一个变化，就是降低了政府管理职能实现的成本。政府管理职能实现成本居高不下是困扰我国政府的一个难题，降低这个成本也是政府进行职能转变的动因之一。如果我们探究其中的原因，不难发现，我们的政府运营成本中，除了浪费了一部分之外，人头费支出巨大、政务处理手段落后、暗箱操作盛行等也是重要原因。政务处理手段落后，一方面使政府不得不靠增加人手应付日益增多的工作量，另一方面又要为手抬肩扛、车载人拉、四处奔波等“少慢差费”的工作方式付出代价。暗箱操作在政府资源配置过程中带来的巨额国有资产外流姑且不在这里讨论，它给政府采购带来的损失就足以使政府运营成本令世人瞠目。而这些问题，在电子政务环境下，将获得逐步缓解或彻底解决。电子政务在较大幅度节省人力资源方面的优势，可以帮助我们真正实现“精兵”；电子政务在推动科学管理，广泛应用先进管理工具方面的优势，可以帮助我们“简政”；电子政务在公开开放、透明度高等方面的优势，可以帮助我们建立更加有效的监督，帮助我们“廉政”。而它们共同具备的一个优势，就是节省投入，扩大产出，帮助我们降低政府管理成本，实现在特定意义上的“廉价政府”。

2.6.7 电子政务对行政机构组织所带来的变化

传统的行政组织形式是科层组织结构，它的最大优点是效率很高，其弊端在于对外界环境变化的适应能力较差，而且束缚组织成员自身的全面发展。社会经济环境的不断变化，使得科层组织的革新不可避免，而电子政务的发展则为之提供了强有力的支持。

电子政务是对传统行政组织结构的否定。信息化的发展对既有的政府模式形成了越来越大的压力，因为现代科层制的行政组织结构是适应大工业生产而出现的，无疑它在过去对经济、对行政发展产生了巨大的功效。但现在是从大工业社会向信息时代的过渡期（有的国家如西欧、北美已进入信息社会），相应的政治行为准则，如权力结构、组织结构、工作方式等都要发生变化，以适应信息时代的要求。

总体来讲，电子政务对政府组织结构的影响主要体现在以下几个方面。

1. 推动政府组织结构形式的调整

电子政务将推动政府组织结构形式的调整，逐渐使正金字塔结构趋于扁平化，并可能出现“虚拟化政府”形态；同时要减少管理层次，拓宽管理幅度，调整分工体系，发展各部门活动的并联化（而不千篇一律地按时序串联），并且业务活动将进行流程再造，实现按工作流程而不是按职能部门划分；增加政府与外界的信息交流方式，增加与公众的接触。

2. 推动政府组织规模的真正精简

电子政务在推动政府组织形式调整的同时，其影响下的行政组织也将由繁到简，机构可实现真正的精简。我国政府管理改革的近期目标之一，是建立一个有利于提高效能、增强活力和调动各方面积极性的领导体制。要实现这一目标，我国的机构改革需要切实走出“精简→膨胀→再精简→再膨胀”的怪圈。而电子政务恰好为这一目标的实现提供了契机。这里面带来的最直接影响就是政府管理机构中间管理层的缩减以至取消。

中间管理层的大规模发展是信息通讯技术落后的产物；它的存在既减缓了信息传递的速度，又易造成信息的严重失真。电子政务的发展，特别是现代信息技术的普遍应用,将通过加强操作执行层与高层决策的直接沟通,逐步缩减甚至可能最终取消中间管理层。

3. 行政组织绩效进一步改进和提高

电子政务的发展,在提高行政组织绩效和促进行政组织成员自身发展方面所具备的潜力非常大。因为说到底,任何管理过程在本质上都是信息处理与管理的过程,行政组织的绩效实际上就是信息沟通交流的绩效,而电子政务所能够达到的主要目标,就是确保行政组织间、行政组织成员间、行政组织与服务对象间的全方位信息沟通和交流的有效性。

第 3 章　政府公共服务电子化的业务准备

政府公共服务电子化的顺利开展，要求政府部门必须做好基本的业务准备，这包括加强政府机关内部公务处理和行政管理的电子化，同时还要对传统的政府流程进行优化。

3.1　政府机关内部公务处理电子化

电子政府的核心是建构一个“虚拟政府”：大量频繁的行政管理和日常事务都通过设定好的程序在网上实施。只有每一个政府机关内部公务处理首先实现了电子化，由政府机关组成的整个政府系统的公务处理都电子化了，政府才有条件提供电子化的公共服务。

3.1.1 政府机关内部公务电子化的含义与类型

政务内部公务电子化处理是互联网应用于现代行政管理，以先进的网络技术克服政府在管理和提供服务方面存在的弊端，催化和加速政府办公透明化，提高办事效率，增强广大人民群众对政务的参与度，提高政府监管能力和公共服务水平，切实做到依法行政的必然要求。政府部门内部的公务处理活动，主要通过各种电子化公务处理系统来实现，这些公务处理系统内容很多，包括办公自动化系统、人力资源管理系统、多媒体检索系统、视频会议系统、财务管理系统、物资管理系统以及其他相关的办公事务处理系统。

一个完整的政府机关电子化公务处理系统，在基本内容上应包括信息的生成与输入、信息的审核与识别、信息的加工与处理、信息的存储与检索、信息的复制、信息的传输与交流以及信息的安全与保密管理等在内的全部内容；在功能特性上，还必须具备网络通信功能，强大的文档处理能力，多种共享方式和强大共享能力，并且必须有利于优化政府流程，必须确立有效的安全保障，同时应当能与其他业务应用系统实现有效集成。

按照具体管理功能的不同，政府机关内部电子化处理系统可以分为以下三种类型。

事务型公务处理系统的功能主要是辅助机关工作人员完成大量日常的常规性工作活动，辅助完成工作量大但工作难度低的组织管理活动。应用范围一般是一个机关内，并且所涉及的内容具有简单、数据量大、重复性强等特点。

在事务型公务处理系统基础上，管理型公务处理系统由各种比较完善的信息数据库和具有通信功能的多极网络组成。并通过对大量的数据进行综合管理，满足机关内部、政府系统内部对信息的共享需求，提高政府机关管理水平和决策能力。

辅助决策型公务处理系统具有方案比较和辅助决策功能，利用预先设计的决策模型辅助人们做出判断和决策。采用的辅助决策模型是具有专家系统和人工智能组成的决策功能和发展预测，是级别最高的政府机关内部电子化处理系统。

以上三种类型都是政府机关内部电子化处理系统建设过程中不能缺少的组成部分。

3.1.2 政府机关内部电子化处理系统的功能

具体来讲，政府机关内部电子化处理系统应该达到以下的几个功能目标。

1. 建立内部通信平台和信息发布平台

建立电子化政府，推动政府信息化的通信网络的搭建和信息发布平台的建设，实现内部通信和信息发布平台以作为政府信息交换及资源共享的平台，促进信息流通利用和平等共享。政府是最大的信息源，若能充分利用此资源，实现政府信息流通和共享，必有助于国家的整体发展。同时又提高了政府的反应能力和社会回应力，扩大公民的参与。

2. 建立一个跨部门协同工作和办公自动化的平台

政府机关内部电子化处理系统应该能实现文件、信息存储与查询的自动化，并能满足远程办公、移动办公、协同办公的需要，实现领导在线审批，外出记者在线拟稿、及时传回，从而优化各部门流程管理模式，改变传统手工办公方式，达到无纸化办公。

3. 真正实现核心公务处理工作流自动化

早期的电子办公系统只是在处理公文的传送方面起到作用，但在核心公务处理工作流上没有实现自动化,无法形成有效的约束机制。另外,电子化公务处理系统还必须同步确保各种保障性工作的自动化。通过把需要处理的事项输入电脑,各部门按照既定的流程进行办理,推动政务公开和避免暗箱操作,使政府作业有法可依也有法必依。目前所推动的政府上网,也扩大了政府与市民联系的渠道,对政府行为起到更好的监督作用。

4. 电子化公务处理系统必须具备多种共享方式和强大的共享能力

电子化公务处理系统应该能够充分利用各种协同工作手段,包括多线程讨论、文档共享、电子邮件及一些辅助工具,提供在线即时共享等,除此之外,还将提供不同层面的信息共享方式,包括移动通信设备的支持、手机的 WAP 接入访问、PDA 的支持等。

5. 电子化公务处理系统必须有利于优化政府流程

电子化公务处理对计算机系统要求很高,系统需要适应政府流程的改革或优化。目前我国政府 OA 目标主要体现在提高政府办公效率,如手工作业精简、文档电子化、公文自动流转等,而后台办公流程和组织结构基本忠实原有模式,这种情况下管理水平提升有限。未来办公自动化将突破业务流程对管理和决策水平的桎梏。

3.1.3 政府机关内部电子化处理系统的内容

电子政务内部管理优化了传统的办公手段、管理方法、领导范式和决策方式。本节介绍电子政务环境下的公文处理、会议管理、流程监控和个人事务处理等相关内容。

1. 电子政务环境下的公文处理

在各级机关中,办公的重要内容之一就是办理和制发文件,即“办文”。依靠网络信息技术对公文进行高效有序的电子化处理,是关系到电子政府建设全局的基础性工程。电子政务环境下的公文处理需要通过自动化处理系统来实现,其功能包括如下几个方面。

(1)公务拟制自动化。

公务处理的第一步工作就是公务的拟制,它一般需要经过交拟、撰写和注发三个主要环节。首先,由主管领导交代草拟一份文件,提出对文件内容的要求;其次,由秘书根据领导的要求进行文件的撰写;最后,由领导审核认定,注上发文标记。

在电子政务环境下,文件的撰制将采用网上交拟功能,领导人或文件主管人员通过文本或语音方式，提交从文件内容的组成到文件形式以及完成时限等具体要求。然后，秘书根据网上交拟提供的具体要求进入文件撰写辅助系统，利用计算机检索技术搜集所需信息资料。最后根据具体文种、收文对象和适用场合的文件模板，进行文件的起草，并将最后成文的文件按一定的格式保存，传输给主管领导，由主管领导在计算机上进行审核。

（2）机构内部公文流转自动化。

所谓机构内部公文流转自动化，就是一组人员为完成某一项业务所进行的所有工作与工作转交（交互）过程实行自动化。办公自动化应用系统的大多数应用如公文审批、各类申请等需要实现公文流转自动化。每一项工作以流程的形式，由发起者（如文件起草人）发起流程，经过本部门以及其他部门的处理（如签署、会签），最终到达流程的终点（如发出文件、归档入库）。可以是打破单位界限的，发生于机关与机关的相关单位之间。如上级部门的发文处理过程结束后引发了下级部门的收文处理过程。

（3）机构之间公文传输自动化。

机构之间公文传输自动化主要是指相关机构之间收文管理、发文管理工作的网络化自动操作。电子公文通过网上传输，只要点击鼠标，短短几分钟就能发到所有收文单位。公文传输由过去的一个星期左右缩短为几分钟，在实现办公自动化方面正在发生着一场革命。并且公文传输电子化，扩大了文件的覆盖面，方便了使用者。它可以根据需要和密级限制，落实发放范围。人们还可以通过微机检索到任何一份电子公文。可见传输公文实现电子化、自动化是改进工作方式、提高工作效率、推进政务信息化的重要措施。

（4）公文处置归档自动化。

公文经办理后退出运转，称为公文处置。公文处置归档自动化的方法有：第一，清退设计，根据收文数据库中记录的来文地址，自动将承办经过或意见，发还给来文机关；第二，销毁，有些文件经承办后失去保存的价值，可以作删除处理；第三，暂存设计，对不可能在文件处理后立刻见效或结束的事项，标注为待办，并注明待办进度，系统自动进行待办提示和流转；第四，归档设计，收发文管理模块中传输过来的文件，可以按照档案管理的方法对其进行自动标引、自动组卷等处理，并提供丰富的打印功能，可以打印案卷目录、卷内文件目录、案卷封面、卷内备考表以及著录卡片等。对未正式归档前的预组卷，正式归档后提供自动移卷、封卷、著录标引、案卷检索、借阅及归还等操作。

2. 电子政务环境下的会议管理

会议管理是对单位内的相关会议及其内容进行登记和管理，同时可以查询、显示会议室的相关信息，实现日常会议通知、会务安排、会议材料的起草、审批、签发等过程的电子化管理，并提供会议通知回执和统计功能，方便会议通知发布者组织会议。会议召开后，由承办部门根据会议情况，起草会议纪要，提交领导批示，批示通过后，发布会议纪要，同时进行归档，并将会议记录输入会议管理系统中，以备将来进行会议内容查询。

会议的组成要素主要包括会议名称、会议内容、主办单位、会议地点、会议日期、会议时间、范围(人数)、邀请领导人、经费预算、备注。

会议管理系统应该能够输入上述内容，另外，还需要能够做到如下功能：一是会议室管理——使用本功能对单位内的各个会议室进行统一管理和维护；二是会议室查询——会议室查询功能主要是查看单位内各个会议室的预定和登记情况；三是会议登记——使用本功能对单位内召开的会议进行相应的登记注册；四是会议通知——使用本功能对单位内召开的会议发送相应的会议通知(可以对同一个会议发送多次会议通知)，同时可以查看会议信息和每次发送的会议通知情况，可以打印指定的会议通知；五是会议纪要——使用本功能对单位内召开的会议增加或修改会议纪要内容；六是会议信息——使用本功能查询显示已登记的会议及其相关信息，如会议纪要，发过的会议通知等。

3. 电子政务环境下的流程监控

(1)流程的含义。

流程，也称为工作流，是一类能够完全或者部分自动执行的事务过程，其根据一系列过程规则、文档、信息或任务，能够在不同执行者之间传递、执行。

在计算机大量使用之前，政府机构的大部分工作，如文档的撰写、传送、批示、审阅、汇总等都需要用手工方式完成，在单机的情况下，某些工作，如文档的传递等仍需要用手工完成。计算机网络环境下，才有可能构造一种计算机管理系统，使得类似上面各个步骤能在一定程度上自动进行。这种类型的计算机管理系统，我们就称之为电子政务的工作流管理系统。按照传统的时空分类法，工作流管理系统属于支持多人进行异地、异步协作的系统，它是协同应用系统从支持同步、非结构化协作向着进行异步、机构化的进一步发展而在某些方面进行的扩充。其中流程管理是按一定的程序规则，对不同的执行者之间的信息传递和任务执行管理活动。

电子政务要求突破传统的等级制度并建立新的服务格局。以共享、交流、协作为核心,以网络为纽带,增强各机关的联系和信息交流,提高资源的利用效率,协调电子政务后台工作流程与政府“条块分割”管理结构之间的矛盾,重组政府行政资源,转变政府职能,优化工作流程,使管理由金字塔式的垂直结构向交互式、网络化的扁平管理体系转变,构造更适合信息时代的政府结构和运行方式。电子政务要求以用户的需求为出发点,使政府运行由多层次、多目的、以“管”为目标向以“服务”为中心转变。

(2)电子政务环境下的流程监控。

电子政务环境下的流程监控就是对公务处理过程的监督和控制。流程监控是公务处理系统的重要功能。一般的流程控制程序均可以在各种工作流程执行过程中随时监督控制流程的进展以及流程主要节点上的人员工作情况,直接掌握流程中工作的进展情况,任务完成情况,及时了解工作中的各种困难和问题,根据预设的标准和条件,找出工作中的偏差,提示或者督导有关方面采取相应对策,直到圆满完成任务。

流程监控一般分为在办事务的监控与已结案事务的监控两类。在办事务的监控可通过设置总体工作项、在办工作项、逾时在办工作项、待办工作项及被催办的工作项的方式,完成监控任务,也可以通过列出某一工作项所有已进行的活动过程的方式实施监控。

结案事务的监控可根据参与者、任务或角色等分别查询结案事务的所有工作项及逾时工作项。结案事务的监控与在办事务的监控一样,也可以列出某一工作项所有已进行的活动过程。此外,在结案事务的监控中列出所有工作项的处理周期。

完善的流程监控功能使公务处理的每一具体步骤的情况均有记载,有利于追踪工作的执行过程并及时反馈有关信息。

(3)电子政务工作流管理系统。

电子政务工作流管理系统是用来实现电子政务整个工作流的运行的,电子政务工作流管理系统与工作流执行者(人、应用)的交互可以很好地推进工作流实例的执行,并监控工作流的运行状态,在工作流运行时实现知识的共享和使用,单纯的基于信息传递的工作流系统仅仅实现了处理事件在不同地方转移,并不能构成“工作流”。

工作流程必须具有“智能”,并在流程中实现知识的增值,并且按预先定义的规则和过程进行流动,流动过程能被跟踪和监控,能与应用相结合。

电子政务工作流管理系统体现了电子政务职能流程的结构。电子政务工作流管理系统设计过程包括模型定义以及模型的解析,模型定义处理知识共享与业务流程的抽象化，模型解析是针对定义模型的处理，并最终实现工作流应用。工作流管理系统的功能包括业务流程建模和工作流描述以及工作流执行与自动控制两个方面。

4. 电子政务环境下的个人事务处理

电子政务环境下的个人事务处理包括个人记事、最新信息、待办事宜、今日日程、工作计划和业务办公等。

（1）个人记事。实现将个人的一些文档、纪要、便笺等信息录入并存档，以方便需要时进行查阅，员工可以及时了解需要办理的各项事务，进行自己的工作日程安排，管理个人名片夹，收发电子邮件，同时可以进行自己的日常财务管理，修改个人的登录口令等。

（2）最新信息。显示管理员在信息中心里发布的最新信息。

（3）待办事宜。员工代办事宜提供与用户相关的待办文件、待办事务的提醒和导航功能，并以列表的形式显示并统计出来，以便员工更方便地办公。员工通过这里可以快速进入相关模块，及时处理相关事宜。

（4）今日日程。员工可以使用“个人日程”来预先安排和管理自己的各项待办事务。

（5）工作计划。显示与当前用户相关的工作计划，如果是发布人可以进行修改计划信息、中止计划、核准完成操作；如果是负责人可以进行分解计划、提交完成申请、提交工作报告操作。

（6）业务办公。为用户提供常用的一些功能，如 BBS 论坛、修改口令、办公申请、邮件管理、考勤签退、我的便笺、名片管理、邮政区号、飞机航班、个人理则、离线设置、系统帮助、内部交流。例如，名片管理实现对个人名片的电子化管理；电子邮件可以实现各个部门之间工作联系，以及上下级信息的互传功能。

3.2　政府内部管理常用信息系统简介

办公信息系统是电子政务环境下政府实现现代化办公的重要技术手段。本节介绍办公信息系统的含义、功能、组成，并介绍某省政府部门办公信息系统的具体运用实例。

3.2.1 政府办公信息系统

1. 办公信息系统的含义

办公信息系统的前身是办公自动化。办公自动化的概念提法出现在20世纪30年代，所谓办公自动化（Office Automation，简称OA）是指借助技术手段，将人的部分业务转交给各种设备来处理，并由这些设备和办公人员共同完成办公业务。

20世纪90年代以后，计算机网络的发展不仅为办公自动化提供了信息交流的手段与技术支持，更使办公活动跨时空的信息采集、处理与利用成为可能，并为办公自动化赋予了新的内涵和应用空间，也提出了新的问题与要求。鉴于上述情况，在2000年11月召开的办公自动化国际学业术研讨会上，专家们建议将办公自动化（Office Automation）更名为办公信息系统（Office Information Systems，简称OIS），认为：办公信息系统是以计算机科学、信息科学、地理空间科学、行为科学和网络通信技术等现代科学技术为支撑，以提高专项和综合业务管理水平和辅助决策效果为目的的综合性人—机信息系统。

目前办公信息系统能够在信息利用、协同工作、决策支持等方面完成包括信息统计分析、工作日程安排、部门协同工作管理、工作流应用自动化的办公过程电子化和数字化。

办公信息系统的构成要素牵涉人员、业务、机构、制度、设备、环境等多个方面，其中最主要的有四个，分别是办公人员、办公信息、办公流程和办公设备。

2. 办公信息系统的功能

具体来说，一个完整的集成化的办公信息系统应该实现下面七个方面的功能。

（1）建立内部通信平台。

建立单位内部的邮件系统，使单位内部的通信和信息交流快捷通畅。

（2）建立信息发布平台。

在单位内部建立一个有效的信息发布和交流的场所，例如电子公告、电子论坛、电子刊物，使内部的规章制度、新闻简报、技术交流、公告事项等能够在单位内部员工之间得到广泛的传播，从而使员工能够了解单位的发展动态。

（3）实现工作流程自动化。

工作流程自动化包括流转过程的实时监控、跟踪，解决多岗位、多部门之间的协同工作问题，实现高效率的协作。例如公文的处理、收发文、各种审批、请示、汇报等流程化的工作，通过实现工作流程的自动化，就可以规范各项工作，提高单位协同工作的效率。

(4)实现文档管理自动化。

文档管理的自动化可使各类文档能够按权限进行保存、共享和使用，并有一个方便的查找手段。办公自动化使各种文档实现电子化，通过电子文件柜的形式实现文档的保管，按权限进行使用和共享。实现办公自动化以后，如果单位来了一个新员工，管理员只要分配给他一个用户名，并给其一个口令，他自己上网就可以查看单位积累下来的各种规章制度以及相关技术文件等，这样就减少了很多培训环节。

(5)实现辅助办公自动化。

辅助办公牵涉到很多的内容，像会议管理、车辆管理、物品管理、图书管理等与日常事务性的办公工作相结合的各种辅助办公，都实现了这些辅助办公的自动化。

(6)促进业务信息集成。

每一个单位，都存在大量的业务系统，如采购、库存、销售、人事、计划等各种业务系统，单位的信息源往往都在这个业务系统里，办公信息系统应该跟这些业务系统实现很好的集成，使相关的人员能够有效地获得整体的信息，提高整体的反应速度和决策能力。

(7)实现分布式办公。

分布式办公就是要支持多分支机构、跨地域的办公模式以及移动办公。目前，随着单位规模越来越大，地域分布越来越广，移动办公和跨地域办公已成为一种迫切的需求。

3. 政府机关办公信息系统的功能结构图

政府机关使用的办公信息系统一般应具有公文管理、办公信息管理、公共信息管理、移动办公、协同工作、决策支持等。图 3-1 所示是一个办公信息系统实例的功能结构图。

3.2.2 政府决策支持系统

政府决策一方面要依赖主要决策人员和其“智囊团”的敏锐眼光，同时还必须借助于现代化的决策支持系统。本小节介绍电子政务环境下政府决策支持系统的用途及其应用。

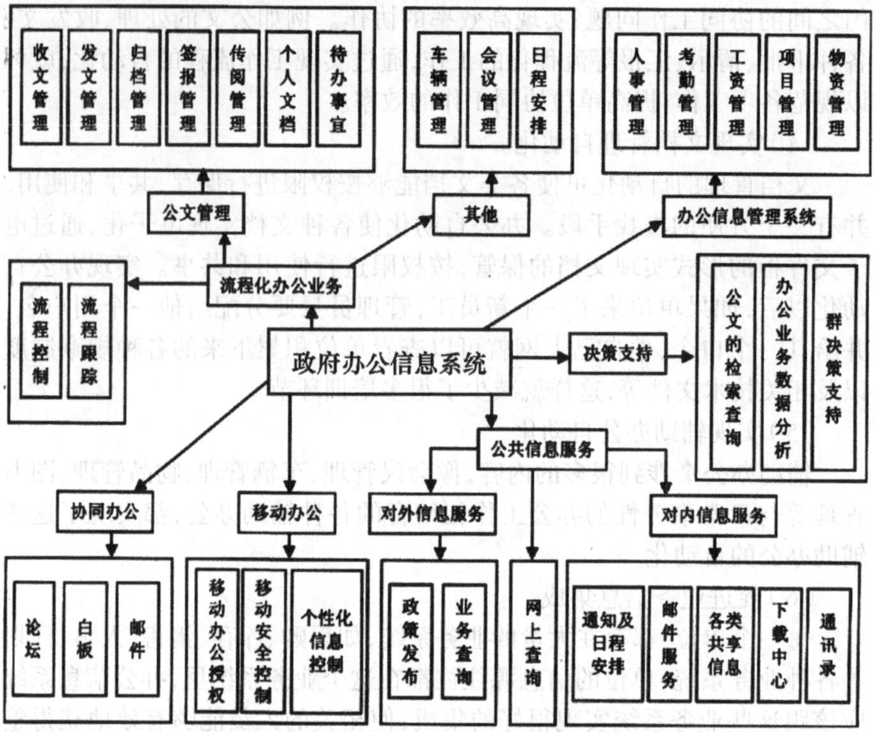

图 3-1　办公信息系统的功能结构图

1. 决策支持系统的概念

决策支持系统(Decision Support Systems，简称 DSS)是一种具有高度灵活性和交互性的信息系统，它专门用来支持非结构化问题的决策制定。其中：高度的灵活性是指决策支持系统能对不同的管理问题有一定的适应性；高度的交互性是指决策支持系统在管理人员使用系统过程中可以与系统进行对话，系统根据用户的不同输入得出不同的结果。

DSS 要做的就是在人的分析与判断能力的基础上借助计算机与科学方法支持决策者对半结构化和非结构化问题进行有序的决策，以获得尽可能令人满意的客观的解决方案。下面我们可以通过几个实例简单地说明 DSS 的运作过程。

例如，某造纸厂为决定它的生产规模和合适的库存量，建立一个决策支持系统，它的模型库由生产计划、库存模拟模型(如预测、库存控制模型)等组成。在数据库中存有历年销售量、资金流动情况、成本等原始数据。决策者通过计算机终端屏幕，根据 DSS 提供最佳订货量和重新订货时间，以及相应的生产成本、库存成本等信息，进行 What… if…（“如果……则……”）问题的询问，对所提方案进行灵敏度分析，或者以新的参数进行模拟而得到一个新的方案。再如，联想公司在其客户关系管理（Customer Relationship Management，简称 CRM）中，利用 DSS 分析客户行为和目标，从而获取市场机会，并警示各级代理商注意最新可能出现的问题；另外美国联合航空公司使用决策支持系统来安排航班。通过使用该系统，航班准时到达率有了极大的提高。

通过上述例子的描述，DSS 就是要组织与管理好所有能供决策使用的数据或信息、计算模型、分析方法与判断规则，在决策者与机器的交互过程中针对不同的问题通过各种数据、模型与方法的组合作用来引导决策者完成一系列的判断而获得问题的解。

2. 决策支持系统的结构

决策支持系统由人机交互系统、模型库系统和数据库系统有机地组合在一起。图 3-2 示出了一个决策支持系统的典型组成构成，它主要包括以下五个组成部分。

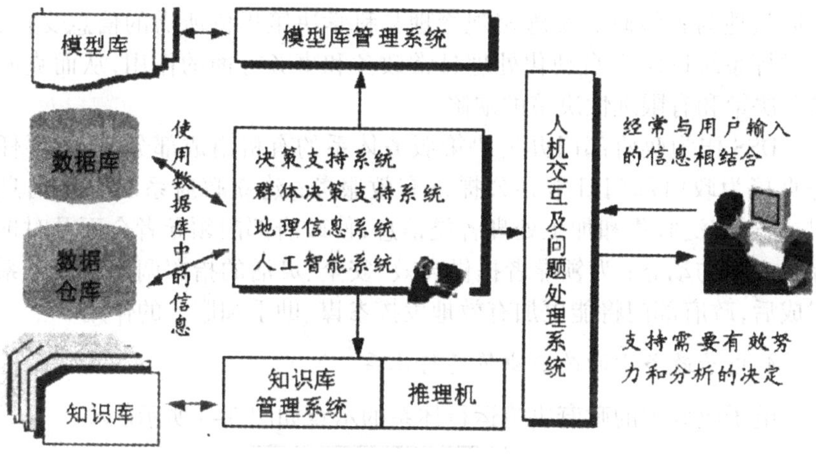

图 3-2　决策支持系统的典型构成

（1）数据管理子系统。包括支持管理决策的各种内、外部数据。内部数据来自单位的事务处理系统，外部数据包括行业数据、市场调查数据、人口普查数据、国家经济数据等。

（2）模型管理系统。模型管理系统是一个包含有财务、统计、运筹和其他定量模型的软件包，能够提供系统的分析能力和合适的软件管理能力。

（3）知识管理系统。许多非结构化和半结构化的问题是如此的复杂以至于除通常的 DSS 能力外，它们还需要特别的专业知识。这些知识可以由专家系统或者其他智能系统提供。因此，更高级的DSS系统还包含成为知识管理的组件。

（4）用户界面子系统。用户与DSS应用之间的交流。如交互式界面、报表打印。为了实现组织内的信息共享，还应包括Intranet/Internet的发布方式。

（5）用户。用户可看作系统的一部分。DSS的用户主要是各层次的管理者和分析人员。

3. 决策支持系统在电子政务中的作用

DSS作为一种新兴的管理方法，能够为政府部门提供各种决策信息以及各种问题的解决方案，有助于提高决策的质量和效率。DSS覆盖了从数据采集、处理和传输到信息管理、分析、共享和发布等政府信息处理的整个流程，可为政府决策提供充足的信息支持，为发现问题、确定解决问题的目标和尽可能多的方案、对方案进行系统分析与择优、根据执行的情况及时修正和调整决策方案等提供了充分的信息支持，它可以高效率、高质量地为各级政府实施宏观管理与科学决策提供所需的信息支持，充分发挥系统网络在自动化处理日常政务和事务方面的作用，从而克服了经验决策和有限理性决策的缺陷。

DSS作为政府部门办公决策服务体系的有机组成部分，其主要任务是直接为政府部门日常办公提供有效服务；建立政府系统电子信息枢纽，通过广泛收集和加工处理各类信息，使政府部门领导者全面及时地掌握各方面的动态；为领导者提供高效、安全、灵活的指挥调度手段。系统建成后，政府部门将能更加有效地发挥参谋、助手和服务的作用。

4. 电子政务中的政府决策运行体系

电子政务中的政府决策运行体系的示意如图3-3所示。

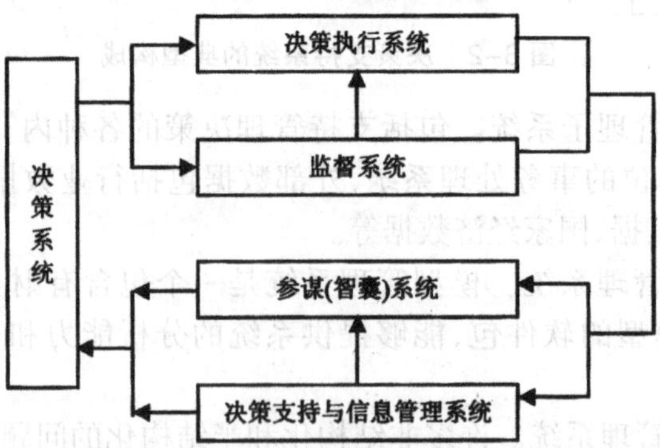

图3-3　电子政务系统决策体系运行示意

决策系统运行的具体步骤如下。

（1）智囊系统利用信息系统提供的信息，制订各种可行的决策方案。

（2）智囊系统通过电子政务系统提供的平台将决策方案上报给决策系统。

（3）决策系统将根据信息系统生成的决策信息确定最优决策方案，并生成决策指令。

（4）决策系统通过电子政务平台把决策指令下发给决策执行系统和监督系统。

（5）在监督系统的监督下，由决策执行系统负责贯彻执行决策指令。

（6）决策指令的执行情况和结果将通过信息系统反馈给智囊系统。

（7）智囊系统将根据具体情况向决策系统提供反馈信息或决策修正方案。

（8）决策系统针对反馈信息或修正方案确定新的决策，并下发执行。

5. 电子政务决策系统支持的功能

电子政务中提供决策支持的具体功能表现形式如下。

（1）相关公文的搜索和查阅。公文是政府决策知识的容器，是政府特有的财富。利用公文中蕴含的知识进行辅助决策，是政府办公决策支持的有效手段之一。

（2）办公业务数据分析。各类办公管理信息系统的大量使用，为决策提供了大量可利用的决策信息数据，对各种业务数据进行数据整合处理，建成办公业务信息的数据仓库，并在此基础上进行数据挖掘和数据联机分析，得到可用的决策支持信息。

（3）群决策支持。群通过实时在线协同、讨论和交流、利用问题模板库研究分析问题、知识的相互碰撞产生新的知识以及通过模型库和方法库的支持，建立一些通用的模型和算法，使用系统工程的方法，对决策方案进行评判和打分，对决策意见进行综合。

3.2.3 政府知识管理系统

随着知识经济时代的来临，政府部门的知识将成为和人力、资金等并列的资源，并且成为政府部门最重要的资源。因此，加强政府部门知识管理系统的构建非常必要和迫切。

1. 知识管理的含义

知识是指能有效解决问题的方法及信息，分为显性知识及隐性知识。

前者是指可以用系统的语言来表示的知识,后者则指无法用正式的方法表达及沟通的知识。一般显性知识大都存在于政府部门的内部文件中,如操作手册、评估报告及访谈记录等等,而隐性知识则是隐藏在个别公务员的专门技术或经验中。所谓知识管理,就是为政府和企业实现显性知识和隐性知识的共享寻找新的途径。它是这样一个过程,它对一个政府部门集体的知识与技能进行捕获,而不论这些知识和技能是存在于数据库中、被印刷于纸上或者是存在于人们的脑海里,然后将这些知识与技能分布到能够帮助政府部门实现最大产出的任何地方。知识管理的目标就是力图能够将最恰当的知识在最恰当的时间传递给最恰当的人,以便使他们采取最恰当的行动,做出最好的决策,避免重复错误和重复工作。

由此可以看出,知识管理的内涵是知识的创造和知识的利用。知识管理通过对政府知识资源的开发和有效利用以提高政府创新能力,从而提高政府创造价值的能力。

2. 政府知识管理的必要性

政府机关作为公共行政组织,其自身也存在知识管理的问题。政府管理其中重要的一环就是政府对其所拥有的知识资源进行管理。政府作为信息资源的最大拥有者,面对巨量信息,需要尽快筛选出有价值信息,合理管理和利用信息,并进行深度挖掘和加工。同时,由于政府拥有大量的信息资源,社会需要政府与之共享高质量的、权威性的、经过深度挖掘的信息和知识。为此,电子政务需要对知识和信息进行有效管理,并与社会形成知识共享,共同提高政府应变和创新的能力。

知识管理可以帮助政府部门解决知识共享和再利用问题,知识管理是一种信息化的应用系统,它以政府部门网络和信息系统为基础,通过通信协作与交流,帮助政府部门发现和组织已获取的信息,分类整理存储管理知识,定位拥有专门技能的人,通过协作和培训传递这些知识,让整个组织能有效利用知识,建立知识门户和快速响应系统。

知识管理型政府部门能够迅速对外部需求做出反应、运用内部资源预测经济社会的发展方向及其变化。虽然要做到这一点需要从根本上改变政府的运作方式和领导方式,但是它具有巨大的潜在效益。政府知识管理是政务信息化建设基础管理阶段的重要内容,它面向政府的信息传递、公务处理、知识整理、信息发布、知识分享等普遍应用领域,帮助政府工作人员理顺办公流程、消除“信息孤岛”。

3. 知识管理与政府组织管理模式

先进的政府管理模式的革命,引发着知识管理浪潮的兴起;知识管理的实施，反过来也支持和推动了先进管理思想在政府部门中的渗透。

（1）把知识管理融入政府机构改革和业务重组中。

知识管理必须与业务流程紧密相连，否则必定失败。将知识创造与扩散同政府部门的业务流程结合起来，可以节省大量开支，并产生巨大价值。知识管理就是对业务流程中无序的知识进行系统化管理，实现知识共享和再利用，以提高业务水平和效率。

（2）改造政府组织文化。

知识管理项目的成功首先取决于一种鼓励信息共享的组织文化。改造传统的组织文化、建立有利于知识共享的新型政府部门组织方式和组织文化。

（3）建立学习型政府。

所谓学习型政府，就是通过不断的学习来改革政府本身的组织，这是政府的核心能力。必须强调的是：一要全员学习，即决策层、管理层、操作层，都要投入学习；二是全程学习，不能把学习与工作分割开来；三是团队学习，不仅重视个人学习和个人智力的开发，更要重视团队学习和群体智力的开发。

4. 政府知识管理系统的主要功能

目前实际在政府机关公务处理中得到应用的知识管理系统，大致包括以下六个方面。

（1）知识管理的基础设施。它是知识管理的支持部分，如关系数据库、知识库、多库协调系统、网络等基本技术手段以及人与人之间的各种联系渠道等。

（2）政府部门管理流程的重组。其目的是使政府部门的知识资源更加合理地在知识链上形成畅通无阻的知识流，让政府工作人员在获取与业务有关的知识的同时，能为政府工作贡献自己的知识、经验和专长。

（3）知识管理的方法。包括内容管理、文件管理、记录管理、通信管理等。

（4）知识的获取和检索。包括各种各样的软件应用工具，如智能检索、多策略获取、多模式获取和检索、多方法多层次获取和检索、网络搜索工具等。

（5）知识的传递。通过电子文档、光盘、网上传输、打印等途径进行知识传递。

（6）知识的共享和评测。知识管理的具体方式就是将各部门和每个人的知识产权和其他无形资产汇总成电子文件放在公用的网上，形成一个知识库,随时可供取阅。该知识库要有一套系统来支持和服务,以及一些基本的安全措施和网络权限控制功能。

3.3 政府行政管理电子化概述

在全球化、市场化和信息化条件下,公共管理仍然是政府公共部门的一项重要职能。但是,在电子政务模式下的公共管理模式与传统的管理模式具有根本性的差异。基于电子政务模式的政府管理是以政府公共部门对国家公共事务、政府公共事务和社会公共事务所进行的一种电子化管理。政府行政管理电子化是政府公共服务电子化的前置条件。

3.3.1 政府行政管理电子化的含义

概括地说,政府行政管理电子化就是指利用计算机、通信、网络、人工智能等信息技术,将政务信息进行数字化处理,建立管理模型,量化管理对象、管理行为与业务流程,实现计划、组织、指挥、协调和控制等各项管理活动、管理方法的总称。

政府行政管理电子化包括两个基本含义:一是公共部门管理活动的实现是基于网络的,即公共部门及其知识资源、信息资源和财富都实行了电子化;二是运用量化管理技术解决管理和公共服务供给问题,即管理过程和服务提供的可计算性。政府行政管理电子化的本质就是将现代化管理思想、管理方法、管理技术、管理手段充分加以电子化和公共部门的虚拟化,从而全面提高管理的效能和服务质量。

随着国际互联网技术以及电子计算机技术的迅速发展,政府行政管理电子化作为电子政务建设和发展的一种理想、一种目标正在成为一种潮流,并成为政府信息化的实践。

政府行政管理电子化以西方古典时期管理科学学派、行为科学时期决策理论学派的理论为基础,采纳这两个学派的决策模型与方法,以当代西方公共管理理论为基础,把工商企业管理中的客户关系管理、流程管理等方法和以顾客为中心的理念引入政府公共部门的管理之中;同时,又以网络信息技术等现代科学技术为支撑体系,充分运用计算机、通信、网络和人工智能等领域的各种信息技术来解决现实政府管理中方法和手段落后的问题,实现政府内部的网络化管理,其根本目的就是提高政府公共部门的管理效能。

3.3.2 政府行政管理电子化的构成

政府行政管理电子化作为公共事务管理的一种新范式，就是把政府公共部门在管理过程中所涉及的各种要素，诸如人才、资金、信息、流程、设备、服务通过现代电子技术全面集成在智能化、标准化的信息系统中，建立网络型社会环境下的电子化管理体系。

按照上述理解，可以把政府行政管理电子化的构成要素概括为如下几个方面。

1. 管理要素电子化

管理要素电子化主要包括管理手段的电子化和管理内容的电子化两个方面。

管理手段电子化是指运用电子技术构建管理信息系统和各类业务应用系统，通过网络在任何时间和地点，为各级管理人员提供过去的、现在的、预测未来的有关内部状况和外部环境的信息与业务处理，包括为高层管理者提供战略信息、为中层管理者提供战术信息、为基层管理者提供使用信息，以支持各级政府机关组织的运行、管理和决策功能。

管理内容的电子化就是利用信息技术作为延伸人类大脑的工具，对零碎、杂乱、局部和不同渠道来源的信息进行采集、存储、处理、传输和优化，并将它们集成化、系统化和整合化，使技术水平和技术经验等在政府公共管理过程中占据主导地位，使信息技术、支撑平台和应用平台成为物质基础，实现电子化的公文流转与交换，使信息的使用价值得到充分利用，从而实现有效的电子化管理。管理内容的电子化，实现了政府部门的无纸化办公，实现了政府部门之间、政府与公众之间的交流通过网络来进行，实现了网上办事。

2. 管理过程电子化

管理过程电子化是指在业务流程中采用先进的电子技术，再造行政业务流程，减少流程环节，提高流程的适应性和效率；政府部门之间实现网络化的协同办公，政府与公众之间实现网上互动和网上办事，从而为用户提供更加高效、便捷的优质服务。

由于管理层次的不同，各个管理层次上的管理过程电子化的侧重点也不同。一般来说，“一站式”电子政务是面向政府管理过程和公共服务提供过程的信息化；联机事务处理主要是适应操作层对常规业务过程的处理；联机分析处理则主要面向管理层对管理过程的监控和决策等。按照这个理解，管理过程电子化包括三层含义。

（1）行政业务流程的自动化处理。行政业务流程的自动化处理就是要充分利用各种电子技术，实现管理过程各个环节事务的计算机自动化处理和政府内部事务的网络化办公。

（2）管理过程的整合化。管理过程的整合化就是要使管理过程和环节联结为一个整体，打破业务应用系统之间、政府部门之间的鸿沟与界限，实现管理过程各环节的计算机控制和各环节事务间的计算机自动衔接和协调，最大限度地实现跨政府部门的网络化协同办公和应用系统的集成，消除各级政府之间、各政府部门之间的边界，使政府行政系统内部资源得到充分利用，实现各环节间信息的传递与共享，真正实现"一站式"无缝服务。

（3）管理过程的柔性化。管理过程的柔性化就是要充分利用政府的内外部网站，提供政府获取外部信息的渠道，并与政府以外的机构建立接口，实现安全运行；同时，辅之以各种各样的专家系统和知识系统，实现管理全过程及其各环节的在线交互式反馈、回应和实时现场分析，确保每项事务的处理和业务流程的操作能够在获得最充分的信息基础上合理地执行，能够及时地向位于任何地点需要政府信息与服务的任何人提供其所需要的信息和多元化、个性化的高质量服务。

3. 政府行政组织虚拟化

建立与信息化、网络化、电子化相适应的行政组织结构模式，是实现电子化管理的重要途径。行政组织结构虚拟化就是要使行政组织内部不同部门间的界限逐渐模糊，并由静态的层级结构向动态的网络结构过渡，实现组织结构的扁平化和无缝化。

行政组织结构扁平化就是要简化管理层次和管理环节，并使政府部门之间的联系形成一个网络。行政组织结构扁平化是以专业化、多功能为特征，以专项工作为中心，它打破了原有的部门界限，减少了原来的中间管理层次，直接面向社会并对高层管理目标负责。

行政组织结构的无缝化是以跨职能团队代替目前公务员仅在一个职能领域内服务的孤立组织。这样，信息的传递更加及时、准确、合理和充分，并增强了政府部门对需求变化的柔性以及政府管理活动的敏捷性、灵活性、管理创新能力和快速反应能力。

虚拟行政组织是一种网络型社会环境下的新型组织方式，它使政府公共管理与公共服务可以在很大程度上摆脱物理空间和时间的限制，接受服务的用户可以自主地选择服务时间、具体服务提供者和服务方式，使政府公共部门的管理与服务水平提高到了新的高度。

4. 信息资源电子化

信息作为现代社会最重要的资源,其社会效益直接体现在政府公共部门的管理活动中。政府公共部门利用信息资源的及时性、准确性来提高管理效率和向社会提供优质服务。信息时代的政府公共管理要适应这个时代社会环境发展的要求,就必须配合国家法律法规,实现财务系统等各类业务应用系统、服务网络系统和信息管理系统的全面整合,打破部门之间的界限,职能部门之间不再是功能上的分治,而是全面的合作,依据行政业务流程而形成对情报、信息资源的共享和充分利用。

资源配置电子化是政府资源配置方式的电子化和信息化,是构建虚拟政府的途径。电子化管理强调以资源电子化方式配置组织资源,利用以网络技术为中心的信息技术来获取组织内外部资源,实现对资源的虚拟整合和柔性配置,使得组织在集中内部核心业务资源的同时,迅速整合广泛的组织外部资源,从而扩大虚拟组织能力,培育核心竞争能力,促进有效管理,建立电子化的管理信息系统。

3.3.3 政府行政管理电子化的特征

概括起来,政府行政管理电子化具有如下特征。

1. 定量化

定量化是指管理过程和服务提供的可计算性,是通过应用模型化和量化管理技术来解决公共事务管理和公共服务供给问题。运用量化管理技术来解决电子政务中的科学管理问题,实现管理的可计算性。

2. 智能化

电子化管理集成应用了许多电子化的管理手段和工具,从而使电子政务系统具有了分析和模拟人脑来进行信息处理和思维过程的能力,赋予了人工智能,实现了业务运行的程序化、信息处理的精细化。

3. 综合化

电子化管理将多种现代信息技术与科学管理方法进行了有机集成。它系统地收集、存储和分析各种相关信息,以数据库为基础获取基本信息,以数据挖掘为手段识别有效信息,以联机分析处理为工具组织应用信息,以人工智能为导向提供决策分析与支持,以可视化技术为支撑提供方便的应用;以客户关系管理、业务流程再造为基本管理理念。

4. 虚拟化

电子化管理构建了一个虚拟的办公环境，政府公共部门将大量公共事务的处理通过网络来进行，增强了他们对事务处理的能力和管理能力，加快了对公众需求的回应，使政府部门与公民、法人和其他组织之间的交流和互动都变得十分容易。

5. 集成化

集成化能使政府部门之间实现无缝集成，形成为一个整体。集成化还使电子化管理从对业务简化和分割而开发的独立应用程序发展到在较大业务范围内执行业务任务，最终朝着功能交叉可变、各类业务应用并行运行的综合业务应用系统发展，实现在任何时间、任何地点为需要信息和服务的需求者提供信息与服务，实现信息资源共享，实现管理系统各种管理要素，包括人员、部门、业务、服务和信息的集成整合。

3.3.4 政府行政管理电子化的作用

我国政府行政管理电子化的实施，将发挥其重要的作用，具体体现在以下几个方面。

1. 有利于政府管理效率的提高

从政府和公众的方面来看，实行电子政务后，政府的行政组织结构得到了精简，这将大大简化行政运作的环节和程序。在传统方式下，群众的意见和建议一般需要多个层次送达领导，再经有关批示才能转到具体职能部门，最后将办理结果反馈，在这一过程中经过了许多环节和程序。如果通过信息网络，公众可以用交互式的方式，直接将意见、建议反映到有关职能部门，并且可以与职能部门一起共同落实解决。

从政府内部的管理层面看，在传统政务方式下，行政信息在上下各级政府的传递要经过烦琐的行政流程。电子政务则突破了这种界限，上级的政令能够畅通抵达基层，基层的反馈也能迅速地向上传递。在同级政府之间，地理边界和人为的本位观念的限制也会减少，政府内部能实现统一高效的指挥和管理。显然，信息技术在政务中的应用，将优化行政管理的组织结构和提高信息传递的速度和效率，大大减少了行政运作成本。

2. 有利于提高政务工作的透明度

电子政务的实行将使更多的政府信息向社会公众公开，政府在制定政策、做出重大决策过程中，可以通过网络让公众参与，让公众发表意见，让公众提出建议。公众也可以通过信息网络监督政府的运作，了解政府的工作进程和工作业绩，从而对政府的工作做出比较准确的评价，达到改进政府工作的目的。这可以归纳为建立“可视”政府，实现政府管理和服务的四个“可视”，即流程可视、过程可视、状态可视和对象可视，大众与政府将从以往的“迂回沟通”转为“直接沟通”。

3. 有利于政府管理模式的转变

政府上网将打破原有的政府办公管理方式，从传统的金字塔式结构改变成平面化、无中心式的网络结构。由于网络没有权威，机关所固有的领导权威性受到严重挑战，其工作机制、工作方法、工作思路都将发生很大的改变，促使政府行政管理加速转化为服务管理型，加强政府与民众之间交流的接口。因此，在管理模式上要进行重构。电子政务使政府信息在应用上有一个新的服务平台，可以满足政府部门宏观调控的需求，提高对突发重大问题的快速反应能力，增强和改善政府与民众的联系，加强政府信息服务于民众的意识。

4. 有利于推动政府信息资源对社会的开放

目前我国政府部门掌握着大部分有价值的信息资源，又是政策的制定者，相对于公众，它处于信息掌握的强势地位，且职级越高所拥有的信息量就越大。由于政府公开信息的渠造和方式尚未完善，许多信息未能充分发挥作用，这是对整个社会资源的浪费。电子政务实现政府信息公开，可以使这些数据和资料得以充分共享，降低信息的收集、传播成本，发挥其社会效益和经济效益，促进经济的发展。

3.4 政府业务流程的再造

电子政务是政府管理方式的革命，它通过使用信息技术和网络手段，为政府管理活动创造出一个全新的非接触的虚拟性管理空间，这种非接触的虚拟性管理空间与传统政府可接触的实体性管理空间一起，构成了政府流程的工作环境和工作对象。在这样的情况下，必须去思考政府业务流程的再造问题，只有这样才能从根本上适应电子政务管理方式。

3.4.1 政府业务流程的基本知识

1. 政府业务流程的含义

所谓业务流程，就是指为完成某一目标或任务而进行的一系列逻辑相关的活动的有序集合。由上述定义可以看出，业务流程其实就是一组密切联系、相互作用的活动，每个流程都有明确的目的和功能，有内容明确的输入和输出，有定义明确的开始和结束。

政府业务流程是业务流程中的一种，它是特指政府部门中的业务流程。我们知道，政府的管理活动像企业和其他社会组织一样，也存在着大量重复性、循环往复性的过程，它们在一定程度上反映着特定管理活动的内在规律性。

如果我们能认真总结这些规律性，把在同一条件下、同种管理活动中的最佳步骤与方法确定下来，再把它运用于以后的所有同类事务的处理，那么，我们就会发现，稳定地按这种反映并顺应了客观规律性的"模式"开展工作，既有效率，又有质量保证。

在没有这种"模式"时，办什么事情，涉及几个部门，谁来做，怎么做，何时完成，上下工作步骤间是一种什么关系，用什么样的规则处理这种关系，做什么事情，需要经过什么手续等等，都是不确定的，一切要靠具体工作人员随机判断、自由运作，工作质量全凭具体人员个人素质作保证，而这一切所带来的后果当然是职责不清，推诿扯皮，交叉重复不断，漏管事项频出，甚至造成违法违纪、侵权越权、部门间矛盾尖锐化，办事效率不高，工作质量也严重失衡（不同素质的人员处理同等条件下的同类事务时，结果相差甚远）。由此可见，在政府管理活动中是需要也有可能形成上述反映工作过程规律性的"模式"的，这种"模式"就是政府流程。

综上所述，我们认为：政府业务流程就是指政府在实施管理和提供服务时，为实现行政目标、履行行政职能所进行的体现政务活动规律的一系列稳定的活动步骤的集合。

从上述定义可以看出，政务流程实际上准确地描述着这样几个问题：一个政府管理过程的任务、目的或者目标（有哪些输入，输出是什么）；怎么做（由哪些活动、步骤组成，先后顺序怎样，具体工作单元的活动规则、方法手段等）；做成什么样（标准）。

2. 政府业务流程的特性

政府业务流程具有一系列特殊的属性，了解这些特性有助于更好地掌握和顺应客观规律性，充分发挥它的有利作用。以下为政府业务流程的几个主要的特性。

（1）约束性。政府业务流程中的行为必须符合国家的法律法规，必须维护公民的合法权益，即政府必须严格依法行政。只要法律没有授权，就不能在流程中为自己创设权利，也不能给行政相对人创设义务责任，否则就构成违法。而在企业和其他社会组织的流程中，只要不与法律规定相违背即可，只要是法律不禁止的，就是合法的。故从合法性上来说，政府业务流程所受到的约束要比企业和其他社会组织强得多、广得多。

（2）确定性。政府业务流程须由政府机关甚至立法机关制定，体现国家或政府机关的意志，不允许存在随意性，甚至“约定俗成”也不行；政府业务流程还要有严密、明确的规定，要有书面的确定形式，即要成为“程序”。正是在这样的意义下，政府业务流程通常就称为政务管理程序或者行政程序。机关工作人员必须严格执行流程，接受其约束。机关工作人员程序违法，即违反法定程序，或者流程不当，即在任意性流程中不适当地行使自由裁量权或违反次要程序，都需要承担相应的法律或者行政后果。

（3）稳定性。政府流程是对政府工作规律的反映，是政府意志的表现，它必须保持在相当长的时间范围内稳定有效，不得“朝令夕改”。从这一意义上来说，制定政府流程必须慎重，必须具备一定条件之后才能进行，而不得轻易更改、废止。

（4）可操作性。政府流程必须明确、具体、可行。政府流程是用来“做”的，而不是仅仅给人“看”的。不明确、不具体、不可行的流程是做不起来的，因此，这种流程往往比没有流程还要有害。这一特性要求制定政府流程时必须遵循客观规律，使其合法、合理，行得通，确有效果。流程本身必须明晰、具体，毫不含糊，能真正做得起来。

（5）便利性。随着我国政府职能由管理型向管理服务型的转变，政府业务流程还必须突出政府管理的服务本质，在实施管理时，不能仅考虑方便内部管理人员，还必须处处事事为公众和企业等服务对象着想，争取使他们获得更加便利的服务。

3. 政府业务流程的类型

依照不同的标准，政府业务流程可以被划分为若干种类。

表 3-1 所示为比较有实际应用价值的几种政府业务流程类型划分方法。

表 3-1 政府业务流程的类型划分

分类依据	划分类型	基本含义
按流程的法定效用分类	强制性流程	在实施工作行为时不可以自主选择的流程，必须不折不扣地执行。不得增减改易。违者将构成违法，有关行为将被视为无效并被制裁
	选择性流程	在工作行为实施过程中具有一定选择余地的流程。可根据实际情况选择是否实施、在什么范围内实施，一经确定实施，有关工作人员必须执行
按流程的效力范围分类	内部流程	只涉及机关或系统内部的工作行为（处置内部事务）的流程
	外部流程	涉及机关或系统外部的工作行为（直接处置社会公共事务）的流程
按处理对象在时间上的紧迫性分类	常规行政流程	指常规情况下，政策问题的发现与提出、政策方案的研究与论证、政策的制定、执行、反馈与修正等流程
	危机管理流程	指对突发问题、重大事故和灾难性事件等进行处理的流程
按流程的复杂程度分类	基础作业流程	指日常的公文流转与处理，会议、日程等事务的安排，文件、资料、数据、档案等的管理，信息流通与发布等日常性管理业务流程
	综合作业流程	指向特定应用的综合性的作业流程，它由基础作业流程组成并提供支持
按工作行为的性质分类	立法性流程	针对制定法规规章和其他规范性文件而建立和实施的流程
	执法性流程	针对法律、法规和其他规范性文件的执行而建立和实施的流程
	司法性流程	针对特定司法权的行使而建立和实施的流程
按流程的服务对象分类	服务流程	又称面向公众的流程，是为公众提供产品和服务的流程
	支持流程	为政府机关内部提供产品、服务和信息的流程
	管理流程	促使面向公众的流程和支持流程有效配合，以符合公众和用户的需要
按流程的精细程度分类	一般流程	针对工作活动过程的环节构成而制定的流程，如系统流程、活动流程等。其主要特点是相对概括，大都规范有关的关系、位置、次序、方向等

续表

分类依据	划分类型	基本含义
	作业流程	针对工作活动过程中的各项具体操作制定的流程，比一般流程精细，它通常还涉及具体步骤、手续、方法、时间、距离、有关标准等
	动作流程	针对活动中工作人员的有关动作制定的流程，它最为精细，细致到操作者手、脚、眼的每一种变化，主要适用于体力劳动占较大比重的工作过程
按流程中步骤运行的路线形式分类	串联型流程	又称连续型，是步骤间依时间顺序直线递进的流程
	并联型流程	又称平行型，是可同时完成若干个步骤的流程
	复合型流程	又称平行连续型，一部分步骤依时序递进，一部分步骤同时完成的流程
按工作的内容性质分类	包括文件流程、档案流程、会议流程、信访流程、基建管理流程、物材采购流程、服务流程等与相应管理活动具体内容相关的工作流程	

4. 政府业务流程的功能

在政府管理领域存在着大量的政府业务流程，现代政府管理对政府业务流程有着特殊的依赖性。当代世界各国政府无不注重政府业务流程的建设，这是由政府业务流程在政府管理和服务中多方面的功能决定的。政府业务流程的功能可归结为以下两大方面。

（1）提高政府管理和服务的标准化、规范化和高效化。

这主要体现在以下几个方面：第一，政府业务流程是对工作经验的总结，它的存在可使政务处理过程优化，有利于政府建立稳定的工作秩序。第二，政府业务流程可以为工作过程注入一种有益的“压力”，为此，它将十分有利于减少工作中因责任不清、关系不明、去向不定、时限不确、标准不细、方法不合理而造成的时间延误和其他各种错漏。第三，政府业务流程有利于以更有效的方式培训工作人员，因为程序可作为培训的标准教材；同时，政府业务流程的存在降低了对工作人员素质的要求，保障了工作质量的均衡。第四，政府业务流程在调动一般工作人员的工作积极性方面同样功不可没，因为它可以使各级各类工作人员在参与具有一定创造性的工作活动中，满足他们的创造欲望。第五，政府业务流程有利于实现决策的程序化，提高科学决策的水平。第六，政府业务流程使政府机关工作人员依法行使职权有了可操作的依据，事权更加明确，责任更加清楚，其合法权益也得到了维护。第七，政府业务流程的存在减少了政务处理中的“冗余”过程，减少了不必要的协调和尝试，从而省时、省力、省人。

（2）规范政府行为，保证政府行为的合法性、公正性。

政府业务流程可以规范政府的行为，促进政府公开、公平、公正依法行政。政府机关要真正实践为人民服务的宗旨，加强勤政、廉政建设，就要规范自己的行为，抑制自由裁量权的滥用，政府业务流程的确定性可以对自由裁量权加以限制，规范机关工作人员的各种工作行为，抑制腐败，避免至少是减少公务人员以权谋私。

政府业务流程可以为社会正义确立保证。社会公众普遍要求政府公平合理地处理各种行政事务，保障法律所赋予的各种权利和利益，政府业务流程正是这种实体权益能得以实现的程序保证。即或政府管理不能实现绝对的实体公平，政府业务流程的确定性也可以保证程序上的公平，至少保证在情况相同、条件相同时，公共事务能得到相同的处理，有相同的处理结果，有利于公民对政府行为进行监督。

3.4.2 政府业务流程设计的原则与步骤

1. 政府业务流程设计的基本原则

政府业务流程的设计，必须遵循以下几个基本原则。

（1）合法性。

合法性指在政府业务流程设计中必须遵循有关的法律法规和其他规范。具体要求是：政府机关只能执行在其法定职责权利范围内的流程，越权无效。流程的内容不得与有关的法律法规抵触，特别注意不要侵犯公民和其他有关单位的合法权益。

（2）合理性。

合理性指流程设计必须遵循客观规律，符合实际，符合公共道德，公正、具有可操作性。具体要求是：流程指向的对象必须是具有重复发生性质的工作过程，并确有制定流程的客观必要和可能条件，要避免流程的泛滥。构成流程的步骤、次序、方法、时限、判定标准等要合乎实际情况，要能够操作，能行得通，要有实际效果。流程要合乎公共道德，流程要体现公正精神，该考虑的要素一定要充分考虑，不该考虑的一概不必考虑，规定范围的人和事要管，而且要管住，不该管的一定不要滥用权力乱管。

（3）适应性。

适应性指流程设计中必须注意环境因素的影响，保持对客观环境及其变化的适应。具体要求是：使流程能“因地制宜”，设计时应充分了解流程的使用环境，充分考虑这些环境因素的影响和要求，尽量满足其合理的需要。使流程能“因时制宜”，即设计时要考虑到环境的变化，使流程能适应这种变化，要考虑到在各种情况下能规范处置事务的方案，规划出应对例外情况的对策。使流程能“因事制宜”，即要根据事务的不同性质，设计出不同的流程，急事与一般事务、涉密的与不涉密的、内部事务与外部事务等要分开。

（4）协调性。

协调性指流程与流程之间，流程内部各要素之间必须建立统一、和谐的关系。具体要求是：流程之间要协调配合，互相创设条件，相互提供便利，绝不互相抵触，尽量减少不必要的重复，减少不必要的多样性，追求整个流程系统的全面优化。流程内部各要素要维护其本来的正常关系，尽可能实现最佳配合，特别应注意维护正常的逻辑次序，维护各步骤、环节，各岗位各项操作间工作量大致均衡，避免局部优化。

（5）简便性。

简便性指要在保证功能不降低的前提下，尽可能对流程的构成化繁为简，注意给流程的实施创造更多的便利。具体要求是：在功能不变的前提下，降低一切不必要的多样性，减少步骤，取消无价值的活动，压缩时间消耗，减少空间距离，合并无独立存在价值的步骤，以简便易行的措施取代繁杂的流程。

（6）有效性。

有效性指流程的设计要始终注意追求流程的实际有效性。具体要求是：要全面优化过程，使流程确实是对客观规律的准确反映。以切实有效的制度、方法、措施为流程的有效性提供保证，如实行代理制（有关方面不履行或无法履行义务时，依法由他人代为之）、时限规定制度（规定时间内不作为，期满后即产生不利后果）、特例制度（紧急情况下实行特殊处置对策）、不停止执行制度（除法律规定之外，不因申诉而停止执行），实施发展并联作业、同类事务集中处理、均衡工作分担等措施。

要使设计结果明确化、文件化，实际上就是要通过流程让事有定时、物有定所、行有定程、止有定则，同时一定要形成正式有效的流程设计文件——程序。

2. 政府业务流程设计的任务

政府业务流程设计的任务是为特定的工作过程或环节建立工作步骤。主要内容如下。

（1）明确具体对象，明确具体目标。

分析考察有关的过程与环节是否具有重复发生的性质，是否需要，能否在总结优化的方法、顺序等成功经验的基础上确立流程；要明确建立流程的目的以及需付出的代价。

（2）明确有关过程与环节（流程对象）的目标与任务。

应尽可能对任务的具体数量予以规定和说明。

（3）确定有效完成任务所需要的工作步骤的内容与数量。

要充分地进行分析论证，对工作环节、工作过程做出正确的分解，明确每个工作步骤在有效完成任务过程中的实际功能效用，取消一切没有价值的过程与操作，压缩工作步骤的数量，合并没有独立存在意义的工作步骤。

（4）确定各工作步骤之间最佳的合理次序。

应保证这一次序是合法的，是正确反映了工作活动内在逻辑关系的，能使工作过程有效的。应尽力保证这一次序有助于取消或减少多余的重复作业；有助于减少各种浪费现象；有助于缩短空间距离（各种传输作业）；有助于压缩用于等待的时间上的迟滞；有助于使重要的、紧急的、先决性的事务得到优先的处置；有助于发展有益的并行作业。

（5）确定每个工作步骤应采用的方式、方法、技术手段。

明确每个工作步骤所处的时间、空间条件；规定从事这些活动的工作人员应具备的素质和资格方面的条件。

（6）形成流程说明等文件。

以文字、图表等形式准确地表述上述分析规划的结果，形成流程说明、程序手册、流程图、决策表等文件。

3. 政府业务流程设计的方法步骤

进行政府业务流程的设计需要掌握一定的方法，按照一定的步骤，履行特定的程序。

（1）明确目的、任务，制订计划。

要明确具体的目的、任务，搞清楚是新建立一个流程还是更新改造一个既有流程，要实现什么目的或效果，有哪些方面的具体要求，并尽可能将任务予以分解，较详尽地规划出完成各项具体任务的方法、步骤、期限。

（2）认真调查研究。

应以问卷、面谈访问、实际观察、查阅文献材料等多种方式充分了解有关情况，如本机关的职能、业务范围、业务量、管理制度、工作程序、有关惯例、工作人员的基本状况。主要的信息来源及本机关的需求情况、本机关驻地情况、办公设备情况、办公室布局等。同时还应查阅一些反映流程设计经验方面的材料。

要认真研究要建立的流程将受哪些约束（法律、法规、其他工作程序等）；这些流程应具备哪些功能和特性；实现这些功能和特性需采取何种手段，需要付出什么代价等。

（3）分析评价既有流程。

既有流程既包括目前或过去采用的流程，也包括准备借鉴采用的其他单位的流程。分析评价既有流程的目的主要是为发现其中的缺陷，寻找更新改造的具体对象。

（4）规划新流程。

在分析评价既有流程的基础上，规划出新流程的具体方案。

（5）实验评价审批新流程方案。

组织有关负责人、专业人员、流程使用者的代表经实验论证对流程做出评价，提出改进和完善的建议，再由设计者对流程进行改进，这一过程常需要反复多次，直到方案获得有关领导正式批准。如果流程的设计方案不止一个，还要从成本、效益、技术条件和风险程度等方面进行评估，选取可行性强的方案。

（6）正式确定新流程。

经领导批准的流程即可作为正式的程序规范实施。在进行政府流程设计方案时，应当注意进行与之相配套的组织结构、人力资源配置和业务规范等方面的规划。

4. 政府管理流程图及其绘制方法

政府管理流程图能以简单直观的形式描述政务流程涉及的重要因素和各步骤的顺序，是进行流程设计分析和优化再造的重要工具。

（1）流程图的级别和种类。

按其内容、功能的不同，流程图可分四个等级，每个等级又各自划分出不同的种类。从高到低，第一级流程图为系统流程图，它主要用来描述系统的各主要组成部分和相互之间的联系，给出系统的结构。第二级流程图为规划流程图，它主要用来规划描述信息的流程、业务顺序和工作程序。第三级流程图是程序流程图，它主要用来表示信息系统中计算机系统的逻辑性。第四级流程图为代码图，它主要是描述计算机程序的执行顺序。

（2）流程图的绘制步骤。

流程图的绘制包括三个阶段，各个阶段包含的工作步骤及其具体内容如表 3-2 所示。

表 3-2 流程图绘制包含的步骤与内容

阶段	步骤	具体内容
第一阶段：准备阶段	选择对象	确定绘制哪个流程，选择绘制哪一级别哪一种类的流程图

续表

阶段	步骤	具体内容
	组织准备	召集有关人员成立进行绘制流程图相关知识和技能的培训
	数据采集	收集相关的资料
	分列步骤	列出流程的各项工作内容
第二阶段：识别阶段	确认目标	明确流程设计或优化再造的目标
	确认部门	明确流程涉及的部门，把具体步骤落实到各部门和岗位
	确认起止点	确认流程的起始点和终结点
	确认输入输出	确定各个节点上需要输入和输出哪些文件资料
第三阶段：绘制阶段	绘制草图	在前面做工作的基础上，可以开始动笔绘制流程图
	修改核实	把草图交给各相关部门核实，进行修改、补充和完善
	加入说明	形成有助于正确阅读流程的文字说明
	正式定稿	通过征求意见，并经有关责任人批准后，流程图正式定稿

（3）流程图绘制过程中要注意的问题。

在绘制政务流程图时，需要注意以下几个问题。

绘制流程图应从系统流程图或重要子系统和关键部分开始，自上而下，逐步细化。这些重要的子系统或关键部分是指系统中必然出现、起关键性作用的组成部分。

绘制流程图，应保持从上到下、从左到右的一致性。

尽量使用标准、通用的符号，文字说明应尽量简洁、准确。一般情况下，一个处理应是一件独立完整的事件或工作。

流程图除了要保证整个流程图的完整性以外，还应标明图名、作者、日期、文字说明、页数、页码、编号等附加说明性信息。

关注本流程的起始点和终结点和与其他流程之间的衔接。

尽量避免出现交叉线。

尽量使用联结线，以减少线条数目。

尽可能方便人们阅读。

（4）政务流程图中的常用符号。

为了方便人们阅读理解政务流程图所表达的内容，在绘制流程图时需使用通用、统一的流程图符号。国际标准化组织等机构已有流程图符号方面的标准可作为绘制依据。

如在实际工作中需要使用这一标准以外的符号,应尽量采用在社会上通用的符号,需要创新时,也可自创一些符号,但要详细说明其意义和用法,以上两种情况需注意保持符号使用的前后统一。图 3-4 列举了流程图中常用的一些符号。

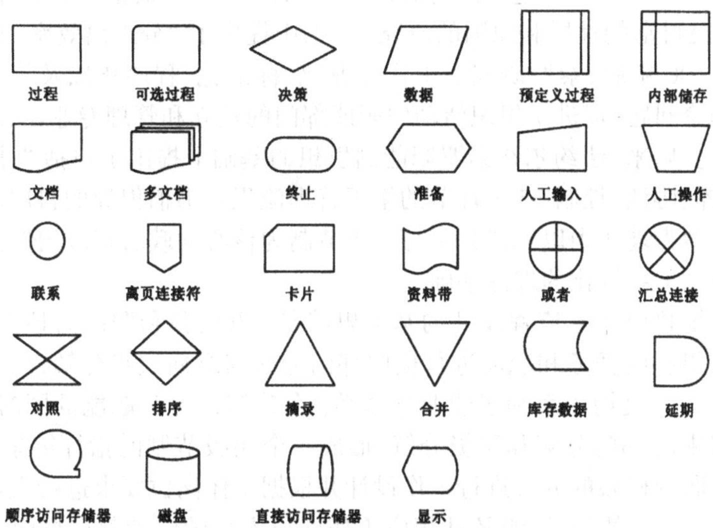

图 3-4 流程图中的常用符号

图 3-5 是一个流程图的实例,它描述的是某地车辆牌照管理子系统的业务流程情况。

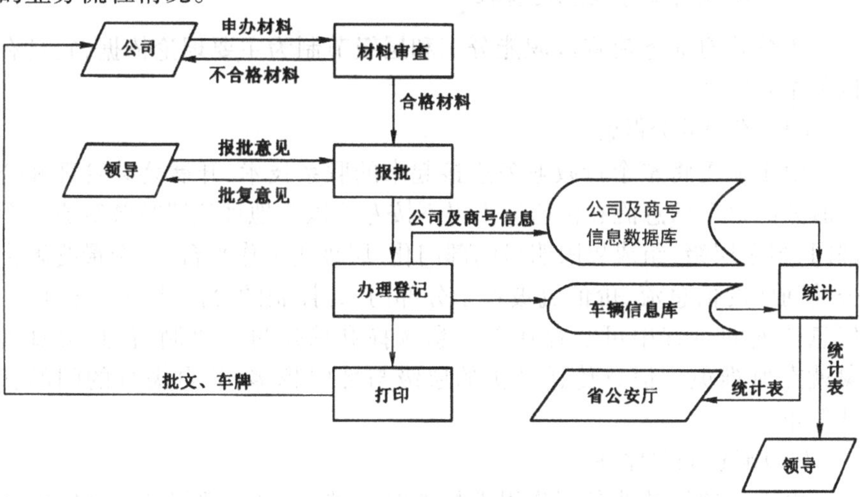

图 3-5 政府业务流程图示例

3.4.3 传统政府业务流程的特性与缺陷

1. 传统政府业务流程的理论基础和基本设计思路

传统政府业务流程设计的基本理论依据是职能分工与层级制思想。最早对组织分工原理进行论述的是18世纪的亚当·斯密，他在其鸿篇巨著《国民财富的性质和原因的研究》一书中提出了"分工出效率"的著名原理。100年后，泰罗研究了工作专业化、标准化、程序化以及管理制度化等理论问题，促进了组织活动中职能部门的建立和管理专业化、制度化的发展。后来，法约尔在泰罗职能制思想的基础上提出了包括"计划、组织、指挥、协调、控制"5个环节的组织管理流程。韦伯倡导的科层制行政组织模型为现实中以职能分工与层级节制为核心的政府行政组织流程的完善提供了系统化的理论基础。

传统政府业务流程设计的基本思路是：以任务和职能为核心，将政府行政组织的任务和职能进行横向部门分解与纵向层级分解，形成一个金字塔式的机构体系和职能业务体系；在分解任务和职能的同时，进行职责权限的部门分解和层级分解，形成一个层级节制的指挥链条；根据任务与职责权限的分解进行工作设计并根据工作岗位要求进行人员甄选与使用；每个部门、层级及其相应工作岗位人员的活动都严格限制在各自权责分工范围内并依据事先制定的规则、程序和文书档案进行工作处理；以计划和监督控制整个工作流程，命令与服从是主要的工作关系。

2. 传统政府业务流程的特性

传统政府业务流程以职能分工和层级节制为主要理论依据，它具有以下主要特性。

（1）流程的分散性。

由于缺乏将整个行政业务连接起来的联系技术，开展公共管理和公共服务的整个信息流和价值流不得不按专业以及地理位置被肢解成多个部门、多个层级，组成界限明显的部门化、层级化工作平台，一个最终解决公共问题的信息流、价值流被置于分部门、无控制的分散状态。并且，在信息传递的过程中可能存在着信息选择和信息过滤机制，信息失真现象就在所难免。信息传递经历的层级与部门越多，信息失真的问题就越严重。

（2）流程的时序性。

由于各项行政业务工作以严格的时序进行，每个部门都在规定的时间范围完成自己的工作，然后将结果传递给下一个部门或上一个层级。

如果某一环节出现任务积压，其他职能部门将会出现排队等候现象；如果某一环节出现中断，则整个工作流程也将中断，政府的服务对象不得不耐心等待。

（3）流程的机械性。

每个部门及其人员严格按照制度规定和形式化的程序"照章办事""按部就班"、"有条不紊"地工作，而不关注具体业务活动的轻重缓急。这种工作流程不断强化着政府公务人员如何准时、持久和重复工作的能力以及例行公事的冷漠心态，而不考虑服务对象的感受以及服务质量的改进。

（4）流程的封闭性。

在严格而细化的职能分割体系下，每个职能部门及其岗位人员只关心自己管辖的局部业务，而不关注其他部门的工作情况，更不关注整个业务流程活动的最终效果。职能的分割、信息的分散以及严格的层级节制关系，使政府行政组织缺乏对外界需求及环境变迁信息的整体感知能力以及采取整体性回应行动的能力。由于行政部门和行政人员的自利性驱动、政府管理的专业性以及某些情况下出于保密的需要，政府服务对象也无法了解政府管理或服务过程的真实信息，更难以反映和体现自己的意愿。因此，从总体上看，政府行政组织内部各系统之间以及行政系统与社会系统之间都呈现严重的封闭性。

3. 传统政府业务流程的缺陷

上述的这种部门化、等级化、形式化而又分散、机械、封闭的职能管理模式的政府业务流程也是有其优势的，比如：权力完整，指挥灵便，易于统筹兼顾；分级治事，分层负责，有利于发挥各级积极性；等等。也正是因为如此，这种职能管理模式长期以来一直成为政府管理的基本模式，它比较适合工业社会时代政府管理标准化、稳定化的社会环境。

但是，随着信息时代的到来，社会环境的变化加快、公共管理问题日趋复杂、社会需求趋向多样性，这种业务流程模式的局限性日益凸显。这突出表现在如下几个方面。

（1）成本高、反应迟钝。

一项活动要经过若干个部门、环节的处理，整个过程运作时间长、成本高。组织运营处理相对迟缓，在快速多变的环境中处境被动。科层组织理论的控制主张和等级结构，决定了它要受到有效管理幅度的限制，当组织规模扩大到一定程度，必须通过增加管理幅度来保证有效领导。随着管理层次的增多，指挥路线的延长，信息传导与沟通的成本会急剧上升，就可能造成信息在传递过程中的失真，导致管理存在层次重叠、冗员多、成本高、浪费大、对市场反应迟缓等缺陷。

(2)局部效率牺牲整体效率。

现实中,绝大多数行政任务的完成往往需要多个职能部门配合才能完成。在强调职能分工的行政体系下,这种集合性的业务流程被分割成各种简单的、专门化的任务,不仅增加了解决问题的行政路径,而且由于各职能部门之间缺乏有效的信息交流和协作,使得任何一个部门提升行政组织整体运作效率的种种设想往往化为徒劳。以局部作业效果为标准的考核方式进一步强化局部工作平台对自己任务完成的关注以及对局部行为的精心构思。局部的工作平台往往以维护部门利益或达到上级领导满意为工作标准,却忽略了对整个工作流程负责以及为服务对象的实际需求着想,甚至为追求局部利益而背离行政组织的公共目标。可见,部门化的工作流程虽在某种程度上有利于局部效率的改善,但却在整体上弱化了整个行政业务流程的效能。

(3)横向协调困难。

以职能分工为基础的传统政府业务流程强调的是专业分工和相互制衡,而不是协调一致。一方面导致部门主义、本位主义、功能性短视等问题大量滋生,另一方面使行政领导不得不把大量的精力花费在工作协调上。同时,科层制行政组织过分依赖专门技术以及条块分割的"鸽笼式"的专业化单位来解决不断涌现的新老问题,其结果使行政组织的部门分工越来越细,工作流程的链条也越来越长,组织规模越来越膨胀,行政组织协调的任务也日益繁重。而对于一些部门分工的交叉区域的问题、临时出现的新问题或其他职责范围难以明确划分的问题,往往会形成"踢皮球"现象,使服务对象产生受挫感。因此,当专业化分工与部门分工不断增多、工作流程日益复杂、需要处理的信息日益增多时,行政组织内部的协调任务日益加重,维系政府业务流程运转所耗费的成本日益提高,行政组织解决问题的行动能力受自身拘束的程度也日益加深。

(4)滋生官僚主义。

传统政府业务流程强调规则和程序,但机械的规则往往导致目标与手段的倒置,即对规则和程序的被动服从越来越成为行政部门和行政人员活动的目的。为了弥补行政组织运行过程中出现的漏洞和加强部门间的相互制衡,科层制行政组织日益完善各种审批措施和控制程序。不断完善的规则和办事程序使行政组织的运行机制日益僵化,烦琐手续、文牍主义成为传统政府业务流程中官僚主义的显著特征。

(5)压抑人性。

科层制组织结构犹如一只巨大的铁笼和精密的机器,将行政人员固定于其中，成为其附属品和运转的零件，他们只会例行公事而丧失感情。对规则的机械、被动服从，不断扭曲着行政人员的个性结构，使他们变成屈从于规章制度的“组织人”。对狭隘而单调工作的重复以及对如何准确办事的评价标准，使行政人员感到自己的工作变得越来越毫无创意和实际意义，从而导致政府行政组织的人力资源得不到有效开发和利用。

（6）资源闲置和重复劳动。

信息分散在不同的领导、部门和业务人员的手中，经常是此人急需的情报正保存在彼人的文件夹中，此部门的“机密计划”早就被彼部门做过多次，同样的工作被不同的人重复着，对外部环境的了解一次次“归零”重来。

3.4.4 电子政务对政府业务流程带来的影响

在电子政务环境下，信息与互联网技术在政府部门得到了广泛的应用。这种广泛应用，将使政府业务流程建立在信息网络通道和信息平台的基础上，不但大大提高流程的速度、效率和准确性，而且促进了政府业务流程的优化和再造。

电子政务使政府业务流程发生影响和变化主要表现在以下两个方面。

1. 技术性变化到实质性变化

这主要表现在：

（1）有纸化办公转变为无纸化办公，人工处理减少，自动化处理提高，大大节约了人工劳动，提高了工作效率。

（2）信息的垂直历时性传递转变为信息的水平共时性传递。信息共享程度大大提高，缩减了信息传递的周期。

（3）突破部门间信息沟通与工作协同的传统界线和范围，实现了一体化的远程交互和跨部门的协调办公与管理。

（4）提高信息资源的挖掘、利用和处理能力，扩展视野和对情况的掌握。

（5）促进政务公开，增加工作透明度，提高社会各界参政议政和参与社会经济事务管理的程度。

（6）减少中间环节，节省费用、时间与精力，更方便、更快捷地为企业、公民服务。

2. 对政府的组织结构、运行机制、办公方式和行政行为均会产生显著的影响

这主要体现在：

（1）扁平化组织结构。

电子政务以共享、交流、协作为核心，以网络为纽带，增强各机关的联系和信息交流，提高资源的利用效率，协调电子政务后台工作流程与政府“条块分割”管理结构之间的矛盾，重组政府行政资源，转变政府职能，优化工作流程，使管理由金字塔式的垂直结构向交互式、网络化的扁平管理体系转变，构造更适合信息时代的政府结构和运行方式。

（2）服务型运行机制。

传统的政府工作模式是以政府机构和职能为中心，企业或公众围绕政府各部门转。由于同级部门往往是一个个信息孤岛，政府业务流程要靠用户一个一个部门的报批来串联和推动。电子政务要求政府放弃“管人”的职能定位，转变为以用户的需求为出发点，使政府运行由多层次、多目的、以“管”为目标向以“服务”为中心转变。政府要围着企业或公众转，以一个整体的面貌面对公众，树立一个“高效、廉洁、透明、民主”的政府形象。例如：加拿大政府网站以公众需求为主题来重新整合组织政府提供的服务。

（3）并行式办公方式。

电子政务通过后台系统的协调统一，政府内部业务可实现并行式办公，提高工作效率，公众享受政府服务只需一个入口，不必按串行的工作方式一个一个部门去拜访。这种并行办公方式不是多个部门简单地集合在“一站式”或“一厅式”的服务，而是建立全天时、在任何地点都能和政府进行沟通的无站式办公环境，并以其友好的用户界面、规范的工作流程、高效率的工作方式，提供周全的服务内容。

以投资项目审批为例，传统的办事流程是政府部门之间的本属政府内部的公文交换，常常是建设单位每个部门轮着报送。据中科院《电子政务红皮书》对一些城市的调查，完成整个串联审批程序一般需跑二十几个部门，审批环节28个左右，理想的状态下审批时间是180天，有的审批流程甚至花了数百天才完成。

电子政务管理模式要以用户为中心来设计，政府将一个办事入口留给用户，企业和公众根据自己的需要提出一项业务请求，在网上查询了解相关法律法规后，根据要求或表单填报材料，从网上提交给一个“虚拟政府”，由“虚拟政府”自动分发用户材料到各相关部门，并组织各相关部门在规定的时间范围内对其进行审批。用户不必知道政府部门如何设置，

职能如何分工，业务需要哪些部门批，由谁批。但随时可以查询了解到审批的状态和反馈的意见，当然也就不必到各政府部门去来回跑了，审批的时间也相应缩短。这样，可以大幅度提高办事效率，方便用户。

（4）行政行为的规范。

电子政务有利于提高行政透明度，加强民主、法治，制约行政权力，遏制腐败现象，促进廉政建设；有利于强化行政监督、公民监督、社会舆论监督，规范公务员职业道德与行为；充分发挥电子政务网络效能，提高对社会的监管能力。例如建立城市应急联动系统，提高对紧急、突发事件的处理能力；建立银税联网运行系统，提高银行卡的使用面和社会持卡消费水平，简化报税和完税程序，提高税务征管效率等。

综上所述，在电子政务环境下，进行政府业务流程的优化与再造，可以克服传统政府业务流程的内在缺陷，有效地改进政府管理的质量，提高政府服务的效率。

3.4.5 电子政务环境下的政务流程再造

1. 政府业务流程再造的含义

电子政务中的政务流程再造的思想来源于企业管理中的业务流程再造。

业务流程再造（Business Process Reengineering，BPR），也经常翻译为业务流程重组，是由美国著名企业管理大师、原麻省理工学院教授Hammer于1990年提出的，指对企业的经营过程做根本性的重新思考和彻底性的翻新，以便使企业在成本、质量、服务和速度等重大特征上获得戏剧性的改善，并强调通过充分利用信息技术使企业绩效获得巨大提高。其中，“根本性”“彻底性”“戏剧性”和“流程”是核心。由此可见，作为一种基于信息技术的、为更好满足顾客需要服务的、企业组织的工作流程改进的——业务流程再造，突破了传统劳动分工理论思想体系，强调“以流程为导向”，使企业最大限度地适应以“顾客、竞争、变革”为特征的现代企业经营环境，以这种思想重新设计的企业组织不仅可以带来组织结构扁平化和组织机构精简的结果，而且可为企业组织的根本性改造提供一个新的突破。

尽管业务流程再造的概念最早来源于企业界，但其所包含的核心理念和所采用的管理方法对政府部门同样适用。因此，我们把现代企业业务流程再造引入政府管理中，简称“政务流程再造”，体现了以企业精神改造政府的理念。

所谓的"政务流程再造"就是指运用现代管理学思想、经济学的市场机制原理和现代化的技术,把政府部门的工作流程进行根本性的、彻底的重新思考和重新设计,以使政府的行为成本、政府的公共物品与支出、政府的服务质量、政府效能与效率都具有可量化的苛刻标准,最终达到政府行为、业务流程的戏剧性变化。

电子政务是国家机关在政务活动中全面应用现代信息技术进行管理和办公,为社会公众提供信息化服务的一种政府活动。电子政务的建设与实施不仅能够改进政府的工作和手段,也为改变传统政府业务流程不规范、效率低下的状况提供了机遇和条件。电子政务要求机关各职能部门打破固有的工作模式,为同一个公务协同办公,这样做,传统政务行政流程受到严重挑战,其工作机制、工作方法、工作思路甚至部门的设置等都将发生变革,它要求政府的业务流程根据电子政务运作的内在机理进行有目的、有组织地优化和再造。

在电子政务环境下的政府业务流程优化与再造是政府根据电子政务运作的内在机理,对传统的以行政职能为中心的行政流程进行优化与再造,转变成以公众(广义的公众,包括企事业单位、社会团体及公民等)服务需求和输入各种公共信息为起点,到政府创造出对公众有价值的"产品"或服务为终点的一系列借助网络进行的政务活动。政府优化与再造后的行政流程以公众满意为目标,它有两个基本特征:一是面向公众,以事务为中心;二是跨越职能部门、所属单位的现有边界。

2.政府业务流程再造的指导思想

在电子政务环境下,对政府业务流程进行优化与再造,需要执行如下指导思想。

(1)以服务公众为出发点。

电子政府业务流程优化与再造要建立以公众为中心的服务原则。每个政府工作人员的工作质量主要由公众做出评价。政府再造,重要的在于要塑造一个具有公共服务精神的政府,政府要给予公众更多的选择并聆听其意见。

(2)以流程为中心。

电子政府业务流程优化与再造不以某个专业职能部门为中心进行,注重整体流程优化的系统性。一个流程是一系列相关职能部门配合完成的,目的是为公众创造有益的服务。对流程运行不利的障碍将被铲除,破碎的流程将得到整合,部门分割将被削弱,冗余的部门及重叠的流程和活动将得以消除或合并。

（3）注重效能。

减除不必要的支付，裁撤不必要的部门，创建一个具有企业家精神的政府。企业型政府是那种非官僚化的、富于创新精神和生机活力的、以公众需求为导向的、具有高效率和高效能的政府。政府必须在市场导向的观念下，把竞争的刺激力量引入公共服务，使政府更具活力。政府则更好地起到导航作用，鼓励社区精神与公民参与。

3．对现行政府业务流程的优化与再造应遵循的基本原则

对现行政府业务流程的优化与再造应，需要遵循以下的基本原则。

（1）以满足民众需求为导向，合理选择流程再造项目。

政府信息化的核心价值之一就是要改善政府的公共服务，提高公共服务的水平和质量。因此，政府业务流程优化与再造首先必须确定优先发展领域，从与公众服务密切相关的流程开始。主要包括三个方面的流程：第一，确定政务公开和信息发布的流程；第二，提供网上办公的流程；第三，建立网上监管的流程。

（2）以提高行政效率为目标，系统整合政务管理流程。

电子政务就是将政府机构内部和外部的管理和服务职能通过精简、优化、整合、重组后到网上实现，为社会公众以及自身提供一体化的高效、优质、廉洁的管理和服务。因此，在进行政府业务流程优化与再造时必须注重以下几个方面：首先，各机关组织在行政管理制度上要确立新的业务管理模式，简化行政工作流程；其次，要探索并建立规范的政府信息公开、政府信息资源管理等电子政务建设所不可缺少的制度；最后，加强政府部门内部及政府部门之间的协作和协同，即要注重以管理流程为主线和以公共服务信息为核心的跨组织整合，以保证行政单一“窗口化”公众服务的落实。

（3）实施人力资源再造，营造学习型组织环境。

人力资源是组织竞争优势的核心要素，要引导政府公务员不断学习，借以提升政府竞争力，以建立一个学习型的政府组织和人力资源环境。

（4）充分认识技术的作用，促进政府业务流程的优化与再造。

技术的真正力量并不是使原有的工作流程发挥更好的作用，而是能帮助它打破陈规，创造新的工作方法。因此，在政府业务流程优化与再造时必须确定信息技术所起的作用，站在新技术的高度，坚持不懈地努力研究技术、认识技术，将其融入流程之中，并使该项技术的潜在使用价值变为现实，以便进一步推广。

4. 政府业务流程再造的基本内容

政府业务流程再造牵涉到政府行政人员观念的再造、工作流程的优化与再造、组织结构的优化与再造以及政府文化氛围再造四个方面，其中工作流程的优化与再造是核心内容。

（1）政府行政人员观念的再造。

要实施政府业务流程优化与再造，首先要对政府工作人员进行观念再造。政府业务流程再造牵涉面很广，会对各个部门和各个工作人员利益带来威胁，再加上工作人员固有的惰性，必然会遭到各个方面的抵触。因此，观念再造的目的是让政府工作人员了解政府业务流程优化与再造的涵义及其意义，明确政府业务流程优化与再造的重要性。观念再造，要求工作人员对以往的心中熟视无睹的流程模式和运行机制进行重新的思考；要求工作人员彻底摆脱头脑中的旧框框，重新勾勒出一个全新的政府业务流程及相应的组织结构、运行机制。此外，观念再造还要求政府工作人员树立团队意识。

（2）工作流程的优化与再造。

传统的政府业务数据流按地理位置和人力分配，政务信息存在于多个职能部门，一条政务信息要从一个部门转到另一个部门，会出现许多交接环节，整个数据流无人全程控制，非常分散和复杂，这不能适应现代信息技术条件下政府管理。因此，必须铲除阻碍政府运作的不必要流程，整合其中原有破碎的流程，合并重叠的流程，对工作流程进行优化与再造。具体包括如下方面：第一，合理界定政府业务流程边界，约束政府行政行为；第二，构造有序、规范的政府业务流程，排除非政府业务流程内在逻辑的行为；第三，设计合理的政府业务流程构造，推进政府职能的转变；第四，以信息化整合政府业务流程，防止人为干扰；第五，以法制化保障政府业务流程各环节的顺畅，防止行政行为失控。

（3）组织结构的优化与再造。

传统的政府组织结构是呈金字塔式的，中间环节众多，导致机构臃肿，信息流、资金流、物流等在最高层与最底层间流动缓慢，且增加了传递成本，对于政府部门而言，这样的金字塔式结构往往使在其中传递的信息流发生偏差。而电子政府业务流程优化与再造则要求政府的组织结构趋于扁平化，使最高层与最底层之间可实现直接沟通，免去繁冗的中间环节，加快信息流传递的可靠、高效、快速，同时大大降低运作成本。因此，必须进行组织结构的再造，缩减中间管理层，增宽管理幅度，促进政府信息化建设。

（4）政府文化氛围的再造。

营造适宜的政府文化氛围是政府实施流程优化再造的保证。具体包括以下几个方面：第一，要克服公务员的官僚习性和僵化的政府文化，营造积极创新的思维和态度，服务于公众的行政管理文化氛围。第二，要积极倡导学习增进能力，加强政府公务员专业化技能的培养，包括：执行业务所需的工作技能，业务规划和变革所需要的专业性理念知识，以及提供多元化自我学习和进修机会，破除以升迁为强迫性学习唯一诱因的传统方式，建立起学习型的人力资源管理文化。第三，要树立良好的政府形象，给公众以信任感。政府信息化必须再造政府业务流程，使流程简化、优化，这必然会涉及政府组织结构、工作方式等的改变，甚至是权力的再分配。因此，政府业务流程的再造必须以一种渐进的、逐步优化的方式进行，每一步都要抓住机遇，既要善于局部突破，又要注意整体推进。

5．政府业务流程再造的主要方式

政府业务流程再造可以借助于以下几种主要方式。

（1）实现由“任务职能型”组织运作模式向“工作流程型”组织运作模式的转变。

政府业务流程再造的任务之一就是审视现存的行政业务流程，根据行政业务流程的性质、目的和活动要求，通过重新排列管理职责和管理过程，改变“铁路警察，各管一段”的任务职能分工模式，突破组织壁垒，建立“无缝隙”式的一体化工作流程模式。

为此，流程再造强调将分散于各部门的职务与职责进行重新组合，对一些不必要的管理环节予以取消，对多余的部门及重叠的“流程”予以合并，达到政府业务流程整合、功能优化和增值的效果。

（2）由对上级负责转向对服务对象负责。

再造后的政府业务流程应当以快捷有效地解决问题为行动目的，而不是传统职能分工业务流程下对局部任务完成的关注以及根据局部业务事项的解决结果对上级负责，这就是人们常说的政府服务的“顾客导向”，它体现了政府业务流程再造的根本宗旨。

为了实现这一宗旨，在政府业务流程再造的过程中，一方面强调对一线的行政人员进行充分授权，另一方面要强化行政人员的使命感和自我控制意识，提高行政人员独立解决问题的自主性与责任心。同时，要积极推进政务公开，扩大公民参与，增强政府行政组织对社会需求的感知与回应能力。

(3)充分利用信息技术实现政府业务流程的自动化。

流程再造就是对现有工作流程进行调研、分析和诊断,重新构建新的业务流程。其内容包括如下环节:分析现有工作流程中存在的问题并进行诊断;根据分析诊断的结果对流程进行简化或重组,缩短业务流程的链条;改变信息传输方式,利用网络信息促进重组后的业务流程自动化与网络化;实现自动化、网络化工作流程在整个行政体系内部的整合以及与社会信息系统的相互连接,最终实现为社会公众提供随时随地的"一站""单一窗口"式便捷服务的目的。

6.政府业务流程再造的应用实例

下面以经济调节、市场监管、社会应急管理、社会公共服务为例,说明电子政务在推动和实现政府业务流程再造方面的重要作用和实践价值。

(1)经济调节活动的业务流程再造实例。

经济调节活动经业务流程再造后,其流程为:第一,健全经济运行监测、调节体系;第二,完善政务信息网络,增加决策透明度和公众参与度;第三,建立高效的公文运转机制,加强相关部门的功能互补和信息共享;第四,提高经济调节能力与水平。

经济调节活动的业务流程再造模式如图 3-6 所示。

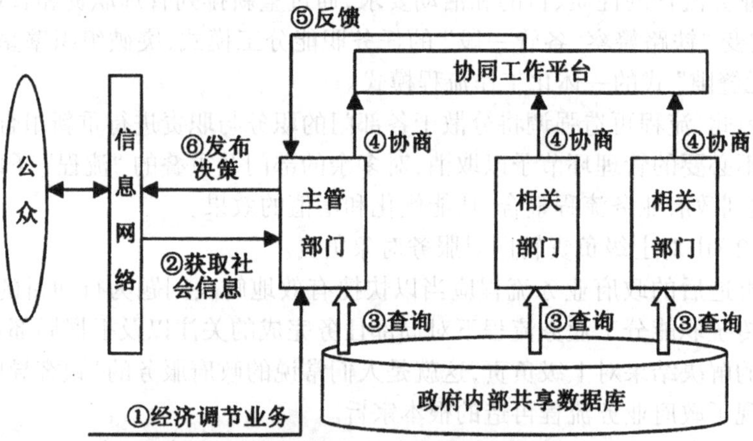

图 3-6 经济调节业务流程再造运行模式图

(2)市场监管活动的业务流程再造实例。

市场监管业务经流程再造后,其运行流程为:第一,建立职能协调、并联运行的网络机制;第二,规范执法行为、提高执法绩效;第三,促进依法监管,加强政府对市场的监管力度;第四,推动社会信用体系建设,构筑良好的社会信用基础。

市场监管活动的业务流程再造模式如图 3-7 所示。

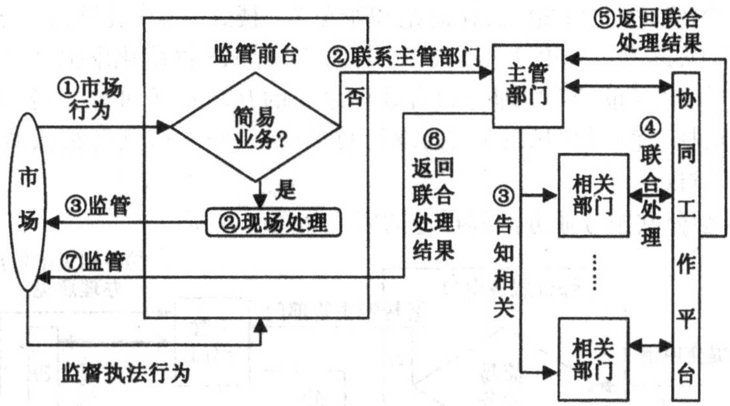

图 3-7　市场监管业务流程再造运行模式图

（3）社会应急管理的业务流程再造实例。

社会应急管理经业务流程再造后，流程为：第一，健全危机管理体制、完善应急体系；第二，建立预警防范体系和应急处理的网络政务运行机制；第三，强化政府职能部门之间的联动、响应和资源整合，提高政府应对突发事件和防范风险的能力；第四，以通畅的信息网络和资源共享平台促进政府的快速反应能力；第五，建立和完善安全生产监管体系和产品质量监督体系。

社会应急管理业务流程再造的模式如图 3-8 所示。

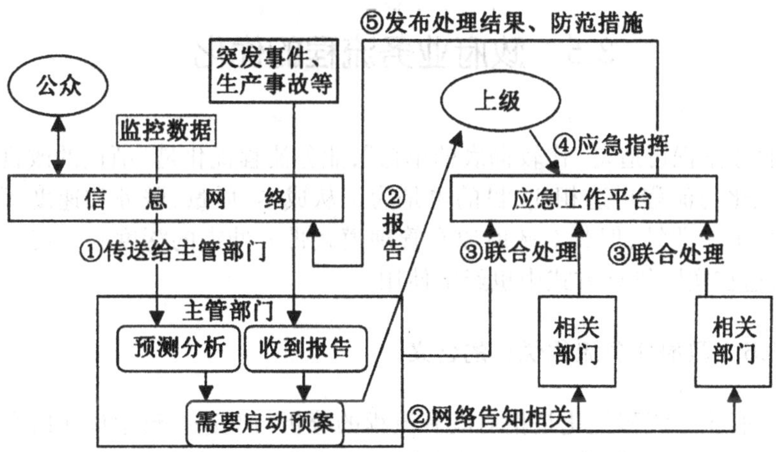

图 3-8　社会应急管理业务流程再造运行模式图

（4）社会公共服务的业务流程再造实例。

社会公共服务经业务流程再造后，流程为：第一，在地方政府及其所属部门和窗口服务部门推行“一站式”网上服务，解决一个窗口对外、统一办证、联合办证、集中办证的问题，再造行政业务流程，实现跨部门业务整合和网络化办公；第二，在总结和避免“一楼式”集中化物理办公缺陷的基础上，逐步实现由“一楼式”办公向“一站式”网络化虚拟办公转变，解决“窗口”（前台）受理与后台处理之间的互动互联问题，为公众提供方便、快捷、优质的服务；第三，推行政务公开，统一信息发布标准，保障公众知情权。

社会公共服务业务流程再造的模式如图 3-9 所示。

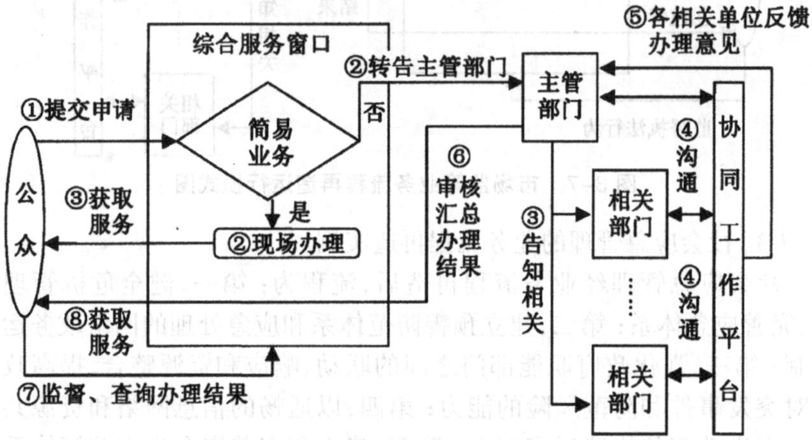

图 3-9　社会公共服务业务流程再造运行模式图

3.5　政府业务流程的优化

业务流程再造是“比较彻底的革命”，业务流程优化是“渐进的改良”。流程优化与流程再造相比，目的也是为了从成本、质量、服务和速度等方面改善工作业绩，但其对政府原有管理模式带来冲击的深度和广度要小得多，这在实际管理方式中也经常使用。

3.5.1 政府业务流程优化的含义

政府业务流程优化是指对既有流程的分析与改进。流程优化既是流程设计的重要组成部分，又是对流程设计的发展。不管是重新规划一个全新的流程，还是对一个既有流程进行调整和更新，所做的设计工作基本上都是对自己既有流程或者是“惯例”和他人既有流程的分析改进，需要通过分析找出不足，通过改进来获得效果更好的新方案。从这样的意义上，流程优化是建立流程的关键——问题由其发现，方法由其产生。

流程优化的目标是多样化的，其中比较普遍的目标主要有：进一步维护公众或者公务员的权益；实现时间优化，即减少时间消耗，提高时间的有效利用价值；实现资源的优化，即充分利用好人力、物力、财力，发挥其潜在的能力；实现成果的优化，即提高工作质量，提高人们的满意度；实现空间优化，即减少人员或文件等物品的运动传递距离。

流程优化与流程再造是有一定的区别的。可以认为流程优化是对原有流程进行的清理、简化和整合，以获得作业水平的显著提高，而流程再造则抛开现有流程，完全面向未来重新设计一个新流程。就流程再造来说，纯粹的“完全在一张白纸上重新作画”的方法也是难以实现的，真正广泛采用的是在原有管理模式的渐变基础上，通过重新的组合设计，提高组织效率。现阶段的“政务流程再造”也是基于原有的政府管理模式下，以提高行政效率和公众服务满意度为目标，利用流程再造技术，构建前台政府业务模型和后台信息管理系统，对政府业务流程进行优化和组合，确保后台各政府部门的协同支持。

3.5.2 政府业务流程优化的前期工作

政府业务流程优化之前，必须首先明确是否有优化的必要，如果有必要应该先做好哪些准备工作，如何通过观察分析发现现有流程中存在的问题。下面来展开介绍。

1. 政府业务流程优化必要性的“信号”识别

业务流程优化意味着对既有业务流程的改变，能不能进行改变？怎样改变？其前提和基础在于：流程需要不需要改变？有没有必要改变？发现既有流程改进必要性时，要注意强化敏锐的观察力，注意捕捉如下一些“信号”，一旦出现这些“信号”，往往就意味着流程可能有了问题，它已经需要进行必要的改进和完善。

（1）工作中的失误较多，误时、误事的现象出现比率明显增多。

（2）经常需要“返工”，有大量工作要重复做。

（3）工作过程不畅快，抱怨多，特别是抱怨手续复杂，等待时间长。

（4）工作失衡，忽忙忽闲，或拥挤或突然间断，有人太忙，有人太闲。

（5）工作质量不均衡，同时、同事、同条件，工作质量却因人而异。

（6）矛盾冲突多，经常需要领导出面协调。

（7）例行工作也需要反复尝试、反复思考，一遍遍请示。

（8）参与同一工作过程的工作人员和公众多数人感觉不便。

2. 流程优化前的准备工作

确定了政府业务流程优化的必要性之后，在正式进行政府业务流程的优化之前，做好相应的准备工作是解决问题的关键。为了进行流程优化所做的准备工作主要包括：

（1）充分地研读相关的法律法规和规章制度，以及能反映流程面貌、流程要求的各种文件资料。如反映法定权限、职能划分、职责分工的规范性文件，以及各种组织序列表、工作流程图、办公布局图等。

（2）以走访、座谈、实地观察等方式了解有关情况，听取有关反映，对现状及客观需求和可能条件建立明确的认识。

（3）明确流程优化的目标。主要是搞清楚准备进一步优化什么，找到解决问题的基本思路。在流程优化的过程中，目标不同，解决问题的方法将会有很大的不同。

3. 流程优化中观察问题的主要方法

流程优化就是要发现和解决既有流程中存在的弊端，并且有效地消除它们。要做到这一点，观察分析是关键。观察分析既有流程的关键是对流程进行全面的功能和效益分析，发现其存在的问题。具体操作时，可以根据现行的流程，绘制细致、明了的流程图。

一般地说，原来的流程是与过去的社会需求及客观条件相适应的，并由一定的组织结构、管理规范作为其保证的。当社会需求、环境条件发生变化时，这些流程可能会难以适应，管理效率、效能就会降低。因此，必须从以下三个方面分析既有流程中的问题。

（1）流程的功能随着社会需求和环境条件的变化，会使原来的流程或者因交叉重复严重而增加管理成本，或者因责权利脱节而失去对管理工作质量与效率的保证作用，并会造成政府机关组织结构设计的不合理，形成政府管理职能实现与职能发展的桎梏。

（2）价值及其变化不同的流程对政府管理的影响是不同的。随着社会的不断进步，社会公众需求的不断变化，整个流程体系的组成部分和它们的重要性也在变化。因此，应当从整体上把握具体流程的实际价值及其变化。

（3）流程的可行性要根据变化了的现实情况和客观的实际效果，对流程是否有效，是否行得通进行分析。

4. 流程优化中调查和分析问题的具体技巧

流程优化要经过细致的调查和实地考察，不断就下面的问题提出疑问并寻找答案。

（1）这一流程的功能是什么？实现了吗？如果取消它后果会怎样？它的功能是否已经被其他流程包含？如果与其合并将怎样？

（2）构成流程的步骤有遗漏吗？每一步都做些什么？存在重复的、交叉的、矛盾的步骤吗？如果取消或合并会怎样？

（3）每个步骤的工作任务是由谁承担的？让别人（特别是下属）干会更好吗？与别人的工作重复吗？合并起来会干得更快、更好吗？能经济、合理地用机器设备代替人做一些工作吗？

（4）每个步骤为什么要安排在这个地点来进行？人员、设备工具、文件等变更一下位置是否更方便、省时、省力？是否能缩短传输文件和其他物品的距离？

（5）每个步骤为什么要在此时进行？提早一点，拖后一点，与其他步骤的先后互换一下是否更节约时间？更能减少工作量？能把工作做得更好？

（6）每个步骤所采用的方法，各步骤之间建立联系的方式是否过于复杂？能不能在有效的前提下，用更简单方便的、更省时省力、快捷易行的方法、方式和手续代替它们？

3.5.3 政府业务流程优化中解决问题的方法

解决既有流程中问题的办法，实际上就来自上述的不断提问和回答中。这需要我们在认真分析的基础上，明确在构成流程的因素中具体应该做哪些主要工作。

1. 政务业务流程优化的基本方法

政务业务流程优化的基本方法如下。

（1）取消。取消就是在流程中彻底清除那些没有存在价值的过程、环节、岗位、设备工具、制度标准、方法、操作等。在流程中，那些多余的、无用的、功能已被其他事物完全包含的，也就是没有存在必要的因素应当一律坚决取消。

（2）增加。增加就是增添具有必要价值的过程、环节、岗位、人员配备、资金投入、设备工具、空间、时间、制度标准、操作等。在既有流程中缺乏的、同时又为流程合法有效所必不可少的因素一定要增加。这种“加法”，主要就是“填补”增值的活动。

（3）压缩。压缩就是降低、减少事物的规模和数量。压缩的对象主要是那些确有存在价值，但现有规模、数量、形式等超过实际需要的过程、环节、岗位、设备工具、制度标准、方法、操作等。

（4）扩展。扩展就是扩大事物的规模和数量。扩展的对象主要是那些现有规模、数、形式等还达不到实际需要的过程、环节、岗位、设备工具、制度标准、方法、操作等。

（5）合并。合并就是将若干事物按照一定的联系归并为一个整体。合并的对象是那些实际上不具备独立存在理由的过程、环节、岗位、制度标准、方法、操作等。在流程优化中，只要若干部分归并为一后能扩展功能的，甚至与原来同样有效的，都应当坚决合并。

（6）分开。分开与合并相对，是指让组成一个整体的各个组成部分分解开来，各自获得独立存在的条件。分开的对象主要是那些规模过于庞大、组成部分分解开来独立存在更有利的过程、环节、岗位等。

（7）均衡。均衡就是指让组成流程的因素之间建立一种和谐关系，消除各种有碍整体优化的"局部优化"和"局部劣化"现象，实现事物的均衡发展。

（8）侧重。侧重就是有意打破既有流程中的平衡，以对构成流程的某一部分或者某几部分因素的强化，提高流程的整体效能。

（9）替代。替代就是用更加简便有效、更加经济的事物代替既有的事物。在流程优化过程中，只要存在这种替代的必要和可能条件，就用新事物（或部分）去替代旧事物，以使流程足够简便、足够经济，更有生命力。

（10）换位。换位就是对构成流程的因素的存在空间位置进行变换。在流程优化中，只要改变构成因素空间位置后，流程能够更加流畅、经济、合理，就应当进行换位。换位所针对的主要对象是办公空间布局、工作岗位、设备工具所处的具体位置等。

（11）变序。变序就是改变既有流程中构成因素之间的时间顺序。时序应当是对客观规律性的正确反映，如果既有流程中的时序安排不合理，流程的功能将大大下降。因此，变序就成为流程优化的重要方法之一。

2. 针对不同目标的上述优化方法的组合应用

实际上，上述流程优化的方法是需要根据具体情况条件，特别是根据实现流程具体目标的需要结合运用的。

（1）如果流程优化的目标主要是进一步维护权益，则要删去不合法的、侵权的、给多数人带来严重不便的步骤、方法和要求，增加有利于维护权益、弥补漏洞、能带来方便的步骤，增加对机关工作人员的约束。

（2）如果流程优化的目标主要是实现时间优化，即减少时间消耗，提高时间的有效利用价值，这时就需要以取消（如取消无效或低效的步骤方法)、压缩(如压缩程序过程、减少等待时间)、替代(如高速高效的代替低速低效的、机器代替手工)、合并(如合并功能被包含的)、变序(如改变次序、交叉作业、串联改并联)等方式尽量节约时间,有效利用时间。

(3)如果流程优化的目标主要是实现资源的优化,即充分利用好人力、物力、财力,发挥其潜在的能力,这时就需要以取消(如取消一切无效的过程)、替代(如低耗的代替高耗的、更新设备工具、更新方法)、压缩(如简化方法、压缩过程)、均衡(如均衡工作量分担、均衡工作量的时间分布)、换位(如更新办公布局)、侧重(如松弛线上的资源集中使用于紧急线)、扩展(如扩展标准化应用领域,采用标准操作法)等方式减少浪费,降低消耗,发掘潜力。

(4)如果流程优化的目标主要是实现成果的优化,即提高工作质量,提高人们的满意度,这时就需要以压缩(如压缩一部分不必要的和严重不便的过程,压缩服务对象等待时间、压缩对服务对象的条件限制)、增加(如增加对服务对象起保护作用的环节,增设辅助服务点,增加对质量隐患的防范措施,增加“多重保险”措施,增加质量控制点)、均衡(如均衡工作量分担,以标准方法和标准的判断条件规定,降低对工作人员素质的要求,使质量均衡)等方式确立质量保障,给服务对象带来更多的便利。

(5)如果流程优化的目标主要是实现空间优化,即减少人员或文件等物品的运动传递距离,这时就要以取消(如取消无效、低效的过程或步骤)、变序(如改变运动次序)、压缩(如压缩过程至最简单的状态)、合并(如合并相同相近的步骤,发展“一次性”作业和并联作业)、替代(如以工作人员的运动代替服务对象的运动,以机器代替人的活动,更新方法,更新设备工具)等方式缩短运动距离。

第 4 章　政府公共服务电子化的技术支撑

4.1　政府公共服务电子化所需技术简介

在政府公共服务电子化实现中，需要有很多现代信息技术的支持。包括网络构建技术、数据处理技术、网站建设技术、协同办公技术、移动办公技术以及其他相关技术。

4.1.1 政府公共服务电子化中的网络构建技术

1. 电子政务“内外网”结构及其隔离关系

我国政府电子政务建设最初采用的是“三网一库”的模式，分别是办公业务资源网(简称“专网”)、公共管理与服务网(简称“外网”)、机关内部办公网(简称“内网”)和电子政务信息资源库。对这三个层次的网络分别说明如下。

第一层是外网，与因特网连通，面向社会提供一般应用服务及信息发布，包括各类公开信息和一般的、非敏感的社会服务。主要提供的应用包括：基于政府互联网网站的信息发布及查询，包括相关文件、法规的发布及查询；各类公用服务性业务的信息发布和实施，如工商管理、税务管理、保险管理等；面向全社会的各类信访、建议、反馈及数据收集统计系统；面向全社会的各类项目计划的申报、申请、审核等。

第二层是专网，支持政府部门内部以及部门之间的各类非公开应用，主要包括各类公文、一般涉密数据以及政府部门之间的各类交换息，这些信息必须依据政府内部的各类管理权限传输，防止来自内部或外部的非法入侵。其主要应用包括：从中央政府到地方各级政府间的公文信息的审核、传递系统；从中央政府到地方各级政府间的多媒体信息的应用平台，如视频会议、多媒体数据实时调度与监控等；同级政府之间公文传递、信息交换。

第三层是内网,包括政府部门内部的各类关键业务管理系统及核心数据应用系统,包括：各种个人办公自动化辅助工具,如文字处理、网络应用；政府内部的公文流转、审核、处理系统；政府内部的各类专项业务管理系统,政府内部的各类事务管理系统,政府内部的面向不同管理层的统计、分析系统；政府内部不同应用业务的数据库系统以及统一的数据资源平台；核心机密应用,如机要信息数据管理、领导事务管理与决策支持等。

在“三网一库”方案中,由于国家要求专网与外网间必须采用物理隔离,使得两网之间通过现有技术无法同时兼顾网络安全和数据的高效、实时交换这两大需求,并且由于外网上业务量的剧增和专网上信息和政府业务流程的优化,两网中的业务量严重不对称。

近年来,随着电子政务建设的逐步深入,在对“三网一库”结构进行改进和优化的基础上,以政务内外网结构为特征的我国电子政务基本体系得到了专家们的广泛认同。政务内网主要是连接各级政府部门的办公网络,采用层次结构,实行逐级、分层管理,政务外网是政府的业务专网,主要运行政务部门面向社会的专业性服务业务。政务内、外网之间为物理隔离,政务外网与因特网之间为逻辑隔离,如图 4-1 所示。

图 4-1　政务内、外网结构的隔离关系

2. 基于 Intranet 的政务内网及其作用

(1)Intranet 的含义与特征。

Intranet 是将互联网的概念与技术应用到组织内部信息管理和交换业务中,形成组织内部网络。它是集 LAN、WAN 和高速数据服务于一体的组织内部网,以互联网技术在组织内部建立起使用方便、价格低廉的内部信息交换网络系统,采用 TCP/IP 通信协议和跨平台的 Web 信息交换技术,通过简单的浏览器界面,方便地集成各类已有网络。它是一个开放、分布、动态的双向多媒体信息交流环境,将基于计算机的基础网络机构与各个用户连接起来,并且能够方便地与互联网交换信息。Intranet 继承了互联网的全部优点,同时通过防火墙技术来保护内部敏感信息,能够有效地保证组织内部信息的安全性。

Intranet 在技术上的许多方面与互联网相同,但在应用范围以及管理方式上却有很大的区别。实际上,Intranet 是在现在组织内部网络硬件、软件和服务器的基础之上,采用互联网技术和标准,通过提供多种互联网服务而建立的。Intranet 采用与互联网相同的轮廓和语言,许多组织在建立 Intranet 时,一般还会采取了一些重要措施,使网络更加安全可靠。

(2)Intranet 的优点。

Intranet 具有以下一系列的优点。

资料格式统一且多媒体化。组织内的文件、资料都能以 HTML 格式展现,提高了资料的规范性(包含文字、图形等内容的多媒体人机界面),增加了资料的生动性。

文件共享,信息的提供及更新更为快速。由于 HTML 简单易用,组织内各部门都可通过浏览器存取信息,并通过文件共享,使信息的提供及更新的速度大大加快。

简单易用,培训负担轻。由于浏览器易于使用,使得信息部门对于系统建成后所负担的用户培训等责任大为减轻。

系统建立成本低。Web Server 容易建立,规模小的系统甚至数天即可完成,使得建立系统的成本大幅度降低。

跨平台,容易集成。由于 Intranet 使用相关技术,其优势是标准化,容易集成各种已有信息系统,对于 LAN/WAN 的结合障碍较低。

便于信息安全设计。互联网很多已成熟的安全技术,比如防火墙技术、安全协议 SSL、加密技术等,都可以用来保证企业内部网的安全和信息传输的安全。这样,必定大大节省企业为安全考虑而设置专用线路的费用。

(3)Intranet 的典型应用。

不论什么行业,各个职能部门(包括人事、培训、销售、财务、管理、通信、研究开发以及技术档案等),都可以通过 Intranet 获得好处。以下是 Intranet 的一些典型应用。

第一,发布内部文件和信息。通过 Intranet,可以将组织内部的一些文件和信息,包括日常新闻、年度报告、电话目录、员工手册、技术文档等有关资料,以及与员工切身利益相关的信息,如福利条例、职责范围等,及时发送给全体员工。

第二,内部通信。Intranet 中的电子邮件,为组织内部的通信提供了一种极为方便的手段。通过建立起组织内部的社区,以讨论组、布告栏、技术信息库和 E-mail 等方式,让组织内部充分沟通,提高生产力和创造力。目前,Intranet 上的电子邮件产品将会使电子邮件的制作过程更为简单,可以方便地在邮件上附以文件、声音、图像和其他多媒体信息。

第三,改进用户界面。Intranet 的用户界面简单、直观、一致和友好。Intranet 技术的发展十分迅速,目前已有的工具,特别是 HTML 可大大改善人机界面。利用 HTML,可以按设计者的想象制作出令最终用户感觉满意的人机界面。用鼠标点击超级链接点,不仅可使用户进入另外一张 Web 主页,而且还可以使报警器振铃或者使计算机完成某一动作。

3. 基于 Extranet 的政府外网及其作用

Extranet 是一种新的网络设计方案。简单的理解是 Extranet 是 Intranet 的扩充,它允许来自防火墙外部的访问。或者说 Extranet 就是一种跨越整个组织边界的网络,它赋予外部访问者访问该组织内部网络的信息和资源的能力。通过 Extranet 可以把政府内部的 Web 应用程序扩大到各协作部门或用户处。让其用户和各协作部门获取以前只供内部网上的职员使用的重要信息。图 4-2 所示椭圆形虚线表示的部分即构成了组织的 Extranet。

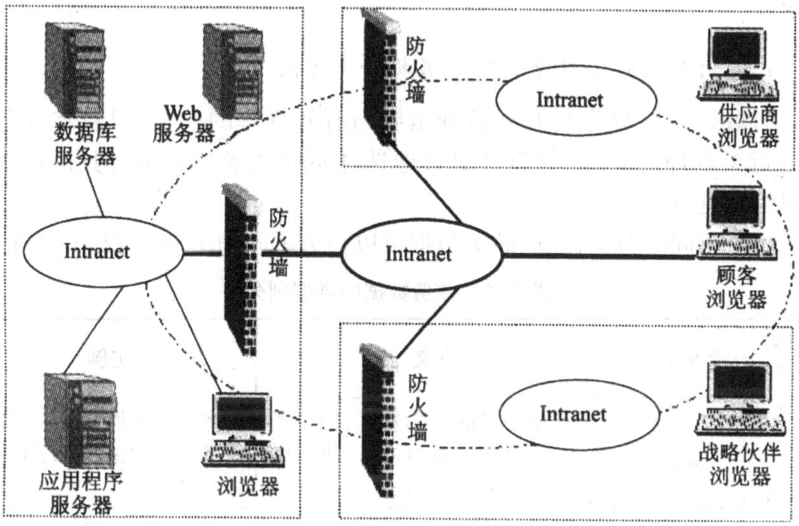

图 4-2 Extranet 构成图

建立一个 Extranet 所遇到的问题与建立 Intranet 所遇到的问题不同。对 Intranet 来说,最主要的问题是政府内部部署的问题。无论什么情况,安全问题总是第一位,它要求信息系统管理人员在关键数据泄露给外部网之前,采取终止措施。而对 Extranet 来说,最主要的却是保证核心数据安全地平衡运行的同时,扩大对网络访问的范围。建立政府外部网除技术设计外,主要问题是部门之间的协调,各部门必须确定它们需要用

Extranet 做什么。

当前政府外部网建设中存在的问题仍然很多。例如,能够应用的政府外部网仍很少;缺少政府外部网的产品销售商;没有可供政府购买的能够建立政府外部网的集成工具包;政府部门对接受和使用政府外部网应用程序缺乏积极态度等等。

4.1.2 政府公共服务电子化中的数据处理技术

各级政府部门在业务活动中,无论是信息发布,还是业务应用,都要对各类业务数据进行处理。如何有效地处理这些数据对于政府部门来说至关重要。对于政府用户来说,所需处理的数据内容来源广泛,既有办公文档数据,又有应用系统数据以及其他业务管理数据,这些数据有专业的采集工具来采集或利用信息系统来获取,之后再进行合理的分类和有效的组织。

下面介绍一下政府公共服务电子化中的数据分类方法和数据组织体系。

1. 政府公共服务电子化中的数据分类方法

对数据进行分类是开展数据组织与有效管理的前提,只有将政务数据进行了合理分类,才能有针对性地选择不同技术与方法对其进行有效的组织与处理。

按照不同的分类依据,政务数据可以分为不同的类型,如表 4-1 所示。

表 4-1　政务数据的类型划分

分类依据	类型名称	含义	实例
数据结构类型	结构化数据	具有较明显的结构特征,同一类数据的属性一致,可以二维表的形式表示数据的集合	公务员人事档案数据、税务部门税收数据、统计部门统计数据等
	非结构化数据	主要通过大量的文字、图形、表格甚至视频材料等表示,其数据大小、长短不一,占用磁盘空间不等,数据内容的表示方式多样	各部门的计划、报告、总结、政策法规、社会经济发展分析等文字、图片、表格材料
数据公开程度	公开数据	通过外网公布的数据。此类数据可能通过国际互联网向社会公众开放,为公众服务	政府的一般文件、各种规定、通知公告、政府采购、项目招标

续表

分类依据	类型名称	含义	实例
	内部数据	通过内网发布的数据。此类数据只在政府内部网络上发布和使用，主要包括大量的涉密信息，是为各级政府、部门、领导和政府工作人员服务的，以满足其办公业务需要	政府内部公文交换处理、电子邮件、内部信息发布、CA身份认证、各单位专用办公自动化、电视电话会议等系统中的数据
数据关联程度	内部关联数据	一般只在部门系统内部使用，不需要也没有必要与外界其他数据发生联系	部门内部人事考勤、值班表、奖金分配、劳务费发放等数据
	纵向关联数据	这类数据与政府上下级数据之间有着密切的关系，而且属于中间层的数据往往起着承上启下的作用	省市级的许多统计报告数据往往由下级政府部门提供，经过汇总后再上报中央政府相关部门
	横向关联数据	这类数据在一个地区范围内，在相关政府部门之间有着密切的联系	如：一个地区的经济发展统计数据需要对政府系统内许多部门的数据进行汇总而得出

2. 政府公共服务电子化中的数据组织体系

作为政府部门的数据组织体系，它包括两个方面：一是政府内部的数据组织体系；二是与社会共享的政府外部数据组织体系。两者在信息的产生、传递和发布等方面均有各自的特点和作用范围。

第一，政府内部业务数据的组织体系。各级政府部门的办公自动化不仅仅包括各自内部的业务数据信息的交互，还包括纵向的数据信息交互和横向的数据信息交互。在横向层面上，各部门将需要交互的数据传递给当地一级的数据信息交互中心，并通过当地的数据信息交互中心与当地政府或其他部门进行数据信息交换；在纵向层次上，各部门可以通过当地的数据信息交互中心与各级数据信息交互中心进行纵向数据信息交换。

第二，政府发布共享数据信息组织体系。政府对外发布的共享数据信息的生产组织形式可归纳为：各部门分别进行数据采集、加工、处理；本级政府数据信息中心进行数据信息的开发、审查和发布。即各部门分布式数据组织与处理和数据中心集中式控制与发布相结合构成了政府发布共享数据信息的组织体系。政府各职能业务部门分别采集数据，并进行初步的加工和存储，然后将这些数据信息传送到本级政府数据发布中心汇总,集中进行深加工、处理、开发、制作,经过政府部门的统一审查后,在数据发布中心集中发布。

总之,政府发布共享数据时,通过本级政府各职能部门和数据发布中心的分工合作、各负其责、统一控制等措施,确保对外数据信息的有效组织和高质量、权威性的发布。

4.1.3 政府公共服务电子化中的数据仓库技术

对于政府公共服务电子化来说,涉及大量的数据,而且数据种类繁多、分布广泛、应用方式复杂、既有的数据库结构差异大,这就需要根据应用的特征建立有效的数据结构,选择合理的数据库技术,以便有效地提升电子政务中数据的处理效率和利用能力。数据库技术、数据仓库、数据挖掘等技术的应用不仅加快了政府部门信息处理的速度,也提高了数据应用的质量。

1. 数据仓库的产生

数据库在电子政务中的应用是非常广泛的,它主要应用于联机的事务处理和批处理。比如文件管理、人事档案管理、工资管理、税务登记管理等。可以非常方便地进行一个或者一组数据的查询、修改、调用等。可以说整个20世纪80年代直到90年代初,联机事务处理一直是数据库应用的主流。然而,应用在不断地进步。当联机事务处理系统应用到一定阶段后,用户便发现单靠拥有联机事务处理已经不足以获得市场竞争的优势,而需要对其自身业务的运作以及整个市场相关行业的情况进行分析,才能做出有利的决策。这种决策需要对大量的业务数据特别是历史业务数据进行分析才能得到。这种基于业务数据的决策分析,人们把它称为联机分析处理。如果说传统联机事务处理强调的是更新数据库——向数据库中添加信息,那么联机分析处理就是从数据库中获取信息、利用信息。

事实上,将大量的业务数据应用于分析和统计原本是一个非常简单和自然的想法。但在实际操作中,人们却发现要获得有用的信息并非想象的那么容易,30年前查询不到数据是因为数据太少了,而今天查询不到数据是因为数据太多了。大量的数据分散在异构的环境中,许多历史数据处于脱机状态下,数据的格式和描述方式并不适合非计算机专业人员进行业务上的分析和查询等操作,使得传统的数据库系统在事务型(操作型)处理方面有很强的能力,而分析型处理能力则较差。因为在信息系统中,数据往往放在不同的数据库系统中,这样就使得数据难以收集。

为了收集这些来自于许多不同业务数据库的信息，以便用于支持组织的分析活动和决策任务，人们提出了数据仓库的概念。

2. 数据仓库的含义与特征

所谓数据仓库，就是面向主题的、集成的、不可更新的、随时间不断变化的数据集合，它用以支持经营管理中的决策制定过程。数据仓库具有以下几个特征。

（1）主题性。数据仓库中的数据是面向主题的，与传统数据库中的面向应用相对应。

（2）集成性。集成特性是指在数据进入数据仓库之前，必须经过数据加工和集成。它能够统一原始数据中的矛盾之处，还能够将原始数据结构从面向应用向面向主题转变。

（3）稳定性。数据仓库的稳定性是指数据仓库反映的是历史数据的内容，而不是日常事务处理产生的数据，数据经加工和集成进入数据仓库后是极少或根本不修改的。

（4）随时间变化。数据仓库是不同时间的数据集合，它要求数据仓库中的数据保存时限能满足进行决策分析的需要，而且数据仓库中的数据都要标明该数据的时间属性。

需要指出的是，数据仓库中的数据并不是最新的、专有的，而是来源于其他数据库的。数据仓库的建立并不是要取代数据库，而是要建立在一个较全面和完善的信息应用的基础上，用于支持高层决策分析，原有的事务处理数据库在总体数据环境中则承担的是日常基础业务的处理任务。数据仓库是数据库技术的一种新的应用，而且到目前为止，数据仓库大部分还是用关系数据库管理系统来管理其中的数据。

3. 数据仓库的体系结构

数据仓库将各种数据从不同的数据源提取出来，然后把这些数据转换成公共的数据模型，并和仓库中已有的数据集成在一起。当用户向仓库进行查询时，需要的信息已经准备好了，数据冲突、表达不一致等问题已经得到了解决。这使得决策查询更容易、更有效。

下面的图 4-3 显示了数据仓库系统的基本体系结构图，可以看出该体系结构包含三个不同层次：底层是数据源。它不但指那些常见的数据库，也包括文本文件、HTML 文件、知识库以及其他各种数据源；向上是数据仓库层和数据仓库工具层；最上层是最终用户。

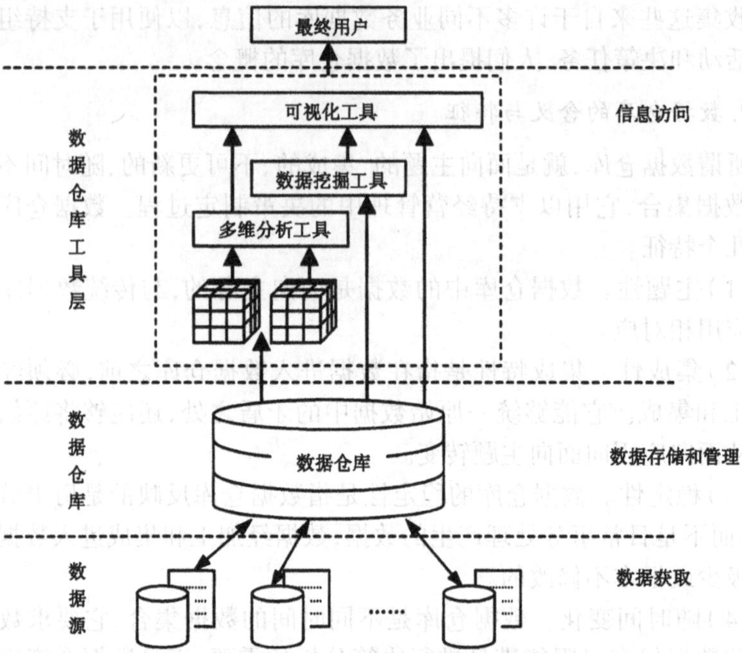

图 4–3 数据仓库系统的体系结构

从图 4–3 右边可以看出，上述三个层次分别对应着数据获取、数据存储和管理以及信息访问三个基本功能。下面将这三个基本功能介绍如下。

（1）数据获取。

数据获取是数据进入仓库的入口，这个部分负责从外部数据源获取数据。由于数据仓库是一个独立的数据环境，它需要通过抽取过程将数据从联机的事务处理系统、外部数据源、脱机的数据存储介质中导入数据仓库中，这个导入的过程被称为数据抽取。经过这一过程，数据被区分出来，经过提取、清洁、转换、聚集等步骤得到集成和综合的数据，载入数据仓库。数据抽取在技术上主要涉及互联、复制、增量、转换、调度和监控等。

（2）数据存储和管理。

这个部分负责数据仓库的内部维护和管理，提供的服务包括数据存储的组织、数据的维护、数据的分发、数据仓库的例行维护等。数据仓库的组织管理方式决定了它有别于传统的数据库，同时也决定了其对外部数据的表现形式。在实际应用中，比较常见的数据组织形式包括简单堆积文件、轮转综合文件、简化直接文件和连续文件几种。

（3）信息访问。

信息访问部分属于数据仓库的前端，面向不同种类的最终用户，这里主要由桌面系统的各种工具组成。数据仓库的最终用户在这里提取信息、分析数据集、实施决策,从而渴望取得竞争优势。进行数据访问的软件工具主要是可视化工具、多维分析工具和数据采掘工具等,这也是工具制造商们竞相争夺的领域。新的发展趋势是把信息访问工具紧密集成到数据仓库系统中。

4. 数据仓库在电子政务中的应用

各级党政机关决策所需的数据来自社会的各个领域,是一种典型的多维数据。联机分析处理技术以多方位、多视角地从多维数据中获取用户所需的辅助决策分析数据。例如,在电子政务系统中将数据抽取和转换后,加载到数据仓库中,采用数据更新技术,使得在数据发生变化时,数据仓库得到动态实时的更新;数据仓库中的数据会针对分析需求建立存储和索引机制,以提高系统分析、统计的效率。在数据仓库的基础上,使用多维分析工具创建多维数据集,多角度、多层次地对系统的各个指标进行分析。

电子政务中的决策系统建立在电子政务平台基础上,通过对政务数据进行定性和定量分析,为高层管理者提供决策信息。决策支持系统是综合利用各种数据、信息和模型技术的信息处理系统。决策支持系统建立在大量的数据基础上,利用各种模型及技术对数据进行分析,从而为决策者提供及时、准确、科学的决策信息,解决半结构化或结构化决策问题。电子政务的决策系统体系结构包括三个主体:政务决策模型库、政务数据仓库、数据分析与挖掘工具。在进行决策分析时,需要有全面、正确的来自政府各部门及外部的集成数据。在传统的数据库中,只存储了本部门的事务处理数据,并且缺乏历史数据,因此,决策支持系统无法根据历史数据对未来发展做出预测。数据仓库的出现解决了决策支持系统缺乏数据环境的问题。数据仓库面向信息的分析处理,按照主题组织当前的和历史数据,对数据按一定级别汇总后进行存储。

电子政务中的政务数据资源具有复杂多样性,同一部门的很多数据库都是分散异构的,并且在网络环境下存在很多非结构化或半结构化数据,如很多公文是以表格形式存在的。在电子政务的应用系统运行过程中,也会产生大量的有价值的数据。按照宏观领域或某一决策问题建立主题,利用数据抽取工具,把政务数据从日常运行环境中分离出来,经净化、清理、转换、汇总,形成电子政务数据仓库,如公文处理数据仓库,政策数据仓库等,用于预测发展趋势,辅助决策分析。

当数据仓库技术用于电子政务的数据分析时,可以首先选择那些能产生较高经济价值的领域系统,如税收、灾害预警、劳动保险管理系统等,以降低成本,减少财政支出,提高效率。数据仓库为有效支持用户管理决策提供了全局一致的数据环境，高效地利用这些数据需要一些决策分析工具，如联机分析处理以及下面将介绍的数据挖掘等。

4.1.4 政府公共服务电子化中的数据挖掘技术

数据仓库为数据挖掘提供了更广阔的活动空间。随着数据仓库技术的发展，加上使用先进的自动数据生成和采集工具，大量的数据已经被集成和预处理，由于数据仓库中数据的高质量和可用信息处理设施的存在，在数据仓库中进行复杂的数据分析研究成为可能，于是基于大型数据仓库的数据挖掘技术的研究也得到了空前的重视。

1. 数据挖掘技术的含义

从技术角度看，数据挖掘（Data Mining，缩写为DM）就是从大量的、不完全的、有噪声的、模糊的、随机的实际数据中，提取隐含在其中的、人们事先不知道的、但又是潜在有用的信息和知识的过程。从管理角度看，数据挖掘就是按既定业务目标，对大量的数据进行深层次分析以揭示隐藏的、未知的规律性并将其模型化，从而支持决策活动。

2. 网络数据挖掘的基本知识

所谓网络数据挖掘，也叫Web挖掘，就是利用数据挖掘技术，自动地从网络文档以及服务中发现和抽取信息的过程。网络数据挖掘包括四个步骤，分别是：确定业务对象、作好数据准备、模式规则识别和挖掘结果分析。根据不同的网络数据挖掘对象，人们将网络数据挖掘分为网络内容挖掘、网络结构挖掘以及网络用法挖掘。

随着因特网的快速发展，Web挖掘的应用将会越来越广泛。美国麻省理工学院的《科技评论》杂志提出未来5年对人类产生重大影响的10大新兴技术，“数据挖掘”位居第三。Web挖掘技术从一开始就是面向应用的。由于现在各行业的业务操作都向着流程自动化的方向发展，大多开始采用线上交易方式，企业内产生了大量的业务数据，Web挖掘的应用成为高层次数据分析和决策支持的骨干技术。

目前，Web挖掘已经成功应用到很多领域，诸如银行、电信、保险、交通、网络零售、电子政务、电子商务、客户关系管理、网络广告分析等。

3. 网络数据挖掘在电子政务中的应用

将网络数据挖掘技术引入电子政务中，可以大大提高政府信息化水平，促进整个社会的信息化。其具体作用主要体现在以下几个方面。

（1）政府的电子贸易。在服务器以及浏览器端日志记录的数据中隐藏着模式信息，运用网络用法挖掘技术可以自动发现系统的访问模式和用户的行为模式，从而进行预测分析。例如，通过评价用户对某一信息资源浏览所花费的时间，可以判断出用户对何种资源感兴趣；对日志文件所收集到的域名数据，根据国家或类型进行分类分析；应用聚类分析来识别用户的访问动机和访问趋势等。这项技术已经有效地运用在政府电子贸易中。

（2）有助于网站设计。通过对网站内容的挖掘，主要是对文本内容的挖掘，可以有效地组织网站信息，如采用自动归类技术实现网站信息的层次性组织；同时可以结合对用户访问日志记录信息的挖掘，把握用户的兴趣，从而有助于开展网站信息推送服务以及个人信息的定制服务，吸引更多的用户。

（3）搜索引擎优化。网络数据挖掘是目前网络信息检索发展的一个关键。如通过对网页内容挖掘，可以实现对网页的聚类、分类，实现网络信息的分类浏览与检索；同时，通过对用户所使用的提问式的历史记录的分析，可以有效地进行提问扩展，提高用户的检索效果；另外，运用网络内容挖掘技术改进关键词加权算法，提高网络信息的标引准确度，从而改善检索效果。这对提高政府部门外部网站的服务优化和效果改善具有重要价值。

（4）提供决策支持。网络数据挖掘可以为政府重大政策出台提供决策支持。如通过对网络各种经济资源的挖掘，确定未来经济的走势，从而制定出相应的宏观经济调控政策。

从世界范围来看，电子政务并未真正得以实现。随着电子政务和网络用户对高品质、个性化的信息需求的不断扩大，将对网络数据挖掘技术提出更高的要求，推动这一技术不断地发展与完善，更好地为电子政务服务，从而提高全球的信息化水平。

4.1.5 政府公共服务电子化中的网站建设技术

政府网站是政府开展网上办公的基础设施，是实施电子政务的政府机构之间、政府与公民之间、政府与企业之间的交互界面，是电子政务网上集成办公系统运转的表现平台。

1. 电子政务网站的组成

电子政务网站是由硬件、软件、内容、人员和处理构成的一个综合体。硬件包括服务器、计算机、网络连接设备和传输介质等；软件包括网页制作和发布工具、动画素材制作软件、网页开发语言、数据库管理系统等；

内容是指刚站所提供的信息资源、服务项目、各种政务处理功能等；人员包括网站的建设者、使用者和维护者；处理是指为实现网站服务项目和具体功能的应用程序处理逻辑，包括前台信息输入、后台存取、交互式访问等。

2. 电子政务网站的作用

电子政务网站是政府在网络中的门户，通过在互联网上建立各级政府机构各具特色的政府网站，一方面可以提高政府的工作透明度，降低办公费用，提高办公效率，大幅度提高政府工作人员的信息化水平；另一方面可以将各级政府站点建设成为便民服务的“窗口”，帮助公民实现足不出户完成与政府各部门的办事程序，实现政府部门之间、政府与社会各界之间的信息互通，最终为构建“电子政府”打下坚实的基础。

具体说来，电子政务网站的作用包括以下几点。

（1）电子政务网站是转变政府职能，体现政务服务的重要手段。

电子政务网站是推进政府职能转变，促进社会民主和政务公开，保障公民知情权的重要手段和有效渠道。政府通过在网站上开展调查、设立电子信箱可以更直接地了解社会公众的心声，从而更好地为制定政策法规、处理公共事务提供决策辅助和服务。

（2）电子政务网站是展示政府形象，传承地方文化的重要窗口。

电子政务网站能将政府形象、地区情况及当地的经济、历史、文化发展和风土人情等方面的信息展示给社会公众。电子政务网站是当地人民、外地游客、国内外客商和投资者了解、认识当地政府的宣传阵地，是传承民族和地方的文化特色、历史积淀的重要载体。

（3）电子政务网站是公开信息资源发布、检索和利用的场所。

电子政务网站是公布政策法规，发布信息资源的有效途径。政府通过网站提供的公共信息服务具有受众面广泛、信息范围广、种类多、实时性强、效率高、获取方便等优点。同时，由于政府形象本身具有的权威、严肃和公正的特点，使得电子政务网站相对于其他性质的网站来说，其信息质量、可信度更高。

（4）电子政务网站是处理政府事务和公共事务的网上办公室。

政府对于网络技术的应用，并非只限于开设几个发布信息的网站，而是真正将网站作为处理办公事务的场所。政府工作人员通过政务网站这个平台，既可以完成政府机关内部的各项事务处理功能，还可以向企业和公众开办诸如纳税申报、项目审批等服务项目。可以通过网站平台，简化办事环节，提高办事效率，真正实现政府和公众的良好互动。

（5）电子政务网站是政府开展电子商务活动的平台。

政府是公共物品的生产者和提供者，代表国家管理国有资产，负责国家重点项目工程建设。由于建设、管理和办公的需要，政府需要采购各种相关设备、材料和服务。通过电子政务网站进行公开招标、评标和定标，可以增加政府采购的透明度，有利于杜绝暗箱操作和贪污腐败等行为，并有助于我国电子商务的健康、快速、持续、稳定地发展。

3. 电子政务网站的类型划分

按照不同的分类依据，对电子政务网站可以进行多种不同类型的划分。

（1）按照网站的角色和定位分类。

按照网站的角色和定位，可以将电子政务网站分为基本型和门户型两种。

基本型电子政务网站是由某一个政府机关建设和所有的网站。基本型网站的特点是仅提供与某个特定政府机关相关的信息，仅在该网站所有者的职权范围内开展网上业务。这种站点往往比较分散，对横向、纵向的政府机构网站的链接比较少。

门户型网站提供整个行业或地区的相关政务网站的有机联系，是用户信息访问和网上办事的直接入口。门户网站一般由某个上层机构牵头建设和负责协调管理。用户以门户网站为起点，查询、获取相关的信息和服务，这些信息和服务往往由多个不同的政府机构提供。门户型网站信息集成度高，其建设和开发需要多个政府部门的业务协调和资源整合，开发难度相对较大根据所指向政府网站的相关性。门户网站又分为垂直型和平行型两种。垂直型又称为纵向型，是某一职能管理系统建设的一种实现系统内垂直管理的门户网站，如中国商务部网站（http://www.mofcom.gov.cn）；平行型又称为横向型，主要面向某行政区划内有关政务网站，如首都之窗（http://www.beijing.gov.cn）。

（2）按照网站信息交互的功能分类。

按照网站信息交互的功能，可分为信息发布型、单项互动型和双项互动型。

信息发布型是电子政务发展起步阶段较为普遍的一种电子政务网站形式。这种网站以宣传和介绍与政府有关的，或者是政府所拥有的各种信息为主，实际上就是纸质宣传册的电子版或网络版。这种类型的网站建设价格低廉，缺少信息互动。

单向互动型网站中政府处于主动的一方，信息处理大都是从政府传向用户，缺少双向互动。单向互动型网站除了发布信息之外，还向用户提供多种形式的服务，只是服务过程中没有互动反馈机制。单向互动型网站典型的服务项目是网上表格下载，包括报税表、企业注册登记表、项目审批申请表、公民出国护照申请表等。

双向互动型网站是电子政务网站的最佳形式，可以实现政府与用户的双向互动处理。用户除了浏览、查询信息之外，还可以向政务网站发送和反馈信息。比如将填写好的企业注册登记表、项目审批申请表等直接地以数字化方式在线地传递给网站系统。典型的双向互动型网站能提供所谓的“一站式”“一网式”服务，它实际上是门户型网站和互动型网站的结合。“一站式”服务充分考虑了用户的需要，简化办事手续和办公流程，提高办事效率和服务水平。这种网站的构建往往比较复杂，投入也比较高。

（3）按照网站用户的情况分类。

按照电子政务网站用户的情况，可将其分为外部网站、内部网站和内外集成型网站。

外部网站就是一般意义上的由政府在因特网上开通的面向政府外部人员的网站。外部网站主要面向社会公众，其作为宣传介绍的意味比较大。

内部网站是与政府内部办公系统相对应，将所有办公应用集成到一起的面向政府内部人员使用，侧重于内部服务，不面向外部人员，属于“内网”建设的范畴。

在内外集成型网站中，内部用户和外部用户访问的是相同地址的网站，但权限分配不同，处理的网站页面也不同。它更强调信息共享和及时处理。电子政务网站内部用户和外部用户是服务与被服务的关系，二者有许多信息可以共事并直接处理。

（4）按照网站实现的技术方式分类。

按照网站实现的技术方式，可以将电子政务网站分为自主建设式、外包式、联合式以及自主管理、服务器托管和虚拟主机等方式。

根据开发实施队伍的来源构成，电子政务网站可以分为自主建设式、外包式和联合式。自主建设是指由政府机构自己的技术人员独立完成网站的开发和建设，外包是指委托给第三方技术公司开发。比较好的模式是联合，即技术实现上外包，管理、维护上自主。

根据网站服务器存放的位置，电子政务网站还可以分为自主管理、服务器托管和虚拟主机等方式。自主管理即由政府部门自己进行服务器的管理、配置和维护。服务器托管是指将服务器软硬件系统委托给技术公司管理和维护。虚拟主机方式即通过 ISP 服务商的网站服务器空间以租用的形式存放网站。

4.电子政务网站的内容设计

整体而言,电子政务网站大体上应该包括以下内容。

(1)一般信息。指一般网站都应该具有的网站介绍、站点地图、联系方式、常见问题解答、搜索工具、公告新闻、友情链接等网站基本信息。

(2)部门信息。介绍本部门的一些信息,包括部门简介、部门设置及职能、部门领导介绍、部门公告、部门统计资料、部门的法律法规、部门出版物、部门行业协会等。

(3)自然信息。各级地方政府的网站应该介绍所在地的一些自然信息,包括地理位置、地形地貌、行政区划、自然资源、气象信息等。

(4)人文信息。各级地方政府的网站应该介绍所在地的一些人文信息,包括历史人物、地方文化、地方史志、民族风情、宗教、名胜古迹等。

(5)经济信息。各级地方政府的Web网站应该介绍所在地的一些经贸信息,包括经济政策、法律和法规、优惠政策、重点企业、经济发展规划、在建项目等等。

5.电子政务网站的形象设计

政府网站不同于一般的商业网站,政府网站的形象设计应该遵循统一的功能图表、统一的项目符号、统一的网站风格和统一的网站背景等原则。

(1)布局的设计。对于网站的形象而言,最为关键的是布局效果。网页布局采用的主要技术是HTML的表格和框架。首先定义网站网页的结构和组织的布局网格,然后构造设计框架。布局网格和框架一起构成了页面的模型,这就是模板,保证了网站的风格统一。

(2)主题图片和子图片的设计。一般来说,政府网站不要像各种商业网站一样有各种各样的华丽图片,更不要作各种弹出式广告。不过,优秀的政府网站必须在主页上有个网站标志图片(Logo),同时在不同的栏目中有与之呼应的旗帜图片(Banner)。

(3)字体的设计。合适的字体对于网站而言也相当重要的。在政府网站的字体设计中应该注意三个问题:一是同一张网页中尽量不要出现两种不同的字体;二是保证所有的浏览器都支持这种字体;三是要考虑不同用户需求,要提供一些外文版、繁体版页面字体。

(4)导航按钮的设计。导航按钮可以保证用户明确自己在网站的相对位置,以避免用户迷失在网络中。对于导航按钮,必须做到:第一,在网站的每一个页面都要出现;第二,尽量使导航元素在5 ~ 7个之间;第三，如果采用图表作为导航按钮，则必须有相应的文字说明；第四，当前页面所对应的导航按钮应该变成灰色，突出显示或者以其他方式表示，以区别于其他导航按钮。

6. 电子政务网站的发展特点

当前，随着电子政务的不断开展，电子政务网站的建设将不断地呈现出以下特点。

（1）内容服务由静态信息公布向动态信息发布、信息查询方向发展。

人们访问政府网站逐渐不再满足于看看政府组成，了解一下办事程序，还希望看到实时性强的政府信息，更希望能够自主查询所需信息。这促使政府网站的服务内容向多元化方向发展。在公布信息中，动态信息有了大幅度的提升，当信息量比较大时，允许用户从多个角度进行检索。

（2）便民服务成为政府网站建设的焦点。

政府网站是政府与公众联系的中介，它是政府对外服务的工具，具有很强的对外服务性。网站为民众想得越多，网民的支持率和满意度就会越高，这就促使便民服务成为政府网站建设的焦点。很多国家和地区的政府网站都将与百姓生活密切相关的信息和服务功能优先上网并予以积极改进，包括各类证件审批、医疗信息、环保信息、商品质量信息等。比如在新加坡政府的中心站点上，用户可以查到新加坡任意一个注册医生及其诊所，这为公民的寻医问药提供了极大的方便；在美国政府网上甚至可以查询各地的保姆供需情况。

（3）网站由独立的系统向集成化政务系统的组成部分发展。

政府网站是电子政务建设的一个组成部分，是政务系统内外交接的环节，是电子政务取得成效的基础。因此，不应将网站只看成是一个相对独立的公布信息的工具，而应将它作为政府机关工作的有机组成部分。对于提供网上办公功能的网站，其收集来的用户数据将参与到政府部门整个信息流之中。因此，需要将政府网站与整个政务信息系统相互连接，建设统一的集成化的电子政务系统。为此，需要统一设计和管理网站数据库和政务信息系统数据库，应用统一的安全支撑平台（如公钥基础设施PKI），整合相关的工作流和信息流。英国已于 2001 年 1 月启动政府的网关，该网关把公民网站、商业和部门网站与政府的办公室系统等安全地连接在一起，提供实时“无缝”服务。

（4）“一站式”网站将成为未来发展重点。

部门林立、条块分割、等级森严、办事手续烦琐可能是公民对传统政府的印象。在公众心目中，最理想的同政府打交道的方式是不需了解政府各部门的职能划分，不需了解某件事应由政府哪个部门负责，希望在某一个窗口上一次完成，这便是一站式网站出现的动因。它为用户提供了统一的界面，人们无须了解政府组织的复杂结构和关系，也不需要知道哪类服务该向哪个部门要求，网站会把用户带到有关单位，用户不必为一件事分别登录多个政府网站。一站式网站与各政务内网的安全连接和集成，便形成了基于一站式服务框架的电子政务系统，这被誉为“电子政务系统建设的最终目标”。

（5）由政府独立运营向多方合作运营转变。

网站的建设是一项长期的工作，需要专门人员维护和进一步开发，需要适时进行软硬件升级。如果这些费用全部都由政府机关负担的话，可能会给其造成较大压力。因此各政府机关都在不同程度地谋求其他方面的帮助，比如将工作外包、建立联盟、与私营公司建立合作等。例如：美国波士顿市在建设网站期间与日本日立公司签订合同，由日立免费提供价值 20 万美元的硬件设备，网站则为日立提供显著的广告位置。由于资金充足，波士顿市政府配置了 6 名全职技术人员维护网站，使得该网站的服务内容、技术水平以及用户界面等各方面在全美城市网站中名列前茅。

（6）政府网站建设与技术进步、政府改革、法规标准建设等支撑环境互动。

政府网站所能提供的所有信息和服务都基于现有技术成果、政府职能框架、法规标准的支持，后者构成政府网站建立和运行的支撑环境。一方面，支撑环境为政府网站提供生存和发展的土壤，也会限制功能实现的程度；另一方面，政府网站会受到环境的约束，也会对其功能的完善提出新要求。因此，两者之间有一个互相促进、彼此推动的互动关系。

7. 电子政务网站建设的流程

总体来讲，电子政务网站建设包括网站的规划与分析、网站的“前台”建设、网站的“后台”建设以及网站的测试和推广四个主要环节，其中每一环节均有明确的任务。

（1）网站规划与需求分析阶段。

本阶段的任务是定义构建政府网站的目的，进行需求的可行性分析。需求的可行性分析包括技术可行性分析、经济可行性分析和组织人员可行性分析三个方面。技术可行性分析主要是指构建与运行政府 Web 网站所必需的硬件、软件及相关技术对电子政务业务流程的支撑分析；经济可行性分析主要是指构建与运行网站的投入与产出；组织人员可行性分析主要是指保证网站构建与运行所需要的人力资源以及组织设计和管理制度的分析。

（2）网站“前台”建设阶段。

网站“前台”是指访问者浏览网站时能够看到的全部内容。网站“前台”建设阶段的任务是网站结构的设计、网站内容的设计和网站可视化设计。网站的结构设计主要确定网站的栏目以及栏目之间的链接；网站内容设计主要包括网站的介绍、站点地图、联系方式、查询工具、问题解答等；网站可视化设计主要确定主页的设计、图片的设计、导航按钮的设计、字体格式的设计、背景的设计等内容。

（3）网站“后台”建设阶段。

网站“后台”是指为了更好地为访问者服务而构建的网站管理系统，主要包括文件管理系统、客户管理系统和在线管理系统。网站“后台”建设阶段的任务就是建立这些管理系统。建立文件管理系统可以帮助管理网站的 HTML 文件；建立客户管理系统可以帮助政府了解、掌握网站的使用者，更好地为网站的使用者服务；建立在线管理系统可以帮助管理网站，也可以在线回答社会公众的提问。

（4）网站测试和推广阶段。

本阶段的任务是网站系统运行调整和网站的推广。网站测试主要测试网站是否达到设计要求（如打开时间、网页内容、网络的可视化等），是否存在死链、空链和环链等；网站的推广主要是指尽可能地让政府工作人员和社会公众知道、熟悉和使用网站。

8．电子政务网站的管理与维护

电子政务网站建成后，不管其规模大小都不能一劳永逸，网站的全面管理和不断维护更新是网站高效运行的前提和保障。需要说明的是，目前我国很多政府机构在网站管理和维护方面投入力量不足，重“网站的建设和开通”而轻“网站的维护管理”的现象屡见不鲜，这里除了有经济因素外，更重要的是缺乏管理和维护意识。

（1）网站管理与维护的含义。

政府网站管理与维护是指对网站输入和输出的信息流以及流动方向进行管理和监控，以保证政府网上行政事务处理安全顺利地进行，并确保网站内容的完整性和一致性，从而为电子政务的运作提供支持。政府网站管理和维护的目的是保证应用软件正常运行，管理与维护数据库数据，及时更新网页内容以及数据的录入、删除、修改、上传和下载等。

一个管理有序、维护及时的政府网站，将会提高政府工作效率，促进政府职能转变和机构重组，提高公众和企业的参与度，从而推动社会的全面发展。

（2）政府网站管理与维护的模式。

不同规模政府网站的管理与维护采取不同模式主要有以下三种。

第一种，数据库支持模式。该模式是指根据数据库存储内容，采用模板技术，用程序自动生成网页，其特点是内容、样式改变较易，页面多样，但层次结构不易经常变更，可支持点击量低，仅仅是一个内容发布系统。该模式适用于中小规模的政府网站。

第二种，页面生成模式。该模式是指对数据库存储内容，采用编程语言将网站页面模板独立出来，用数据库中的数据与程序中指定的数据结合起来，生成用户浏览的静态页面。该模式适合于高访问量的政府网站管理方式。

第三种，智能结构模式。这是网站管理的最高模式，它能够实现对网站全面、系统的综合管理。该模式将数据库存储内容结构化，并配备完善的流程管理和远程办公功能来保证信息的来源和质量，通过智能化工具，提供各种关键的索引和目标定位，提供与信息内容相关的政务信息，并且能自动实施网站的管理、调度和重构，还能动态发布消息。

（3）政府网站管理与维护的内容。

从政府网站应用目的角度来看，政府网站管理与维护主要包括以下内容。

第一，文件管理。文件管理是指对构成网站资源应用进行的文件管理，以及支持政府内部和公众服务之间信息往来的文件传输系统和邮件服务系统的管理。政府网站的资源由服务器端网页代码文件和其他各类资源组成。一般来说，文件管理包括网站文件的组织、网站数据备份、网站数据恢复和网站垃圾清理等。

第二，网站内容管理。网站内容管理是基于业务应用层的管理，即面向电子政务活动中的具体业务而进行的输入和输出信息流的内容管理。网站内容管理是网站管理的核心，是保证政府网站高效、有序运行的基本手段。

第三，网站综合管理。网站综合管理是指对网站提供个性化服务的管理等方面的要求，主要是对网站运行平台的管理、网站统计管理和网上办公业务的管理。

第四，网站安全管理。政府网站的安全是网站可靠运行并有效开展网上办公业务活动的基础和保证，网站安全管理贯穿于网站的文件管理、内容管理、综合管理三个层次上。网站安全管理主要包括分析网站安全威胁的来源，并采取相应的措施。网站安全和网络安全、信息系统安全需要总体设计、分步实施。

4.1.6 政府公共服务电子化中的协同办公技术

1. 协同办公的含义和组成要素

协同(Collaboration)是20世纪90年代末期兴起的管理思想。“协同办公”的最基本含义是多个人在一起协同工作,也就是多人相互配合完成同一目标。真正的协同,可以团结更多的力量,产生巨大的效应。例如:Linux开发本身就是一种典型的协同开发模式。

协同办公中的协同并不是指一个简单的人与人之间的一种信息交换的过程。它应该包含四个重要的概念,第一个叫作人员协同,就是人跟人之间、团队跟团队之间如何通过信息的交换,同步其各种行为,完成既定的任务;第二是知识协同,也就是说如何去挖掘信息之间的一种关联,如何去很好地整合各种信息,把它们变成一种可再利用的知识资产;第三是应用协同,就是如何整合各种各样的应用,以人为中心,建立一个统一的、完整的应用平台;第四个叫作流程协同,就是如何在各个不同的环节流程之间,建立他们的联系,通过这种联系,去构造一个完整的应用体系,去实现现代化的协同办公模式。

协同办公的理论基础是计算机支持的协同工作,即CSCW(Computer Supported Cooperation Work),其基本概念是在计算机技术支持的环境下,多个用户为完成一项共同的任务而组成一个用户群,CSCW为这个用户群提供协同支持。一般来说,支持CSCW理念和过程的信息系统(多指软件系统)通常被称为群件(Groupware),其中业界比较知名的是基于IBM公司Lotus系统的相关应用。

在CSCW的概念系统中,有三个重要的要素,分别是通信、协作和协调。

(1)通信。它是CSCW的基础。小组的成员在地域上可能是分布的,小组之间的交流和通信自然也是分布的,因此网络及其通信是至关重要的。在一个复杂的任务中,小组之间合作中需要处理大量的多媒体信息和相关文件,这涉及繁杂的文件传输和数据控制,而计算机处理技术和通信技术结合起来可以帮助解决这个问题。

(2)协作。它是CSCW的形式。与通信相似,合作是小组活动的重要内容,而有效的合作要求人们必须共享信息。在群体活动中,任意一项活动都是多人合作完成的,因此就需要在这个由多人构成的群体中共享必要的信息。在现实中,许多任务都需要良好的共享环境,在这个环境中,可以在适当的时候通知群组的活动信息以及各个用户的活动。

(3)协调。它是CSCW的关键。当有不同的人或机构共同合作完成一个任务时,协调本身必不可少,这样基于协调的通信和合作需要得到加强。一个不能很好地进行协调的工作小组,它的成员之间势必会经常发生冲突和重复劳动。

基于活动方式、成员地域分布等因素,协同工作可分为不同的类别,如表 4 –2 所示。

表 4 –2　协同工作的不同类别划分

分类依据	划分类型
协作的活动方式	同步协作工作:群体成员在同一时间参与同一任务的协作
	异步协作工作:参与工作的成员在不同的时间进行同一任务的协作
成员的地域分布	同地协作:在同一地域或场地协作
	异地协作:在不同地域或场地协作
协作应用的目的	协同决策、协同设计、协同开发、协同办公、远程协作医疗等具体协作应用
协作的工具或环境	基于电子邮件系统的协作:以电子邮件作为联系工作实现协同工作
	基于群件技术的协作:以通讯录、日程、任务等群件技术作为协作运行环境
	基于共享数据库的协作:以各个单位的共享数据库作为协作运行环境

2. 电子政务中协同办公的迫切需求

办公人员在处理各种办公事务的时候,经常会用到四个方面的软件——名片、日程、文档、通信。在这四个看似简单的应用里面,它们互相之间会涉及频繁应用操作的相互整合,也涉及各种用户数据互相之间的关联和一致性的处理。同样,还会涉及人员之间的一种协作和数据的交换。由此得知,办公事务的处理,其实更需要一个协同的过程。

在电子政务中,政府在管理企业和公民的相关业务事务,需要不同部门、不同级别、不同地域的机构协同办公才能完成特定审批、核查等相关业务,这样使得办公的分散化和办公的协同成为电子政务发展的迫切需求之一,全球化、移动办公、远程办公等概念的出现和发展也加剧了这种需求。可以说,协同办公将成为电子政务的重要构成和未来发展的主要基础之一。由于缺乏协同办公的理念,以下一些问题已经变得非常突出。

(1)办公通信方式单调,各地通信网络条件有差异,无法及时处理事务。

(2)审批程序不及时,需要签章的各种申请、报告、合同用邮递方式在低效传递。

（3）更多的政府职能人员为了交流或核实相关的信息而需要参加各地举行的工作会议，不停的奔波，费时费力。

（4）尽管已建立了局域网环境下办公系统，但无法满足业务、人员分散变化的需要，管理流程僵化低效。

（5）大量机密信息只能通过外部 E-mail 传递，安全性令人担心。

（6）政府企业各分支机构资料库各自为政，无法及时交换数据，造成重复录入、资源浪费，并形成众多的信息孤岛。

（7）在事务处理过程中，主办人不在办公室或正在外地出差，无法得到支持。

这种背景下的一个典型的案例是：一个文件，驻外使馆已经看到了，但是相关部委却要 3 天后才看到，因为部委是用车传送文件，过多的环节，浪费时间并且影响效率。

在这种条件下，电子政务并未在真正意义上得以实现，相反，不少政府站点在规划建设、管理维护以及安全性方面还停留在较低的传统办公流程信息化的水平上，相关政府职能部门需要在政府网站的设计、审批、更新、流程管理等方面进行有效的调整和协调。

3. 电子政务中协同办公系统的功能要求

典型的电子政务中协同办公系统应该包括如下的一些基本功能。

（1）支持 Internet 与电子邮件功能。

电子邮件是群件最突出的功能之一，它在群件系统中起到信息传递的作用，同时也是群件应用的关键技术之一。电子邮件提供了按事务处理流程传送信息的功能。在一个办公自动化系统中通常包含了多个应用子系统，如发文、收文、信息服务、档案管理、活动安排、会议管理等，一个可能的支持协同工作的策略是将电子邮件信箱作为所有这些办公应用子系统的统一接口，每一个用户通过自己的电子邮件信箱就可以了解到需要处理的工作，这种设计思想，可以大大提高系统用户的友好性和易用性，减少培训的工作量。

（2）支持对大量复合文档型数据信息的处理。

电子政务所处理的政务数据与一般的结构化商务数据不同，大多是以文件、报表、信函、传真等非结构化的形式出现，如红头文件的收发文处理以及通报、简讯、报告、软件文档、信息服务、会议纪要、公告、工作计划、通知、大事记等，一些文档还包括文本、图形、图像、音频及视频等信息，因此办公自动化系统是典型的文档处理系统。这些区别于传统数据类型的信息，就是“非结构化数据”“复合文档数据”或“对象数据”。因此，电子政务的协同办公系统必须以文档数据库为核心，同时选择性地结合关系数据库。

（3）对工作流应用的支持。

政府办公，或电子政务的应用，如公文审批、各类申请等，都是以流程的形式，由发起者（如文件起草人）发起流程，经过本部门以及其他部门的处理（如签署、会签），最终到达流程的终点（如发出文件、归档入库）。在协作办公情况下，政府对特定事务的处理，需要打破单位界限，跨越不同部门、机构，发生于机关与机关的相关单位之间的协作，这时候的流程就比较复杂。在另一方面，由于社会的发展，政府对特定事务的处理方式与工作流程需要随需应变，其间参与的机构和人员及其工作方式也需要随时调整，因此也需要协同系统能够支持对工作流变革的需要。

（4）要具有良好的安全性。

这不仅是协同办公的要求，也是办公自动化的基本要求，是协同办公得以投入使用的先决条件。政府中协同办公要求的安全性控制一般包括防止非法用户侵入、权限控制、存储和传输加密，以及电子签名。

（5）要能集成其他业务应用系统。

政务协同办公系统应该能和其他业务系统（诸如财务、人事、物业、后勤等）的有效集成，将是政务协同办公的一大特色，并且这种协同，应该是融入 Internet 又保证安全的。

4.1.7 政府公共服务电子化中的移动办公技术

1. 政府部门移动办公的产生背景

当今社会，由于人口的流动性越来越强，经济活动的速度愈来愈快，所以政府未来的管理和服务活动必须能够移动进行，即实现所谓的“移动办公”，或称为“移动政务”，这就会带来相关技术，如无线上网技术、远程传输技术、远程控制技术的发展。

在通常的政务管理信息系统中，信息技术的应用更多表现为以数据存储及信息传递为主，“三网一库”的电子政务基础架构虽然开始形成，但仍未突破其依赖线缆的局限性，政府办公信息化要想真正实现“变革”，就需要一次“飞跃”，这个“飞跃”就是应用移动技术来“摆脱线缆的束缚”。政府机构目前面临的信息源、信息量和处理要求都在迅速增长，对政务的效率和反应速度也提出了更高的要求。充分利用先进的移动通信设备，多渠道、全方位地掌握信息，保证政务管理和业务决策的更加迅速及时，已成为当务之急。

2. 政府部门移动办公的重要价值

在政府内部的信息工程建设过程中，成功地应用无线技术，实现在完全无线的环境中向工作人员提供随时、随地、安全访问单位 OA 服务器的功能，可以使得远程办公成为可能，为工作带来很大的便利，并使单位整体具备更强的反应性。

政府部门移动办公的重要价值具体表现在以下五个方面。

（1）政府工作人员可以随时随地完成移动环境下如查询资料等信息处理事务，从而提高外出工作的效率。

（2）政府内部数据信息流转的速度将得到极大的提高，从而可以很好地提高事务处理效率，节省办公费用。

（3）政府工作人员能更快地对工作中出现的事务和问题做出及时反应，提高办事效率，从而缩短协调和决策时间。

（4）工作人员在行动中或外出的情况下，可以用自己的移动终端设备（手机、Palm、Pocket PC 等）通过无线网络在任何地方直接收发电子邮件、查看日程表和通讯录，并可以在移动状态下对信息做出反应，从而能有效地处理紧急事务。

（5）各级领导可以不受时间、地点限制，随时随地更加灵活地进行文件的阅读和审批，察看重要数据，能够进行即时交互，以便调整自己的工作，并根据情况及时进行处理和决策，充分发挥政府信息的管理功能。

3. 政府移动办公的基本特征

一个以移动处理为特色的 OA 扩展系统，应该具备几个基本特征。

（1）要能够高效灵活地与原有系统实现无缝集成，而且完全无须对原有系统进行任何变动，具有很好的成本优势和很高的运行效率。

（2）应该可以快速适应工作中的变化，高效处理动态事务。

（3）应该可以很好地支持主流的协作服务器，如 Domino 和 Exchange。

（4）系统在实施时需要详细考虑各部门间及总体的信息共享，优化办公信息数据的流转链上各个环节，使政府部门可以由浅入深逐步实施无线化战略。

4. 政府移动办公的主要功能

OA 系统是用户单位的关键信息系统，移动办公解决方案应该能够保证其运行的安全性及作业的连续性。在设计上，它应提供一个独立的移动服务器，通过接口与 OA 服务器连接，在确保不影响 OA 系统的情况下，能够完全实现以下的主要功能。

（1）增强型移动邮件。

增强型移动邮件不能仅仅局限于只用短消息通知用户邮件的标题，使用者通过普通的手机应该就能够帮助完整地下载并查阅邮件内容。如果使用Java手机或无线PDA，可以在移动设备与政府数据间实现安全可靠和优化的无线数据同步。系统能很好地与Lotus的Domino和微软的Exchange服务器进行结合，并可自由连接外部POP3邮件系统。

在实际应用中，增强型移动邮件功能应该包括两个方面，第一，电子邮件的及时接收。移动办公系统能够根据用户即时消息系统的在线状态，决定Notes的个人电子邮件是否即时转送到相应的工作人员的手机或PDA上。若用户使用的是手机，则服务器自动将邮件内容及文字附件转换成一定长度的短消息进行发送；若使用的是PDA，则将自动提示用户进行查看，用户可以打开指定的电子邮件后，不仅可以阅读正文，还可以浏览附件中多种格式的文件。用户还可以删除特定的电子邮件。第二，电子邮件的及时发送。利用移动办公平台，使用者可以在手机或者PDA上发送电子邮件。只要输入收件人的电子邮件地址及邮件内容，电子邮件将经过服务器通过互联网传至收件人的电子邮件信箱，同时，用户用于发信的电子邮箱将收到所发的邮件的拷贝。

（2）移动协同。

移动协同就是把即时通知及提醒功能完整地融合在OA系统中，无论是有新的邮件或公文到达、会议临近，还是有其他等待办事项，系统都会按照设定，及时、准确地以发送短消息的形式提示用户。

目前一般OA产品的提醒功能不能称之为真正的及时提醒，它们大多无非就是把提醒作为邮件发送到用户邮箱里，假设某用户半小时以后有个紧急会议召开，而该用户必须查看电子邮箱才能得知，因此有可能因故延误。

利用移动协同办公，可以很容易地实现会议通知、提醒、查询，也就是用户可以在系统中设置会议日程安排和相关的通讯录。系统将依照人员名单将时间、会议主题和内容转换成短消息发送到与会人员的手机。服务器可根据设置时间和次数，在预定时刻以短消息或其他方式提醒相关人员。用户也可以用手机主动向系统发送查询请求，系统会把与查询者有关的会议信息通过短消息回复到手机上。如果使用PDA用户，还可以查询到已有的会议日程安排，并查看相应会议安排的详细内容。

同时，利用移动协同办公系统，用户还可以根据自身需要设定需要即时转送的公告。一经设定，服务器将把公告牌下的新增内容转换成短消息，即时转送到相关工作人员的手机上；若用户使用的是PDA，则将自动提示用户进行查看。工作人员亦可以在手机上查询现有的公告牌文件。用户只要输入所查询文件的日期、标题或关键词,服务器会将公告牌的查询结果即时送至手机。

(3)移动办公助理。

利用移动协同办公系统,可以很好地起到移动办公助理的作用,主要表现在以下两个方面:第一,个人事务查询及提醒。当用户需要从Exchange或Domino服务器远程获取日程安排、任务表等个人数据时,可以用手机向移动服务器发送短信格式的指令,服务器会将结果打包返回到手机上。如果用PDA,则更得心应手。当系统的提醒功能被用户激活以后,服务器会按时将根据预先设置的条件为用户提供提醒服务。第二,通讯录的查询和更新。用户可以在手机和PDA上查询个人及公共通讯录。用户用手机向系统发送包含模糊查询条件的短消息,服务器会把相应的查询结果返回给用户。如果使用PDA,只要键入查询条件,服务器会将通讯录的查询结果即时送回,用户即可查看到相应的条目信息。同样,用户也可通过手机和PDA修改、删除通讯录中的内容。

(4)移动公文。

利用移动协同办公系统,还可以实现移动公文的处理功能。具体表现在:第一,无线查询档案资料。工作人员可以在手机和PDA上查询已经归档入库的档案资料。用户只要键入所查询公文的日期、公文作者或关键词,移动服务器会将公文的查询结果即时送至手机或PDA。第二,无线实现公文流转。用户可通过PDA对OA系统中正在流转的公文进行处理,可以查看文件信息、游览正文、查看附件、签署意见、签发文件、跟踪流程,查看审阅过程,处理完毕后可根据已设置的相应公文流程进入下一个办理环节;另外,用户还可以查看已经处理完毕的公文。第三,移动环境下的文件处理。用户使用无线PDA,可以通过移动服务器根据权限操作个人或公共的文件资料库,实时传输、转移、存储、发送、新增、删除、更新文件库中的各种文档。系统提供的安全加密、数据压缩机制,使在移动环境中的文件处理游刃有余。

4.1.8 政府公共服务电子化中的人机交互技术

计算机系统中的人机界面,又称人机接口、用户界面、人机交互。在电子政务的实施过程中,最主要的障碍还是来自于人机交互技术的不完善。

早期的人机界面很简单,人机对话都是机器语言。由于硬件技术的发展以及计算机图形学、软件工程、人工智能、窗口系统等软件技术的进步，图形用户界面、直观操作、“所见即所得”等交互原理和方法相继产生并得到了广泛应用，取代了旧有“键入命令”式的操作方式，推动人机界面自然化向前迈进了一大步。

目前在电子政务运用中的主要人机交互技术仍然是通过键盘的输入。由于中国是以字为基本的语言单位，这就使得拥有数千基本汉字以及数万个扩展汉字的中文非常难以输入，只有经过特殊训练的打字员的录入速度才能达到手写速度，因此这在很大程度上限制了将大量的政府工作文件、数据进行数字化的过程。

随着技术的发展，计算机越来越趋向于平面化、超薄型化，便捷式、袖珍型电脑的应用，大大改变了办公模式；输入方式已经由单一的键盘、鼠标输入，朝着多通道输入方式发展，追踪球、触摸屏、光笔、语音输入等竞相登场；多媒体技术、虚拟现实及强有力的视觉工作站提供真实、动态的影像和刺激灵感的用户界面，在计算机系统中各显其能，使产品的造型设计更加丰富多彩，变化纷呈。以后人们不仅仅满足于通过屏幕显示或打印输出信息，而是进一步要求能够通过视觉、听觉、嗅觉、触觉以及形体、手势或口令，更自然地“进入”环境空间中去，形成人机“直接对话”，从而取得“身临其境”的体验。

目前，输入方面的技术主要包括印刷品扫描识别技术、手写输入识别技术（直接录入手写体并予以识别）和语音识别技术。通过提供多种类型的人机交互技术，电子政务系统的接口变得更为人性化，更易于使用者进行操作，这对于政府公务员和公众都将极大地降低访问电子政务系统的难度，提高系统的使用程度，提高系统的普及率。

4.1.9 政府公共服务电子化中的网格计算技术

1. 网格计算技术的含义

网格计算是近年来伴随着互联网技术而迅速发展起来的一种专门针对复杂科学计算的新型计算模式。它利用互联网把分散在不同地理位置的计算机组织成一个“虚拟的超级计算机”，其中每一台参与计算的计算机就是一个“节点”，而整个计算是由成千上万个“节点”组成的“一张网格”。这样组织起来的“虚拟的超级计算机”有两个优势，一个是数据处理能力超强；另一个是能充分利用网上的闲置处理能力。

也可以理解为，网格就是把整个网络整合成一台巨大的超级计算机，实现计算资源、存储资源、数据资源、信息资源、知识资源、专家资源的全面共享。

2. 网格计算技术在电子政务中的应用

网格计算技术有可能成为未来电子政务的核心技术,因为在电子政务领域,政务处理涉及的数据量总是非常大的。一方面政府部门的政务数据库的容量通常成倍增长,这样就需要把地理位置分散的空闲磁盘空间收集起来聚合成为一台虚拟的超级存储服务器;另一方面,随着电子政务的普及,用户数量势必急剧增长,这要求短时间内政务处理能力能够同步增长;同时,对于一些特定的政务事件处理,如对某个城市自然灾害的反应,就要求能够快速调阅洪灾影响区域的信息,包括自然条件、人口分布、房屋毁坏情况、企事业单位损失情况、救灾物资供应情况、公安消防力量布置、医疗救助力量布置等,而这些信息以孤岛的形式存在,用户不知道所需的数据存储在哪里。传统的技术能力难以应对这些问题,而网格计算技术却可以有效地解决。

3. 电子政务网格的特点

总体上来看,电子政务网格计算技术是其技术发展上的重要趋势。其特点是让现在的互联网能够真正走向一个像电网、水网一样的、使用方便的全球信息网络。

总体来讲,电子政务网格具有如下工作特点。

(1)统一标准的体系结构。

未来的电子政务将运行在一个统一技术标准的电子政务平台之上,整个电子政务平台拥有高性能的计算中心来提供电子政务系统所需的计算能力,拥有海量的存储中心来保存电子政务积累的大量数据。电子政务平台的核心网络通过高性能宽带网络构成,而不同的电子政务单元根据其具体的情况通过不同类型的接入方式连接到骨干网之中。而从软件层次来看,在整个网络连接之上将通过协议进行基础连接,其上则是统一的网格政务平台,并由网格政务平台向上层提供统一的服务接口。

(2)跨时空的服务。

从政务的本身而言,独立而有序的服务性的纯网格结构的政务架构将逐步成为一种趋势。在未来的发展过程中,各级政府单元将在同一个电子政务平台上进行工作,所有的信息将保存在统一的电子政务平台之上,相应信息的流转、获取、统计将由电子政务平台来统一完成,不再存在独立的系统和信息孤岛。各个政府单元将通过各自与电子政务平台的接口对汇集到自己接口的不同的信息进行处理,并反馈到电子政务系统之中。而政务对象将通过接口与统一的电子政务平台相交互。各级政府的政务行为将根据其实际的相互关系由电子政务平台进行规范。整个政府的信息流通渠道将为电子政务平台所管理，从而极大地提高整个政务系统的运行效率，而政务对象则可将政务系统视为一个统一的功能实体，只需通过单一入口提交其请求，即可很快得到所需的结果。因此，未来我们见到的将是一个高效、低成本的政务信息系统。

（3）资源共享真正实现。

用发展的眼光来看，电子政务将以全新的模式重新进行组合，即通过一个统一的网格平台实现相应的互联互通。通过一个网格平台，各种政务实体遵循一定的规范与定义，在充分利用其他系统资源的情况下，自行开发相应的电子政务应用。这时各个系统之间不单单是简单的数据共享，而是通过服务的连接来获取共享资源。整个系统会根据实际的需要对各种类型的资源如存储能力、计算能力等进行合理的分配。人们在这种环境下，几乎可以不受时间和空间的限制，就能够获得"随时、随地、交互式"的服务。

电子政务的实现过程中，还需要很多其他技术的支持，例如：突发事件预报和预警技术、群体决策支持系统、多媒体处理技术、网络信息安全技术、中间件技术、信息构建技术等，这些技术对电子政务的推进都有着重要影响。我们相信，随着各种信息技术的发展和应用的深入，会不断有新的技术出现，能够解决新的问题。

4.1.10 政府公共服务电子化中的 GIS 技术应用

在电子政务中，地理空间信息是其基础信息资源，是其他政务信息资源的空间信息载体。本节简单介绍地理信息系统的含义、功能等基本知识及其在电子政务中的应用。

1. 地理信息系统的含义

地理信息系统（Geographic Information System，简称 GIS）是人类在生产实践活动中，为描述和处理相关地理信息而逐渐产生的软件系统。这里的地理信息就是表征地理系统诸要素的数量、质量、分布特征、联系和规律的数字、文字、图像和图形的总称。

对地理信息系统的含义还可以理解为：GIS 是对地理信息进行采集、存储、更新、分析、传输、查询等管理过程的基础工具。它以计算机为手段，对具有地理特征的空间数据进行处理，能以一个空间信息为主线，将其他各种与其有关的空间位置信息结合起来。

GIS 起源于北美。世界上第一个运行性地理信息系统是在 1963

年加拿大土地调查局为了处理大量的土地调查资料，由测量学家 R. F. Tominson 提出并建立的。它的诞生改变了传统的数值处理信息方式，使信息处理由数值领域步入空间领域。GIS 的主要用途可以概括为资源清查、城乡规划、灾害监测、环境管理和宏观决策五个方面。

2. 地理信息系统的基本功能

GIS 包括硬件、软件、地理空间数据库和系统管理人员四个部分。其基本功能如下。

（1）数据输入。

一是图形数据输入，主要通过数字化仪输入和扫描仪输入；二是栅格数据输入，栅格数据包括各种遥感数据、航测数据、各种摄影图像数据、航空雷达数据等；三是属性数据输入，属性数据是用来描述对象特征的，通常用关系数据库管理系统进行管理。

（2）数据校验。

数据校验是指通过观测、统计分析和逻辑分析等对输入数据的质量检查和纠正，其主要目的是为下一步的数据管理、空间分析与查询、数据表达等服务。

（3）数据管理。

数据管理涉及地理元素的位置、连接关系及属性数据如何构造和组织，使其便于计算机处理和系统用户理解等。具体功能包括数据格式的选择和转换、数据的联结、查询、提取等，其中最主要的是对空间数据库和地图图库的管理。

（4）空间查询与分析。

空间查询与分析是 GIS 最重要的功能，也是 GIS 区别于其他信息系统的本质特征，它使地图图形信息以及各种专业信息的利用深度和广度大大增强，用户可以从中获取很多派生信息和新知识，可用来实现经济建设、环境和资源调查中的综合评价、规划、决策、预测等任务。GIS 具有丰富的查询功能，既有属性查询功能，也有图形查询功能，还可以实现图形与属性之间的交叉查询。空间数据分析实际上就是对空间数据的一系列运算和查询。不同的应用具有不同的运算和查询的内容、方式和过程。也就是说，有不同的应用模型。

3. 地理信息系统在电子政务中的典型应用

地理空间信息技术在电子政务建设和应用中有着越来越重要的用途，大到生态保护、环境治理、城市规划、人口普查、防灾减灾，小到土地测绘、水利建设、社区规划等都离不开地理空间数据。可以认为 GIS 是电子政务信息资源的空间定位平台，同时 GIS 可以为电子政务提供对非空间数据的空间定位、空间分析和空间辅助决策，也可以通过模拟地图、电子地图、多媒体系统、三维仿真和虚拟现实技术等可视化工具，为电子政务实现对政府机关综合业务管理和空间辅助决策的可视化表达，从而提高工作效率。

下面介绍 GIS 在水利、工商、税务、金融、公安等电子政务中的几种典型应用。

（1）GIS 在“金水工程”中的应用。

中办 [2002]7 号文（中共中央办公厅、国务院办公厅关于转发《国家信息化领导小组关于我国电子政务建设指导意见》的通知）中确定的 12 个重要业务系统（俗称“12 金工程”）和 4 个基础信息库的建设和应用都离不开地理空间数据的支持。以“金水工程”为例，大型水利工程的规划和建设、水资源的合理配置、供水工程管理、水土保持、南水北调工程、抗旱工程、建设全国七大江河流域的防汛抗灾信息系统等，都需要多源、多尺度、多时相的国家空间数据框架支持，这都离不开地理信息系统的重要作用。

（2）GIS 在工商系统中的应用。

目前我国工商系统大多数停留在以数据库的存储形式管理工商信息，其主要问题是不能将表格信息用可视化方法显示在电子地图上，这就使很多注册商户由于种种因素变化未能及时进行注册变更，致使工商信息查询时出现误差。若采用 CIS 技术，则能使上述问题得到改善。例如，将所有注册户的数据以电子地图可视化显示，这样查询时，可根据工商注册号查到注册用户在地图上的准确位置，也可以通过点击地图上的位置，了解该地点有哪些注册用户，并通过弹出菜单了解该注册用户的详细信息。这样，当情况发生变化，如某条道路拓宽改造时，便可在计算机上画出规划拆迁范围，查出该范围内注册用户信息，及时通知他们在规定时间内进行变更或注销登记。通过电子地图，当工商部门接到注册请求时，也可以很方便地查询到该用户注册地点是否已有注册户等。其好处还在于工商部门可以在这些基础信息的基础上，进一步进行高层次的综合分析，比如调整商业网点布局。

（3）GIS 在税务部门中的应用。

当前税务管理信息化主要是采用“微机 + 数据库”的形式，并由下一级向上一级机关传送信息。采用电子地图可以将税务信息直观地显示出来，便于整理、分析和综合，特别是当与其他系统（比如工商系统）配合使用时，更能提高管理的科学性、直观性和动态性。

(4)GIS 在金融领域中的应用。

当前,金融领域的信息化建设总体来讲是比较靠前的,它也离不开 GIS 系统的支持。具体来讲,GIS 在金融领域的应用包括:直观地显示出金融网点分布情况,以便反映出网点设置是否合理,并可以指导网点的选点、人员配备、管理报警系统、保卫系统等。

(5)GIS 在公安部门中的应用。

公安部门的现代化建设同样离不开 GIS、GPS 和计算机网络的支持。例如,消防指挥系统、110 指挥管理系统、户籍管理系统、公安交通指挥系统等,都可以使用 GIS 技术对相关信息进行综合管理与分析,并在此基础上进行规划、决策、指挥和实施。

4.2 政府公共服务电子化信息系统的规划与建设

政府公共服务电子化信息系统,也叫电子政务信息系统,是政府部门信息技术的应用发展到一定时期的一种信息系统,它是政府公共服务电子化功能和模式的技术实现。

4.2.1 电子政务信息系统的逻辑结构

电子政务信息系统是建设在互联网和其他计算机网络的基础上,充分利用现代信息技术,以实现政府政务流程和职能为目标的信息系统。该系统包括软件系统和硬件系统。

电子政务信息系统的分层逻辑结构如图 4-4 表示。其中各个部分的功能分别描述如下。

IT 基础设施平台提供电子政务系统网络通信和系统服务。服务器、存储设备等基础硬件设施由网络传输介质和网络设备连接起来,形成基础网络层,为信息提供数据通道,是各种应用系统交互的基石。硬件设施(包括网络接入系统、主机服务器系统、存储备份系统和其他相关的辅助系统)配以相应的系统软件(如操作系统和网络管理系统、数据库系统等)构成网络系统层,此层向信息资源平台提供数据存储和管理所必需的基础设施。

信息资源服务层一般负责管理存放政府各类基础数据,通过数据转换、加工、提取和过滤等过程,向应用服务层提供数据。该平台一般包括各种基础数据库以及业务数据库和相应的数据库管理系统,其最终目的是建设相应的数据中心和数据交换中心。

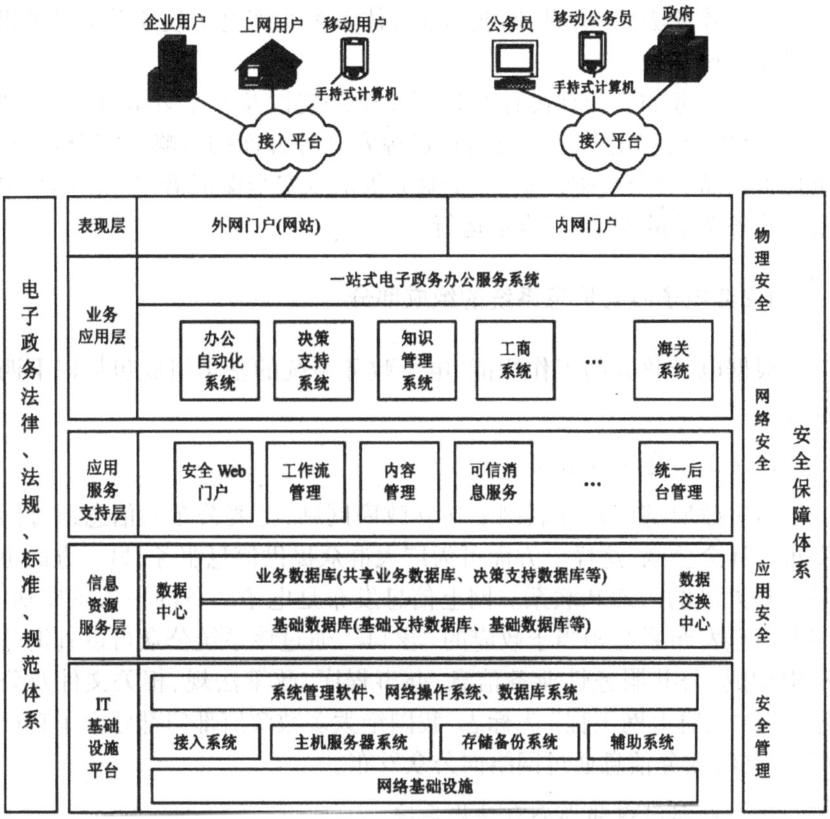

图 4-4 电子政务信息系统的分层逻辑结构图

应用服务支持层包括安全 Web 门户、工作流管理、同一后台管理和内容管理、可信消息服务等电子政务中间件。各个中间件支持跨平台的分布式异构数据的访问，从而向应用业务层提供统一的数据服务。工作流管理系统通过工作流引擎驱动数据在应用业务层的各种应用之间流转，以便根据分工，合理、高效和完整地分配信息。同一后台管理通过上层（应用业务层）的应用系统完成各种具体的政务应用。

业务应用层包括 GtoG、GtoB、GtoC 和 GtoE 等模式下的电子政务各个应用系统。如办公自动化系统，决策支持系统，知识管理系统，一站式电子政务办公服务系统和工商、税务、财政、卫生、海关、公安、旅游、技术监督、人口管理等行业应用系统。

表现层主要包括外网门户（即对外的政府公众门户网站）、内网门户等。它的主要任务是通过信息交互完成政府信息发布、网上业务办理、内部信息沟通、政府资源共享等职能。企业、个人、公务员可以通过多种方式的接入平台与政府门户取得联系。

电子政务法律、法规、标准和规范体系为实施电子政务系统提供相应的建设依据。

电子政务的安全保障体系包括安全法规以及安全策略(包括物理安全、网络安全、应用安全以及信息资源安全等方面的策略)、安全管理、安全技术产品、安全基础设施、安全服务等信息安全保证措施。该体系保障电子政务系统的安全、可靠地运行。

4.2.2 电子政务信息系统的组成部分

根据电子政务的工作职能,电子政务系统的基本组成包括以下四个部分。

1. 网上信息发布系统

通过政府部门在互联网上建立政府网站,把要公布的信息通过网络发布给社会公众,这样一方面可为广大群众提供信息服务,另一方面也加强了与人民的沟通和联系。网上信息发布是电子政务的一项重要功能。网上信息发布系统相当于政府的"窗口",通过该系统公众可以查询政府机构构成、公共服务性业务信息、办事程序、政策法规、相关文件及公告等。以"政府上网工程"为标志,我国绝大多数政府部门都建立了自己的网站,并将政务信息通过网络向公众发布。

2. 政府部门内部办公自动化系统

部门内部办公自动化就是要建立办公业务流程的自动化系统,公文、报表制作及管理等业务实现计算机处理,并通过内部局域网进行数据交换,实现用户内部信息的网上共享和交流,协同完成工作事务,从而达到办公业务运转的科学化、系统化、自动化,提高部门内部的办公效率和质量。内部办公自动化是电子政务的基础,主要包括政府内部的公文流转、审核、处理系统,政府内部的各类专项业务管理系统,如日程安排、会议管理、机关事务管理等,政府内部面向不同管理层的统计、分析系统等。

政府部门内部网是政府网站的主要信息来源,只有把内部网、局域网建设好,政府网站才能够获得源源不断的信息,提高对外发布信息的质量。

3. 网上交互式办公系统

网上交互式办公是指面向社会公众实现在线登记、申请、申报、备案、意见征集等的交互式办公,同时还应包括政府电子化采购、招标、审批以及网上报税和纳税等内容。

网上交互式办公要以安全认证等技术作保证，这样才具有可靠性、保密性和不可抵赖性。实现网上办公，将大大提高政府办事的速度，节约时间和成本，从而大大提高行政效率。不过，此时各部门仍是独立进行网上办公，即各办各的事，当事人为办一件事还是要访问多个部门。

4. 部门协同工作系统

部门间协同工作是指多个政府部门利用共同的网络平台，对同一事项进行协同工作。一是在各部门资源共享的基础上，实现多部门网上联合办公，在企业和居民看来，整个政府是一个高效、便捷的大部门，办事程序统一入口、统一出口；二是支持政府的宏观决策和运行控制；三是实现政府信息资源的共享，实现各级政府间的公文信息审核、传递，利用政府间的多媒体信息应用平台，召开视频会议、实现多媒体数据交换等。比如企业登记，可能涉及工商、税务、公安、卫生、文化等等不同的政府职能部门，如果按照传统的办事模式，申请人要依次向各部门提出申请并等待批复，时间成本和经济成本都非常高。通过互联网的协同政务服务，由于相关职能部门的网络后台互连互通、资源共享，申请者只要在某一个入口登录之后，网络就会自动将申请材料送达所有需要审批的职能部门，并在完成后自动通知申请人，实现在虚拟空间下的"一站式"服务。当然，协同服务是最难的一种公共服务，国外也在探索，这不仅是技术问题，关键是政务的整合、业务流程的优化等。我国最近建设完成的"三金"工程和"电子口岸执法系统"都属于这一范畴。

4.2.3 电子政务信息系统的建设模型

要建造一个电子政务系统，首先必须先搞清楚用户需求，即软件系统的功能是什么，这是一切开发的基础。有了需求，接下来的工作就是分析系统的静态结构，看看要实现这些功能，该系统必须要由哪些内容构成。然后，就要看这些系统成分是怎样相互配合实现系统功能（即系统的动态结构）的，同时还要考虑与实现环境有关的细节，比如用什么语言、在什么操作系统上运行等，这个工作，就是设计。设计工作细化到一定程度，就可以编码实现了，再之后是测试和维护。这一过程还要考虑系统的可能投入方式、功能实现的优先顺序、开发人员的能力构成、开发计划等因素。总之，以上建设顺序大体上就是按照"功能—静态结构—动态结构—编码—测试—维护"的逻辑思路展开。

这种方法将整个电子政务系统的建设过程，划分成系统规划、系统分析、系统设计、系统实施、系统运行五个首尾相联的阶段，称为电子政务系统建设的生命周期。

如图 4–5 所示，在电子政务系统建设的生命周期中，每个阶段都要求相应的人员来推动工作的开展，并且每一个阶段完成以后都产生相应的文档资料。例如：系统分析阶段，主要由系统分析员来完成，其工作的成功就是产生系统分析报告；再比如，系统设计阶段，主要是由系统设计员按照由系统分析报告的具体目标，进行系统的总体设计和详细设计，最终确定系统的系统设计报告。这里的系统分析报告、系统设计报告等文档材料一方面是对本阶段工作的一个总结，同时也是为下一步工作的开展指明了方向，提供了工作依据，确定了下一阶段工作的最终评价标准。图 4–5 中各个阶段的具体任务如下。

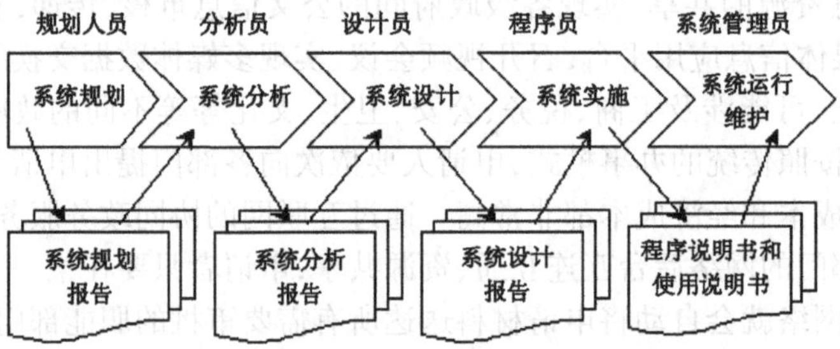

图 4–5　电子政务信息系统建设的生命周期模型

1. 系统规划阶段

首先，根据用户的系统开发请求，对企业的环境、目标现行系统的状况进行初步调查。其次，依据企业目标和发展战略，确定信息系统的发展战略，研究建设新系统的必要性和可能性。最后，进行可行性分析，写出可行性分析报告，可行性分析报告审议通过后，将新系统建设方案及实施计划编成系统规划报告。

2. 系统分析阶段

根据系统规划报告中所确定的范围，对现行系统进行详细调查，描述现行系统业务流程，分析数据与数据流程、功能与数据之间的关系，确定新系统的基本目标和逻辑功能，即提出新系统逻辑模型，并把最后成果形成书面材料——系统分析报告。

3. 系统设计阶段

根据新系统的逻辑模型，具体设计实现逻辑模型的技术方案，即进行总体结构设计、代码设计、数据库 / 文件设计、输入 / 输出设计和模块结构与功能设计。

4. 系统实施阶段

根据系统设计说明书，进行软件编程、程序调试和检错、硬件设备的购入和安装、人员的培训、数据的准备、系统的试运行以及系统切换等。

5. 系统运行维护阶段

在本阶段，需要进行系统的日常运行管理、维护和评价三部分工作。如果运行结果良好，则送管理部门指导组织生产经营活动；如果存在一些小问题，则对系统进行修改、维护或是局部调整等；若存在重大问题，则用户将会进一步提出开发新系统的要求。

4.2.4 电子政务系统的建设方案

一个完整的系统建设方案应包括以下内容。

1. 完善的组织机构

包括两个方面：一是成立由管理人员、技术专家组成的系统建设领导小组；二是组成由技术雄厚、人员稳定的开发队伍和有关政府部门工作人员相结合的工作小组。

2. 确定总体目标和阶段目标

整个电子政务系统的建设要以优化政府管理工作的各核心业务流程，提高工作效率，更好地发挥政府宏观管理、综合协调与服务的职能为总体目标，具体实施可分为内部建设、政府上网、政务上网、网间互联等几个阶段进行，循序渐进逐步加以完善，最终形成功能强大的电子政务综合应用系统。

3. 进行系统总体设计，确定开发应用标准和规范

结合电子政务系统信息和应用的特点，综合考虑网络体系、支撑安全体系、应用体系等组成部分进行系统的总体设计。同时要建立各子系统所必须依据的统一技术规范、应用平台、指标体系、信息代码、运行管理制度等，确保政务系统成为高效运行的有机整体。

4. 构建基本支撑体系

包括三个方面：第一，选用 TCP/IP 网络作为低层通信网，利用 IPSEC 或其他安全协议构建安全通信通路；第二，构建融合安全检测、实体安全、运行安全、信息安全、网络公共秩序、人员管理、系统稽查制度、事故应

变制度等各种安全法规于一体的安全管理体制；第三，确定系统的可靠性方案，如备份、防病毒、复杂系统的容错、应急体系等。

5. 构建应用体系

在构建电子政务系统的应用体系时，应该使其具备以下特点：随处访问服务，大量的潜在用户，应用必须安全可靠，应用开发周期短，与工作流程紧密结合，与现有信息系统高度集成，使得系统目标和功能得以保证，同时还要尽量减少维护工作的代价。

6. 进行系统评价

首先确定需要评价系统的边界和范围，明确评估的目的；其次，确定待评估系统的状态与所处的阶段；选择适当的评估方法，确定适当的评估指标，然后收集有关数据、资料进行分析、计算，得出评估结果，并做出评估报告。

7. 组织系统验收

在达到招标文件要求的前提下组织相关人员对项目进行验收。验收工作由甲方（各用户单位）及监理单位共同负责，乙方（软件公司）积极配合。若初次验收不通过，乙方应对发现的问题进行整改，直至验收通过。

4.2.5 电子政务信息系统规划的误区

电子政务系统目前已经成为我国信息化发展的重要亮点，各级政府在其建设方面投入巨大，规模都在百万、千万，甚至数十亿元，在这些项目中，有些比较重视规划，但总体来看，规划的理念和实践大多在一个起步的阶段，如果将电子政务系统的发展规划与行业和区域经济发展协调起来，还需要投入更多的力量进行规划。

下面重点谈一下电子政务系统总体规划的一些主要误区，以便引起有关人员的注意。

1. 对电子政务本质及其全局性、创新性和风险性认识不足

一些单位和部门把涉及全局的电子政务项目视作本部门信息系统建设的延伸，仍然停留在建设 OA 和政务专网的水平上，对跨行业、跨部门的信息共享等缺乏足够考虑，缺少对业务资源的整合和共享。在建设中，在项目规划中只强调投资带来的收益，忽视了电子政务建设的投资风险以及系统运行的管理风险，倾向贪大求全，希望一步到位。

2. 过于关注部门利益

很多部门没有大局意识，没有从总体的角度考虑和界定电子政务系统所涉及的不同职能子系统及其关系，子系统之间缺乏有机联系，建设内容界定不明确。对于跨部门的要求，涉及的共建单位的协作关系和工作模式不确定，资源共享和互连互通缺乏明确约定，在建设中涉及的部门各自为政，形成不同程度的部门割据。

3. 基础设施建设落后

电子政务公共网络平台、公共数据中心、数据交换中心、多部门共享基础信息资源数据库等关系全局的基础设施建设，明显落后于各部门的网络系统的建设，造成了各部门的信息化缺乏统一的电子政务平台，进一步强化了“纵强横弱”“信息烟囱”和“信息孤岛”的管理格局和不正常现象，弱化了国家对电子政务的总体布局。在运行环境建设方面，法制化、标准化和信息安全工作等也明显落后于实际需求。

4. 缺乏整体规划

基于自己本部门的资源，低水平重复建设，系统庞杂，数据标准不统一，兼容程度差，系统处理能力要么不足，要么过大，造成宝贵资源的浪费。

5. 投资渠道单一

目前的电子政务建设主要依靠政府，政府投资、政府建设、政府管理。政府投资毕竟有限，单一的运作模式一方面造成了建设资金紧张，另一方面造成了项目建设、管理效率低下，制约了电子政务在市场环境中健康成长。

6. 政务规划过弱，技术规划过强

电子政务系统的规划没有从政府管理的角度考虑，过多地考虑了信息技术系统的规划，没有体现出系统要解决的政务方式的特征，这样一方面各种政务系统千篇一律，没有个性；另一方面没有体现出电子政务的实质。电子政务系统只是对传统管理模式的仿真，难以起到变革管理、提升政务能力的战略作用。

7. 目标庞大、模糊，概念性和普遍原理性的味道较浓

难以体现出自己政务系统的真实情况和发展预期，难以具体指导系统建设和评价，起不到规划应该起的作用。

8. 规划方法轻率

没有认识到规划需要按照一定的科学规范和方法来开展,并需要持续投入和不断改进,因此就造成规划时没有深入调研,以座谈代分析,规划的过程和结果往往成了系统建设的例行手续。

4.2.6 电子政务信息系统的需求分析

电子政务系统建设的总体规划确定以后,下一步工作就要进行需求分析,包括建设目标分析、功能需求分析和性能指标分析,分析结果需要通过一定的文档格式规范下来。

1. 电子政务系统需求分析的必要性

所谓电子政务系统的需求分析,就是指电子政务系统开发商的系统分析人员与政府部门的业务用户一起,通过对原来政府部门的管理流程和业务职能进行认真调查和分析,充分理解政府部门的实际业务功能和性能需求,并结合该部门实际资源(包括人力资源、财力资源、设备资源、信息资源以及时间资源)的拥有情况,确定需要开发的电子政务系统"做什么"的问题,最终得到系统分析说明书,作为下一步系统设计和实施的重要依据。

此处的用户需求是指用户要求新系统应具有的全部功能和特性。主要包括:功能要求,性能要求,可靠性要求,安全、保密要求,开发费用和时间以及资源方面的限制等。

管理信息系统的最终目的是为了满足用户管理上的各种功能需求,信息技术是实现各种用户功能需求的手段。如果开发人员对需求理解错误,那么无论技术手段如何先进,其作用都是南辕北辙。因此,需求分析是系统开发成功的重要保证,必须引起高度的重视。但准确确定用户的需求是一件比较困难的事。一方面,用户一般都缺乏相关的信息技术知识,无法确定计算机系统究竟能做什么、不能做什么,因此无法准确地表达自己的需求。另一方面,系统开发人员一般不太熟悉用户所在的行业,对用户的管理运作不是非常了解,常常会根据自己的设想来臆造用户的需求。需求定义发生的差错主要包括:不完全合乎实际需要、不容易使用、操作困难、容易发生差错等。

2. 电子政务系统的功能需求分析

电子政务系统中软件平台实现的功能包括三个层次,即公众服务门户层、政务系统应用层以及政务应用系统支撑层上的功能。这些不同层次上的功能需求一般可归纳如下。

（1）公众服务门户层功能需求。

公众服务门户层是电子政务系统软件平台的对外应用层，是面向公众的门户。通过此门户向市民，以及其他区域的公众提供多种层次的公众化服务，从而实现公众服务网络化。具体地讲，公众服务门户层的功能包括：政府公告、政务查询、网上申报、网上反馈、办事程序、办事指南、投诉受理、各审批业务系统角色网络描述、系统间角色网络互联描述、身份验证、邮件系统、留言板以及政府各部门（如委办局）的网上审批功能，其中应先开通工商、税务、银行、社保和医疗等与公众联系紧密部门的网上审批功能。

（2）政务系统应用层功能需求。

政务系统应用层是电子政务系统软件平台的对内服务层，是实现政府信息资源数字化、业务处理网络化、管理决策科学化的应用层面。政务系统应用层为政府以及各局、委提供业务系统和办公工作流自动化，并且实现各部门之间的信息共享和办公无纸化。以某市电子政务系统为例，其应用层具体功能应该包括：

多局委的综合业务处理系统；

各局委办并联审批与协同办公；

公文处理系统；

分布式档案系统；

政府内务管理系统；

远程办公；

离线办公；

统一消息通知系统；

辅助预测与决策等。

（3）政务应用系统支撑层功能需求。

政务应用系统支撑层是公众服务门户层以及政务系统应用层功能得以实现的重要技术支持。政务应用系统支撑层为公众服务门户层以及政务应用层功能的实现，提供多种服务以及运行环境，并且有效地保证政府各部门（各局委之间）以及各局委与上级政府之间的信息共享，彻底解决信息孤岛问题。

4.3 电子政务信息系统的评价、审计与监理

电子政务信息系统投入使用，平稳运行一段时间后，需要对其运行情况进行集中评价。另外，电子政务信息系统的监理是保证电子政务信息系统建设与运用成功的重要因素，电子政务信息系统审计是保障电子政务信息系统效果充分发挥的有效武器。

4.3.1 电子政务信息系统的评价

任何信息系统建立之后都需对其进行评价，其主要目的就是评估其运行效果及对业务的支持价值。电子政务信息系统也需要在建成投入运行之后进行评价，需要说明的是，电子政务信息系统的评价不仅要评价电子政务信息系统的运行效率和满足需求分析与规划的要求，更重要的是看它是否满足了电子政务的实质，促进了政务职能变革与政务效率提升。

1. 电子政务信息系统评价概述

简单地讲，对电子政务信息系统的评价是指通过收集大量的客观事实和数据，按照专门的规范、程序，遵循统一的标准和特定的指标体系，通过定量定性对比分析，运用科学的方法，对电子政务建设的投入和产出做出客观、公正和准确的评判。

在评价特定的电子政务信息系统效果时，可以对整个国家的电子政务效果或水平进行评价，也可对特定层次的特定电子政务信息系统的效果进行评价，这样，评价的方法和评价的要素会有所不同，但之前关注的基础问题是相同的。例如，如何细化电子政府的职能定位，确定考评内容；如何确定各个考核指标的关系；评测体系应当能够经得起理论的考证和实践的检验等。一般来说，要评价电子政务信息系统的效果，需要先确定六个主要要素，即评估指标体系、指标评价标准、指标权重、综合评分方法、数据采集方法和数据处理与分析。

（1）确定评估指标体系。电子政务效果评价是一个综合的、复杂的系统工程，为了能更好地体现电子政务投入产出绩效，需要采用有效的方法来确定将要评价的因素，即评价指标。同时在指标体系的确定上考虑其全面性和科学性、定量分析和定性分析相结合、可行性和可操作性、灵活性和目标导向性、专家经验和智慧的结合等因素。

（2）设定指标评价标准。指标体系中有定量指标和定性指标，对于定量指标，通过设定参数数值进行量化；对于定性指标，设定不同的等级标准进行量化处理。

（3）设置指标权重。权重也称权数或加权系数，它体现了各项指标的相对重要程度。在指标体系和评分标准确定的前提下，综合评估结果就依赖于指标权重了，因此指标权重确定的合理与否，关系到评估结果的有效程度。

（4）综合评分方法。就是通过一定的数学模型和数学算法将多个评估指标值整合并用一个数值作整体性的综合评估值。该方法可以体现出电子政务的总体效果水平。

（5）数据采集方法。即通过建立专门的表格来收集被评价政务系统的各项具体指标表现，也可收集并格式化系统运行中产生的相关数据，这里要涉及和遵从各项具体指标的评价标准和评分细则，数据采集时，要注意数据的准确性、及时性、客观性和完备性。

（6）数据处理与分析。数据采集回来之后还要进行数据筛选和分类，最后对各种有效数据再进行数据处理和数据分析，最终得出评价结果（其结果包括文字表述、表格对比和图表显示等不同方式）。

2. 国外电子政务信息系统评价的常用方法

电子政务信息系统及其效果的评价仍是一个十分复杂的事情。目前，基于整体的电子政务效果评价，在国际上有三种方法或指标体系受到广泛关注。

（1）Accenture的电子政务评价方法。

Accenture（中文名：埃森哲公司）是国际知名管理咨询公司，该公司在2002年通过调查、分析世界上一些有代表性国家或地区的政府门户网站，提出了一套有关电子政务信息系统评价指标体系。该项调查将169项电子政务信息系统体现的政府在线服务项目作为评价指标，并将之分为九大类：保健与人类服务、司法与公共安全、国家财政收入、教育、运输与车辆、管制与参与、采购、邮政等。

Accenture公司将调查的23个国家和地区按照电子政务服务的整体成熟程度，分为四种类型：一是“创新的领导者”，包括加拿大、新加坡、美国，其总体成熟度都超过50%；二是“有发展前景的竞争者”，包括丹麦、德国、爱尔兰、中国香港、法国等，总体表现成熟度介于40%～50%之间；三是“持续的完成者”，包括比利时、西班牙、日本、新西兰，总体表现成熟度介于30%～40%之间；四是“平台的构建者”，包括葡萄牙、巴西、南非、意大利、马来西亚、墨西哥等。

（2）Gartner 的电子政务评价方法。

Gartner（中文名：加纳特公司）也是一家著名的国际管理咨询公司，尤其擅长与 IT 和信息化相关的管理咨询。与 Accenture 不同的是，Gartner 公司提出的电子政府战略评估体系并不是对世界各国电子政务发展水平作横向的比较，而是对某国特定电子政务项目的有效性进行评估。Gartner 主要从三个方面评估电子政务项目的有效性，即对公民的服务水平、运行效益以及政治回报，而每个大类又包含一系列具体参数。比如，在公民的服务水平一项中就包括了若干具体指标。该评估指标是比较量化的电子政务评价系统。

（3）联合国公共经济与公共管理局的电子政务评价方法。

2002 年 5 月，联合国公共经济与公共管理局和美国公共管理学会发表了一份联合报告，对联合国 190 个成员国的电子政务建设情况进行了调查研究与分析比较。该报告从“政府网站建设现状”“信息基础设施建设”以及“人力资源素质”三个方面计算了衡量一国电子政务发展水平的“电子政务指数”，并以此对 133 个成员国的电子政务发展水平进行了评估。按照这个评估系统，被评估的国家必须满足以下一些条件：存在官方政府网站；提供信息发布、互动性业务以及在线处理业务；在教育、医疗健康、劳动就业、社会福利与服务、金融五个关键部门建有网站并提供在线服务；使用单一的入门网站；能够实现战略计划的最低目标，成立了电子政务的主管机构。该报告将各国电子政务的网站建设划分为起步阶段、提高阶段、交互阶段、在线事务处理阶段以及无缝链接五个阶段。该评价方法的特点是，所衡量的指标的数据都能从公开出版物上找到。

3. 我国电子政务信息系统评价的现实特征

以上电子政务评价方法对我国来说也具有重要的参考价值。但我们在借鉴这些成熟的评价方式之时，不能简单借用，需要首先明确和理解我国的政治现实和信息化管理的现实，要着眼于中国的特殊国情，并要在电子政务建设规划、实施和持续发展等方面考虑评价的理念和方法，以保证实践与规划的吻合，保证我们电子政务能够更好地推动中国社会发展与政府的职能变革。

总体来看，在评价我国电子政务的发展和效果时要充分考虑到如下特征。

（1）我国政府信息化发展严重滞后。

西方发达国家普遍地已经走完办公自动化和政府协同办公的发展阶段，已经有了完备的政府信息资源数据库，现在集中于政府服务的电子化。我国还没有完成政府办公自动化的阶段,政府协同办公和电子化服务更是处于起步阶段,信息资源数据库的建设刚刚起步,电子化服务根本没有可以依靠的基础。因此,对我国电子政务的评价方法要适合于我国电子政务的现实发展阶段。

(2)我国各地之间地区差异巨大。

由于国内经济发展不均衡,发达地区和落后地区在政府信息化建设及社会信息基础设施建设方面差距巨大。电子政务建设多数发端于部分发达地区和某些重要政府职能部门,如海关、税务、公安等。这些地区和部门办公自动化建设较为完善,人员素质较高,信息化知识与现代政府管理理念较普及,外界可借用资源较丰富,电子政务的基础较好。而在许多经济欠发达地区,大量的公文流转,业务处理靠纸质 + 电话方式进行。不同的政府机关之间进行信息交流时,仍靠电话传真、传统的邮寄和专人投递。现代政府管理理念和信息化知识更是缺乏,电子政务建设必须从普及知识开始。在这种情况下,建立电子政务评价体系和方法就不能一视同仁,而要区别对待。

(3)我国目前处于发展中国家的地位。

我们是发展中国家,电子政务建设的目的是履行现代政府的职能,更好、更快地增强自身国家的综合实力,在国际竞争中取得有利的地位,因此我国电子政务建设同样要以经济发展为中心,注重发挥电子政务建设对社会经济发展的推动作用。这样,电子政务的评级方法与评价指标的选择要能够体现这样的总体目标。

(4)我国具有独特的政治制度。

我国是在中国共产党领导下的多民族的社会主义国家,正处于经济转型和高速发展之中,建设电子政务的目标之一是要推进民主制度建设,建设一个廉洁、民主、高效和现代化的政府。因此,电子政务的评价指标和方法也要体现出我们独具特色的政治与经济制度的特征,并体现出它的价值。

(5)我国"三网一库"的具体模式。

我国的电子政务的基础架构一般按照"三网一库"模式来建立,即将网络划分为电子政务内网和外网,内外网物理隔离,外网与 Internet 网逻辑隔离,各层网络采取隔离措施,必需的数据转接采用安全数据网关。在此基础之上,实现高效、透明、规范的电子化内部办公、协同办公和对外服务的过程。因此,电子政务的评价体系也需要相应区分为电子政务功能、监管和效益三个层面。功能层指内部办公、协同办公和对外服务三方面的功能;监管层,指上级监管、同级监管和公众监督三个维度;效益层,指的是良好的经济效益、对经济发展的促进、对公众服务的支持等。

4.3.2 电子政务信息系统的监理

众所周知,为了保证建筑施工项目的顺利完成,通常需要引入独立于开发商和施工单位之外的第三方进行施工监理。与此相同,在电子政务信息系统建设中实施监理制度也是极为必要的,它是提高电子政务信息系统建设项目的投资效率、工程质量、技术性能的可靠保证。

1. 电子政务信息系统监理的含义

我们先看信息系统监理的定义。所谓信息系统监理,是指聘请开发方(乙方)与用户方(甲方)以外的第三方(丙方),根据信息系统的开发规律以及开发合同和监理合同的要求,对信息系统开发过程中的行为、事件和文档进行审查和监督,为用户提供与项目有关的信息和信息处理能力的支持,以确保信息系统建设成功。

根据上述定义,电子政务信息系统监理是指专业化的工程项目管理与监理单位,按照业主的委托和授权,根据有关政府批准的工程项目建设文件、法律法规、工程建设相关技术规范、工程建设合同、工程监理合同以及项目管理的专业技能所进行的项目管理活动。实施项目工程监理的目标就是协助业主在预定的投资、工期、质量要求下完成项目建设合同内的建设内容,最终完成工程项目。工程监理所肩负的主要任务就是应用现代的、科学的项目管理手段,对工程的范围、投资、工期、质量进行控制,并进行必要的合同管理和项目组织协调等工作。监理单位同时还要对工程承包合同的执行、工程实施过程中的各种文档等进行管理,用适合于信息行业特点的先进管理手段进行电子政务工程的建设监理,以保证工程能够"按期保质、高效节约"地完成。

2. 电子政务信息系统建设中引入监理工作的必要性

在电子政务信息系统工程建设中,由于其具有投资大、周期长、高风险的特点,科技含量高,所涉及的领域宽广,而且在电子政务信息系统工程建设中,很多政府部门了解和熟悉信息技术的人才不多,缺乏自身对信息系统工程控制能力,这就使得业主和承建方在电子政务信息系统工程建设中存在严重的信息不对称,很难保证工程的有效性、安全性和可靠性,所以许多业主单位对由专业的第三方监理单位对信息系统工程进行监理提出了迫切的要求。

目前,我国电子政务信息系统工程项目建设风险较大,建设市场还需要进一步规范。为了减少电子政务信息系统工程建设的风险,规范信息系统工程建设市场，保证业主和承建单位双方利益，对电子政务信息系统工程建设进行有组织、规范化的监理就显得更加迫切和重要。

因此，在电子政务信息系统工程建设中实施监理制度是极为必要的，这也是提高电子政务信息系统工程建设项目的投资效率、工程质量、技术性能的可靠保证。

3. 电子政务信息系统监理的作用

在电子政务信息系统建设中，监理可以为工程建设提供更合理、更专业、更全面的保证。

（1）有效地保证工程的质量、进度、投资，并合理处理它们间的关系。

监理是由独立的第三方依据相关技术标准来对工程建设进行监督，这样对政府信息系统工程的建设质量更能起到保驾护航的作用。在项目建设全过程中，监理单位要依据国家有关法律和相关技术标准，遵循守法、公平、公正、独立的原则，对电子政务信息系统建设的过程进行监督和控制，其实就是要在确保质量、安全和有效性的前提下，合理地安排进度和投资。其实，监理单位是帮助业主单位对工程有关方面控制的再控制，就是对承建单位项目控制过程的监督管理。

（2）合理地协调业主单位和建设单位之间的关系。

协调业主单位和建设单位之间的关系也是监理的一项主要工作。在电子政务信息系统工程建设中，很多时候业主单位和承建单位有许多问题存在争议，业主单位和承建单位都希望由第三方在工程的立项、设计、实施、验收、维护等的各个阶段的效果给予公正、恰当、权威的评价，这就需要监理单位来协调和保障这些工作的顺利进行。

（3）有助于第三方的专业化服务功能。

由于业主单位在信息技术等相关领域普遍存在缺乏人才和经验不足的问题，实践证明业主单位自行管理对于提高项目投资的效益和建设水平是无益的。通过第三方的专业服务，帮助业主单位对项目实施控制，并对业主单位和承建单位都做出约束，是监理作用的一个重要的体现。

4. 电子政务信息系统监理主要内容

电子政务信息系统监理主要是对电子政务信息系统工程项目的质量、进度和投资进行监督，对项目合同和文档资料进行管理，协调有关单位间的工作关系。具体来说，包括如下内容。

（1）协助用户方（政府部门）组织信息系统建设的招标、评标活动。

（2）协助用户方（政府部门）与中标单位签订信息系统的开发合同。

（3）根据用户方（政府部门）的授权，监督管理开发合同的履行。

(4)根据监理合同的要求,为用户(政府部门)提供技术服务。

(5)监理合同终止后,向用户方(政府部门)提供监理工作报告。

可以看出,开发方承担用户方(政府部门)的信息系统开发工作,需要完成战略规划和可行性研究、系统分析、系统设计、系统实施和运行维护等各项工作;同样,监理方的工作实际上也贯穿电子政务信息系统建设的全过程。

5. 电子政务信息系统监理的主要方式

在电子政务工程中实施监理是近几年才兴起的一个新领域。由于电子政务工程项目的特点,监理单位不仅要具有电子政务工程方面的专业技能和系统集成经验,还要具有现代项目管理的手段和技巧,对项目的各个方面进行有效的整体管理和控制协调。目前,电子政务工程监理还处于探索发展阶段,国家有关部门正在建立监理体制,制定监理标准。项目工程监理已经作为项目管理的重要内容被人们所接受。

目前比较典型的具体监理方式是全程式监理,包括项目前期监理、项目建设阶段监理和项目后期监理。监理过程的核心内容可以总结为"三监理""三控制""两管理""一协调"。"三监理"是指事前监理、事中监理、事后监理;"三控制"是指质量控制、投资控制、进度控制;"两管理"是指合同管理、信息管理;"一协调"是指监理方站在中立的立场上协调业主和开发方的工作。

根据几年来电子政务监理实践,电子政务工程监理改变了信息系统工程建设中业主和开发商之间严重的信息不对称现象,提高了信息工程的管理水平,杜绝了开发双方不符合工程建设规律的态度和行为,从而为业主和开发方之间的合作提供保证。

4.3.3 电子政务信息系统的审计

系统审计是保障电子政务信息系统效果充分发挥的有效武器,下面介绍其基本内容。

1. 信息系统审计的含义

信息系统审计是个新鲜事物,与信息系统监理一样,在国内还处于探索阶段。信息系统审计目前还没有公认通用的定义,1985 年日本通产省情报处理开发协会信息系统审计委员会认为:信息系统审计是由独立于审计对象的信息系统审计师站在客观的立场上对以计算机为核心的信息系统进行综合的检查、评价,向有关人员提出问题与劝告,追求系统的有效利用和故障排除，使系统更加健全。

国际信息系统审计领域的权威专家Ron Weber将信息系统审计定义为“收集并评估证据以判断一个计算机系统（信息系统）是否有效做到保护资产、维护数据完整、完成组织目标，同时经济高效地使用资源”。这一定义既包括信息系统的外部审计，即对被审计单位的信息系统保护资产安全及数据完整的鉴证，又包含内部审计的管理目标，也就是不仅包括被审计信息系统保护资产安全及数据完整而且包括信息系统的有效性目标。

综合以上定义，可以看出，信息系统审计包含三层含义。

（1）对信息系统支持的业务信息或业务数据进行审计，检验其正确性和真实性，可以简称为信息系统运行审计。

（2）用计算机和信息系统做工具，辅助审计工作，市场上有专门的审计软件包出售。

（3）对信息系统的开发过程进行审计，可以简称为信息系统开发审计。

2. 电子政务信息系统审计的必要性分析

电子政务信息系统的建设是一项投资大、风险高的系统工程，对系统进行严格规范控制尤为重要。在我国的政府信息化进程中，各级政府正在建设或已建好的信息系统数量巨大。但是，花费了大量人力、物力、财力构建的电子政务平台，有的并不能用或不好用。为了保证建设的信息系统安全、可靠与有效，需要开展由独立的、具有资格的第三方进行的信息系统审计，审计从计算机、网络为核心的信息系统规划开始，到分析、设计、实施、运行、维护直至淘汰的整个系统开发应用过程，在各个阶段中总有一些相同的业务，如文档的管理、进度的管理、人员的管理等，这些方面的审计贯穿整个系统开发过程，在开发的各个阶段中都要开展相应的审计工作。

3. 电子政务信息系统审计的内容

电子政务信息系统审计的内容是根据审计的目的确定的，具体包括内部控制制度审计、应用程序审计、数据文件审计、处理系统综合审计和系统开发审计等。限于本书篇幅所限，具体内容不再详述，有兴趣的读者可以参看相关书籍或网站。

4.4 基于协同理念的"一站式"电子政务服务系统

经过十几年的发展,电子政务已经由开始阶段的政府内部办公自动化向"一站式"服务发展。目前发达国家"一站式"服务已经日趋成熟,而我国由于电子政务起步的时间比较晚,社会发展电子政务的基础比较薄弱,因此,与发达国家比相对滞后,要想建立起有中国特色的电子政务信息系统,必须大力发展"一站式"电子政务服务系统。

4.4.1 "一站式"电子政务服务的含义与功能

1. "一站式"服务的基本思想

"一站式"服务是指为了提高效率,在某个指定地点同时完成以往需要多个地点多次完成的服务。它是一种最先萌生在欧美的服务理念,其后迅速扩展到全球。所谓的"一站式"服务其实就是只要客户有需求,一旦进入服务站点,所有的问题都可以解决,没有必要再找第二家。比如:以往人们对于涉及私家汽车的服务,如果需要参观、试驾、购买、装饰、维修、购买零部件、上保险、挂牌照等,都是通过找不同的专业公司完成的,一个一个的寻找,耗费时间和精力;但是所有这些服务现在可以在汽车4S店一站完成。再比如,目前某些医院为了提高服务水平,纷纷推出新举措,成立了"一站式"服务中心,其目的也是为就医患者提供包括诊前、诊中、诊后的一体化服务,具体包括:诊前的提供导医服务,指导患者挂号,指引就诊路线,帮助老弱病残患者就诊,为行动不便的病人提供轮椅、担架;诊中的电话预约专家门诊,预约特殊检查项目,预约体检服务;诊后的接受药物咨询,检验报告,医疗保健,电话咨询等;此外,它还负责帮助群众排忧解难,听取群众意见和建议,同时负责医保审批,病假证明,疾病证明,体检证明审批等。

2. "一站式"电子政务服务的定义

随着电子政务的发展,"一站式"服务也开始电子化,如美国的第一政府、新加坡的电子公民等。"一站式"服务是电子政务中的重要应用,也是展示电子政务作用、加强用户与政府机构交互沟通的重要途径。"一站式"服务应以公众的需求为出发点,把各政府部门的相关职能整合在一起,通过统一的入口为公众提供服务。其实质就是服务的集成、整合,既可以是服务流程的整合,也可以是服务内容的整合。

综上所述,“一站式”电子政务是电子政务的重要组成部分,它是指政府公共部门通过网络提供一个有统一入口的服务平台,公民、法人和其他组织只需要登录、访问这个统一的门户平台就可以获得政府的信息和全程的、跨部门的网络化服务。“一站式”电子政务为公民、法人和其他组织提供了一种全新的服务范式:公众或者企业只需要登录电子化政府的门户站点,就可以得到所需要的完整服务,避免了传统方式的烦琐和不便(后台的处理可能跨越不同政府部门或者同一政府部门的不同处室),服务过程对公众完全透明。

“一站式”电子政务服务系统的基本结构模式如图 4–6 所示。它是电子政府建设发展到一定阶段的必然产物,它对互联网技术的应用、政府行政管理思想及管理流程的优化、行政服务网络结构、行政服务提供的模式等均提出了新的要求,它要求政府真正以企业、市民为中心,以服务为出发点,并且要求各政府机构的信息在一定程度上互联共享。目前各个地方的政府部门、政府机构都在力图建立、完善适合自身特点的一站式服务,想群众所想,把需要审批的事项集中到一个大厅、一个窗口,简化手续、提高政府办事效率。

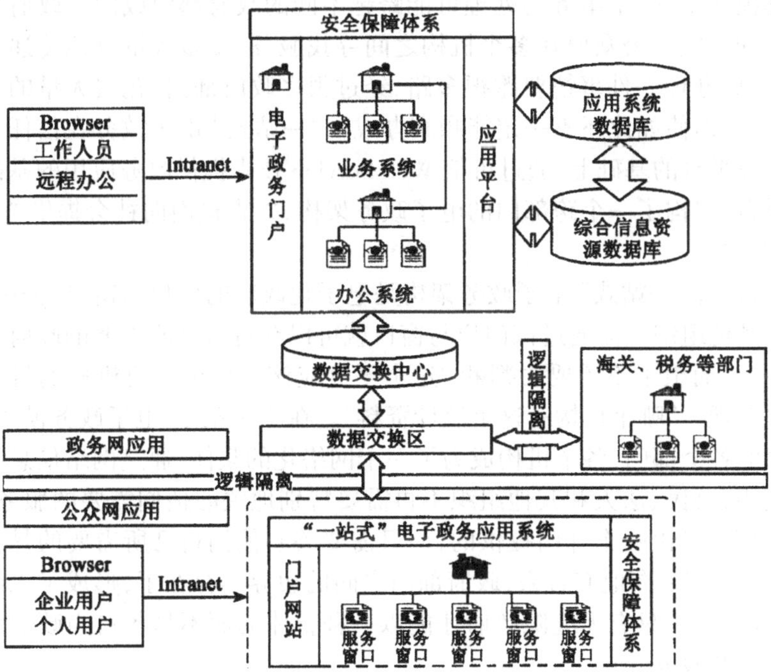

图 4–6　“一站式”电子政务应用系统的基本模式

3. “一站式”电子政务服务系统的功能

“一站式”电子政务服务系统一方面是使企业办事者、民众办事简单快捷，不需要在政府部门间来回跑动，通过系统提供的统一入口的服务平台，“一站式”得到全程电子政务服务；另一方面还使政府公务员无须在不同信息系统中反复进出办公，从而得到“一站式”办公，提高办公效率。具体来讲，“一站式”电子政务服务系统的功能如下。

第一，“一站式”电子政务的推广应用可以提高政府的工作效率，最大限度地为公众提供方便。政府通过向社会提供高效、优质、规范、透明和全方位的公共服务，打破了时空的限制。“一站式”电子政务在功能上强调的是为社会服务，具体包括：通过政府网站发布信息，提供查询；面向社会的各类信访、建议、反馈以及数据收集和统计系统；面向社会的各类项目申报、申请；相关文件、法规的发布、查询；各类公共服务性业务的信息发布和实施，如工商管理、税务管理、保险管理、城建管理；政府电子化采购等。

第二，“一站式”电子政务为公民、法人和其他组织提供了一种全新的政府服务传递方式，避免了传统服务方式的烦琐与不便。在传统政务管理模式下，一个事务的处理可能跨越不同的政府部门或同一政府部门的不同处室。公众要在多个机构之间寻找服务、要多次重复地传递相同的信息，办理一件事情要跑很多路、经过很多政府部门、花费大量的时间和精力，即使如此还不一定能顺利办成。“一站式”电子政务在信任与授权服务平台的基础上，通过可信 Web Service 技术提供政务应用的基础运行平台，建构了一个跨部门的电子政务架构，并直接面向社会提供“一站式”服务。

第三，“一站式”电子政务架构是电子化政府的门户与窗口，公民、法人和其他组织只需通过该门户与窗口就可以获得自己所需要的政府信息与服务，而根本不需要去判断“这个手续应该到哪个政府机构的哪个窗口去办理”“哪个机构有这个统计资料”。在“一站式”电子政务模式下，政府的各个部门、各个机构成为了一个网络化的整体，通过网络信息技术的使用，公民、法人和其他组织不再需要特别地关心他们需要的服务、需要的信息是由哪个部门提供的，而只需要关心他们自己所需要的是什么信息与服务；在他们看来，政府部门之间的边界不存在了，形成了无缝隙政府。因为，只有无缝隙政府才能以一种整体的而不是各自为政的方式提供公共服务。

第四，“一站式”电子政务实现了政府部门的虚拟整合和跨部门的网络化协同办公、实时在线与快速反馈，极大地提高了政府部门的办事效率，为公众提供了方便。公众只需通过一个站点就可完成所请求的服务内容及其过程；具体的电子政务处理由“一站式”服务架构的后台进行处理，对用户是透明的，用户可通过系统查询了解后台的处理进程。

4.4.2 “一站式”电子政务服务系统的框架结构

“一站式”电子政务服务系统是建立在“一站式”电子政务架构基础之上的，其应用系统的框架结构及其各个模块的基本含义如图 4-7 所示。

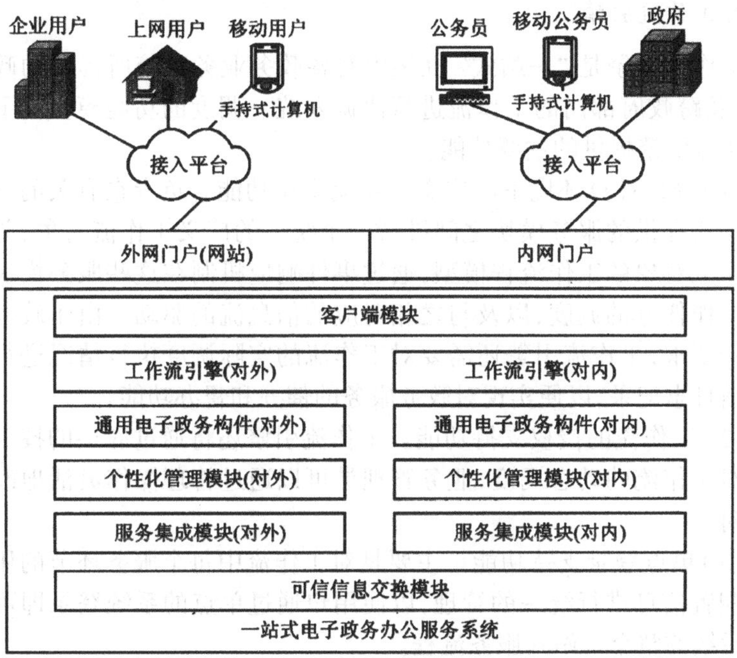

图 4-7　“一站式”电子政务服务系统的框架结构及其各个模块

如图 4-7 所示，可以看出“一站式”架构，主要针对公众用户和政务专网用户分别提供接入和工作流引擎、通用电子政务构件、个性化管理以及服务集成等基本的功能，这两部分用户之间可以通过可信信息交换模块来完成信息的安全交换功能，以满足目前对于电子政务内网敏感信息的安全保密要求。下面对图 4-7 中的几个核心模块进行描述。

1. 可信信息交换模块

由于“一站式”架构将同时为社会公众和政务专网用户提供政务服务，因此，“一站式”框架平台包括面向社会公众和面向政务专网用户服务两个部分。由于电子政务的公众服务系统客观上需要与内部的政务业务系统之间进行数据交换，以实现政务服务请求的转入和服务结果的反馈,因此,在“一站式”框架中提供了可信信息交换模块,专门在对外(公众)服务和对内(政务)服务两个部分之间进行安全的、双向的数据交换。

可信信息交换模块由一个中间层的数据共享介质和两个分别连接到对外和对内服务模块的电子开关共同构成。中间的数据共享介质仅提供数据交换功能,而不提供代码交换功能。对于通过共享数据介质交换的政务业务数据中的敏感部分,还可以通过底层的安全机制提供机密性、完整性以及抗抵赖性的保证。

2. 工作流引擎

工作流引擎是“一站式”框架中对各政务业务系统所提供的政务服务,以及跨政府部门的工作流进行协调和统一调度的功能模块。下面介绍工作流引擎提供的主要功能。

(1)异构计算环境下的广义工作流支持功能。负责在有关的政务业务系统所提供的服务模块之间维持一个统一的广义工作流对象,并根据该工作流对象的工作流程模型,通过事件响应机制在这些服务模块之间完成工作任务的调度,以及与之相对应的信息流的驱动。由于政务服务的特殊要求,工作流引擎还需要对工作流的实际调度执行情况进行详细的可信日志记录,以便实现对政务服务的催办和督办功能。

(2)工作流的授权支持功能。工作流引擎还将通过底层的授权服务实现对工作流的动态调度,业务管理员可以通过管理操作灵活地改变工作流向。

(3)单点登录支持功能。主要是对工作流中每个服务环节的用户登录和配置信息进行统一的管理,以便用户通过单点的系统登录即可自动完成后续的整个一站式服务流程。

3. 通用电子政务构件

对于“一站式”服务而言,每个政务业务系统所提供的服务中都有许多通用的功能模块。如果这些功能模块在各个业务系统中重复实现,不仅会造成资源的浪费,而且也很难保证实现的正确性与一致性。因此,理想的解决方案是在“一站式”框架中统一实现这些通用的政务业务构件模块。

通用的政务业务构件主要是在可信 Web Service 的基础上实现,主要包括以下功能。

(1)用户身份认证功能。主要支持基于公钥证书(PKC)认证的高强度身份认证机制,认证功能的实现需要与客户端模块的证书管理功能和基础密码运算功能相结合。

（2）应用操作授权功能。主要支持基于属性证书（AC）的应用操作授权功能，授权计算的实现需要客户端模块的证书管理功能的支持，并应提供对多授权模型的支持。

（3）安全数据交换功能。主要提供对通用政务数据的安全交换功能，提供对目标数据的机密性、完整性保护，并提供对数据交换过程的抗抵赖性保证。

（4）可信日志功能。主要提供系统级的可信日志功能，为"一站式"框架的运行轨迹记录提供支持，记录的日志信息通过安全机制加以保护。

（5）系统配置管理功能。主要提供系统级的配置管理功能，可以提供对配置信息的安全存储、有效性验证等操作支持。

4. 个性化管理模块

作为面向大规模应用的"一站式"服务，由于所面临的客户群体具有较大的差异性，因此，必须提供个性化的服务功能，允许用户根据自己的偏好来定制所需的政务服务。

个性化管理模块所提供的功能主要包括以下内容。

（1）用户服务定制功能。允许用户根据自己的偏好，对一站式服务框架提供的服务界面的风格进行个性化定制，并允许用户根据实际的需要，对个人主页上的信息栏目进行灵活的定制，从而面向每个最终用户提供更为友好、更贴近实际应用需求的政务服务。

（2）基于客户关系管理的服务定制功能。在基本的用户服务定制功能的基础上，还可以进一步针对客户关系管理功能，将用户对政务服务的使用情况进行分析，并在此基础上对用户进行分类化的管理，并提供相应的等级化的区分服务。

5. 服务集成模块

服务集成模块主要是在"一站式"框架的层次上提供进一步的应用服务整合与集成支持功能。服务集成模块提供的功能主要包括以下内容。

（1）跨计算平台的接口功能。"一站式"框架能够通过服务集成模块对C/S、B/S以及非可信 Web Service 等多种类型的计算平台提供集成式的支持，提供了更广泛的异构计算平台的资源整合功能。

（2）集成的安全机制。"一站式"框架通过服务集成模块能够实现安全机制的嵌入，从而确保集成的应用服务能够得到全面、有效、一致的安全保障。

（3）单点登录支持功能。"一站式"框架通过服务集成模块能够提供单点登录支持，实现对各个政务站点登录用的证书管理及配置管理。

6. 客户端模块

客户端模块是“一站式”框架的客户端支持模块。由于整个“一站式”系统都是建立在Web平台上的,因此,客户端主要是一个通用的浏览器,而且客户端模块主要是以插件的形式工作的。客户端模块提供的功能主要包括以下内容。

(1)证书管理功能。“一站式”框架通过客户端模块能够提供用户证书的下载、管理和验证等,为用户享用信任服务和授权服务提供支持。

(2)安全功能支持。“一站式”框架通过客户端模块能够对用户公钥证书的硬件载体及其软件环境提供安全功能支持,保护用户的私钥不出证书硬件载体,从根本上保证用户的信息安全。

(3)可信XML数据的解释与显示功能。“一站式”框架通过客户端模块能够提供可信XML。数据的解释与显示,通过Internet浏览器享用政务服务。

(4)会话功能支持。“一站式”框架通过客户端模块能够提供会话功能,实现用户与一站式服务框架站点的人机会话。

(5)用户界面定制功能。“一站式”框架通过客户端模块能够提供用户定制功能,用户可以使用站点个性化工具直观地修改站点风格,使之符合自己的个性需求。

4.4.3“一站式”电子政务服务系统的功能举例

各种政府业务的“一站式”电子政务信息系统的功能基本上是一样的,下面介绍如下。

1. 登录及单向互动功能

(1)用户管理。

企业和社会公众用户在使用网上申请系统之前,必须通过注册登记程序获得有效的用户身份,才能够进行各项申请。

(2)提交申请。

当用户登录后,用户可以通过树形结构快速找到要进行审批申请的项目,了解该项目所需提交的材料和办事流程,并可建立“新申请”,然后按系统要求填写相关信息或提交必要的材料,提交申请。并且还可以进行如下操作:① 审批项目查询:以树形列表、关键字查询等方式,方便用户快速找到所要申请的项。② 申报项目填写:按不同审批项目的要求,用户在网上填写必要的信息,提交相关材料。③ 查询申报状态:查看申报项目当前的处理情况和已有的处理结果。用户也可能被要求提供进一步的材料。

(3)咨询下载。

为方便用户办事,用户可查询到各类法规、规定、程序和通告,主要包括以下内容:① 政策法规:有关的政策法规、法律文本。② 办事指南:各个政府机构的办事职能和办事程序。③ 网上咨询:常见的问题和解答。④表格下载:各种申请事项所需提交的表格的样本。⑤ 最新通告:有关各类申请事项和相关政府机构的最新通告。

2. 内部事项审批功能

事项审批功能模块服务于政府各部门相关工作人员,实现政府内各部门的事项审批过程。其包含的各项功能如下。

(1)事项审批的设计和定义。

通过工作流引擎等模块设计工具,定义或修改审批事项模板。这一功能主要提供给系统管理员及各办事部门的管理人员,用于流程更改、申报材料更改,或建立新的审批事项,主要功能包括如下:① 事项信息管理:管理审批事项的基本信息。② 事项表单定义:通过图形化的方式,定义事项表单和文档模板。③ 事项流程定义:通过图形化的方式,定义事项审批的流程,确定各项任务、执行各项任务的角色以及各项任务的动作。设置分支流程的条件。④ 事项权限设置:设置对审批事项具有操作、查询和查看权限的用户。⑤ 工作流定制:在线设计审批事项表单格式模板;在线设计审批流程,指定任务(节点)、角色(目标)和动作(处理方式)。

通过工作流模板的定制,结合系统安全平台提供的用户、角色和权限功能,能够快速实现各种类型的审批流程。无论是互联审批,还是具有复杂分支条件的审批流程,都能够直观、快速地实现。

(2)集中式事项审批。

企业和社会公众在网上提交事项审批申请后,登录到内部门户网站的相关政府办事人员就会在"一站式"办公服务系统的"待办事项"中看到该申请及申报材料,并能作相应的处理。主要项目包括如下:① 工作桌面:在工作桌面上,政府各部门的相关办事人员可以快速查看与自己相关的办公信息,包括:"待办事项""近期已办事项""委托事项""监督事项"和"工作统计"等。工作桌面上列出了各个事项的申请人、事项类别、处理状态、当前步骤、到达时间、处理期限、期限警告和完成时间等信息。② 任务处理:接收到审批任务的政府公务员,查看申报材料、查看已有的处理结果,填写审批意见和相关信息后提交。事项被提交后,将根据预先设定的流程,进入下一级审批环节;如果已经处理完成,将自动被设置为"完成"状态。③ 承诺件处理:接收到承诺件后,政府公务员可直接办理,并将办理结果反馈到公众门户网站的一站式办公服务系统平台。④自动处理：通过预先设定的规则，进行自动的任务处理，如超时处理、自动回复、自动驳回等。⑤任务提醒：对接收到审批任务的政府公务员发出任务提醒。⑥催办处理：当任务的等候时间超过预设值，将自动提醒政府公务员加快办理。⑦工作委托：允许政府公务员将自己的审批任务委托他人办理，可设置委托时间，可在任意时间内取消委托。⑧收费管理：包括收费确认、支票确认、查询统计和收费项目设置等，其中查询统计分为财政与非财政两种情况。⑨过程查询：各级政府公务员可随时查询事项的审批情况，了解当前步骤和状态。

（3）分布式事项审批。

企业和社会公众在网上提交事项审批申请后，在“一站式”平台上拥有业务系统的政府部门能够直接接收到由应用支撑系统传递过来的审批事项。分布式事项审批功能由政府部门已有的业务办公系统实现，但必须能够通过“一站式”平台交换事项信息和审批状态数据。

（4）审批项目的归档和查询。

完成审批的申报事项，将自动进入归档数据库。具有相应授权的人员能够方便、灵活地查询历史事项，按各种方式查询、排序和筛选。审批结束可以自动归档。同时，可按申请人、申请部门、申请时间、申请名称和传阅类型等信息进行查询。

（5）审批项目的工作统计。

包括两个方面，一个方面是日常工作统计，办事人员可以统计自己的日常事项审批情况，上级领导也可以查看下级办事人员的工作情况。日常工作统计包括办件汇总统计报表、各单位办件统计报表、各单位办件明细报表和各办件分析图表等。另一个方面是对申报信息进行汇总统计。根据企业提交的申报资料，可以进行深入的汇总统计，得出各项业务分析报告。

（6）事项查询。

事项查询系统主要功能是在“一站式”平台上将事项审批状态或结果返回到事项申请用户。其功能模块包括两个：① 审批结果查询：用户注册到“一站式”平台，随时查询事项的审批状态或审批结果。② 审批结果通知：通过电子邮件等方式，事项申请用户可及时了解所申请事项的审批结果。

（7）领导监管和决策支持。

领导监管和决策支持功能模块可以服务于政府各级业务领导，实现领导对审批事项结果的查询和对审批事项的各种工作统计表的查询。其功能模块包括：①审批情况查询：业务领导通过门户网站对事项审批结果进行查询，能够及时了解事项的审批情况。②审批工作量查询：业务领导能够通过网上查询，及时了解各部门网上审批工作的工作量。③工作人员办公效率统计分析：通过对各个环节的实际处理时间与处理期限比较等信息进行汇总，可以了解在各个审批事项中，哪个审批环节压力最大或效率最低，从而了解办事过程、效率和资源配置问题，以便于改进和提高政府工作效率。④对审批操作进行违规统计：对各个环节的违规操作信息进行统计。⑤对申报信息进行汇总统计：根据企业或社会公众提交的申报资料，可以进行深入的汇总统计，得出各项业务分析报告。

3. 单点登录系统功能

其实现的功能如下。

（1）身份验证。

身份验证是权限控制的基础。政务门户平台单点登录系统可提供对客户和服务方双向身份的验证，一般采用的是 SSI 的握手协议与 Kerberos 身份认证协议相结合的方式。

（2）集中的权限控制。

它摆脱了以往复杂烦琐的权限分配方式，实现了基于角色的权限管理模型。

（3）数据保密和数据完整性。

可根据用户需求选用多种密码算法，以防止网上传输的数据被修改、删除、插入、替换或重发，保证合法用户接收和使用数据的真实性。

（4）完整的审计和日志。

通过政务门户平台的单点登录系统，用户必须从唯一的入口通过单一的身份来登录所有应用系统，因此在用户的登录入口处可以集中进行审计记录。这种审计记录是基于用户身份的，它可以准确地记录用户对资源访问的详细情况，为抗否认性提供了依据，并可实现完善的审计服务和管理。

政务门户平台可使用户一次登录，自动访问所有授权的应用软件系统，无须记忆多种登录过程、ID 或口令，从而提高整体安全性。这个强有力的解决方案能及时访问最终用户执行任务所需的资源，从而提高生产效率。

第5章 政府公共服务电子化的环境问题

要想顺利开展政府公共服务电子化，除了加强内部管理、流程优化并做好相应技术准备之外，还须处理好环境问题，包括信息资源开发、人才队伍建设、法制环境完善等。

5.1 政务信息资源的开发

政府公共服务电子化的开展，必须以充足、有效、高质量的政府信息资源作为前提。

5.1.1 政务信息资源含义与类型

1. 政务信息资源的含义

政务信息资源，是一切产生于政府内部或虽然产生于政府外部、但对政府活动有影响的信息资源的统称。产生于政府内部的，例如各种条例、规定、章程、命令、指示、批复、议案、通告、公函、会议纪要、合同、协议书等。产生于政府外部的，例如新闻报道、消息资料、群众信访、提议议案、社会调研等。很多政府信息资源直接涉及国民经济与社会发展的状况，具有很高价值以及可靠的质量和可信度，是社会的重要信息财富。

政府信息资源的具体内容包括：政府部门为履行管理国家行政事务的职责而采集、加工、使用的信息资源；政府部门在业务过程中产生和生成的信息资源；由政府投资建设的信息资源以及由政府部门直接管理的信息资源。由于政府与社会、每一个机构、每一个人都有着直接或间接的联系，因此政府因处理政务而产生的各类信息总量常常多得惊人。据统计，目前各级政府部门大约集聚了全社会信息资源总量的80%。

政府部门不同于一般的社会组织，政府信息资源也不同于一般的信息资源。它具有政府信息资源本身的独有特性，它具有权威性、综合性、时效性、共享性和机密性等特点。

根据政府信息资源的特性，政府信息资源分为三级：社会公开类、部门共享类和依法专用类。社会公开类信息应当向社会公开；部门共享类信息根据各单位工作需要只能在政府部门之间进行共享；依法专用类信息依据法律法规由一个部门专用。

对于政府信息资源的分级，政府应具体界定政府信息公开与保密的范畴，并进行总体规划，合理界定政府内部信息、保密信息、公共信息、公益信息、增值信息资源的范畴，根据信息的不同性质制定不同的公开与保密级别。在信息保障安全的情况下，则加强信息资源的公开，让公众更好地利用政府大量的信息资源，从而发挥政府信息资源的效益。

2. 政务信息资源的分类

政府信息资源分类是进行信息交换和实现信息资源共享的重要前提，是实现政府服务电子化工作的必要条件。搞好政府信息资源分类，具有巨大的经济效益和社会效益。

按照不同的分类角度，政府信息资源可以划分为不同的类型。

（1）按照信息的包含内容分类。

按包含内容划分政府信息资源包括政治信息资源、经济信息资源和社会信息资源等。

政治信息资源是指党政机关发出的各种文件、决策、执行信息以及接受的各种反馈信息。如各级党政机关（尤其是高层政府机关）研究和解决的全局性、战略性问题，对一些重大时期、重大事件做出的决策等；政策调研部门为领导决策提供的背景信息、理论信息；宣传部门的思想、舆论、理论、新闻、文化、教育等方面的信息；各级人大、政协的主要研究、处理的大到法律、法规及政府决策，小到反映社情民意的信息等。

经济信息资源是指政府经济职能所表现出的各种经济发展的信息。如政府财政预算、决算信息，第一、第二和第三产业的产值信息，国民生产总值（GDP）、社会生产总利润等反应经济发展的总量指标信息，以及反映经济水平的恩格尔系数、基尼系数等统计信息，经济走势分析信息、社会零售商品价格变动信息等。

社会信息资源是指在进行社会事务管理的过程中生成的，那些产生于政府外部，但对政府有密切联系和直接影响的社会信息，如社会不同地区、民族、阶层、职业、性别、年龄、学历的群众所提的各种意见、建议、要求、呼吁，新闻传媒的社会调查材料，人民群众来信来访，政府机关关于社会情况的材料，社会科学的研究成果，以及国际社会信息等。政府的职责是管理社会，服务公众。政府信息资源有很大一部分来源于社会信息。

（2）根据信息的组织机构来源划分。

根据信息的组织机构来源，主要有上级信息、平行信息、内部信息、历史信息等。

上级信息是直接指导下级机关工作的准则，也是下级机关决策的重要依据。主要内容有：党中央的路线、方针、政策；中央国家机关的法律法令、规定指示；党和国家领导人及上级主管部门负责同志带有指导性的讲话；上级党政机关发出的政策性指令；上级领导机关的文件，上级党政机关的报纸、简报、通报中的工作指导精神。上级领导的外事交往、考察、调研、访问等活动所直接或间接显示出的一些政治经济信息。

平行信息是指平行机关之间，如级别大致对等的地方政府之间、同级别的部委办局之间、地方政府与部委办局内设置的职能部门之间来往的信息，以及经验、情况交流等，也包括平行机关相互之间往来或交换的文件材料，参观、学习和交流的经验，相互之间的建议、要求等。

内部信息是指政府部门内部或某机关管辖的系统内信息。包括机关自行收集的或下级报送的各种定期、不定期和突发信息，专题信息和综合信息等。

历史信息是指政府机关的本部门、本行业、本系统的历史沿革信息。为了更好地理解上级政策的连续性，领导者对上级方针、政策，既要全面掌握现在的文件精神，也要研究该政策的历史沿革及其演变过程，以保证贯彻、落实上级的政策。

（3）根据信息流的传递方向来划分。

根据信息流在不同机构之间的传递关系来分：政府与政府之间的信息、政府与企业之间的信息和政府与居民之间的信息。

政府与政府之间的信息包括政策、法规、决策咨询、战略发展报告和总体部署等信息、事务性公务信息和公文信息。通过政府之间、政府中上级机关与下级机关之间建立起来的信息渠道，实现它们之间经常性的横向与纵向的信息交流，以协调各行政机关、行政人员与行政活动之间的关系，消除管理过程中存在的不和谐现象。这部分信息很丰富，如各职能部门的工作精神、各种公文、会议情况、总结报告、记录数据、办公档案、机关行政管理信息、经验介绍、驻外办事处工作信息等等。

政府与企业之间的信息包括税务信息、政府咨询信息、证照事务处理信息（申请、受理、变更、核销等）、政府采购信息等。

政府与居民之间的信息流包括社会保险网络信息、教育培训信息、政府服务信息等。

（4）根据政府信息的职能分类。

根据政府信息的职能分类，主要有管理信息、服务信息和反馈信息。

管理信息是指政府机关在履行行政职能过程中，为完成一些管理任务而收集的数据资料，它们经过加工处理、给以分析解释、明确意义后，对政府的管理活动将产生重要影响。从控制论的观点，管理过程就是信息的收集、传递、加工、判断和决策的过程。管理信息可以通过实物指标、劳动指标、价值指标和文字图表等形式表现。

服务信息是指为社会各界服务的信息。政府职责之一是积极营造开放公平的社会经济环境，提供高效优质的公共服务。服务信息是政府信息资源的重要组成部分，如国际国内重大政治新闻、经济运行分析、热点透视、社情动态、税收征管、统计报表、市场供求信息、预测信息、金融财经信息、科技与人才信息等等。

反馈信息是指来自各行各业、各基层群众和各学科专家学者的批评、意见、建议等，或来自经济和社会发展过程中出现的新情况、新问题、新动向等。

（5）按照信息的来源划分。

如果按政府信息的采集空间范围来划分信息源，可以分成内部信息与外部信息。

内部政府信息的来源主要是从政府部门和政务处理过程或程序中获取信息。具体包括两大部分，一部分是直接处理政务的政府各职能部门及其政务程序，也就是由政府内部信息源产生的政府信息，这种信息通常可称之为政府自产信息，它们是政府信息资源的主流，是政府资源开发管理的主要内容。另一部分内部信息则是产生于为政府决策的内设信息机构，也就是俗称的政府“智囊团”，具体包括：第一，政府所属的信息机构，例如：综合信息管理部门以及经济发展研究中心，县以上各级政府的信息中心、统计、物价以及各级部委、办、厅、局的信息机构。这些机构主要职能是为政府部门的重要决策提供决策依据，主要任务是及时向领导报告重大事件、提供重要信息，组织专家咨询委员会成员对经济、社会发展中的规划以及重要课题进行论证、充实和完善。第二，政府内部的信息机构。如各省市委、省市政府的信息处、政策研究室、专家咨询委员会等。这些机构的主要任务是协助政府对有关发展战略、行业规划、方针政策、体制法规及有关问题进行调查研究，提出意见和建议。第三，各级政协的专门委员会。这些委员会积极参与各级政府政策方针的制定和重要问题的协商讨论，为政府科学决策提供重要参考和有广泛民主基础的支持。

政府信息需求尽管有很大一部分是依靠自产信息来解决，但是大量的决策离不开来自社会、国际大环境的外部信息。政府外部信息源具体包括：第一，居民以及各基层企事业单位。这些外部信息源主要提供的是微观环境的反馈信息，如企业纳税情况、各种统计信息和报表，参加政府采购、对政府工作的意见反馈信息；又如居民向政府缴纳的各种税款和费用信息，居民参政、议政所提供的各种意见；这些都是政府应该获取的重要信息，过去大多可能是通过报表的上传、民事调查、老百姓上访等直接形式来收集这类信息，现在通过因特网就能方便获取。第二，各种咨询机构、行业部门。这些外部信息源主要提供的是各种行业信息、市场信息、宏观经济环境信息，这些机构可以为政府提供委托咨询，也是政府应该努力挖掘使用的社会信息资源。第三，公共信息部门。这些外部信息源主要提供有关政治、经济、科技、法律等环境信息，如各类图书馆、信息中心。这可能是政府比较少用的信息资源，目前网上有大量这些机构的网站，这为政府获取有关信息提供了方便。第四，国外政府机构以及信息机构。这些外部信息源主要提供的是各种国际环境的信息，这类信息有的需要通过特殊渠道获得，有的通过大众媒体就能获取。

在当今的网络时代，上述信息除了能在传统媒介，如广播电视、报纸杂志获取到外，大量的信息还都可以在因特网上找到，尤其是随着因特网发展和政府上网工程的实施，通过网络快速广泛地获取大量的外部信息已成为可能。当然基层单位与老百姓仍然是政府不可或缺的永恒的信息源头。但是上述很多信息源的信息都需要收费获取，因此政府部门如何与外部信息机构建立起制度化的信息交易机制乃是政府信息资源开发的重要任务之一。

关于电子政务的内外部信息及其来源，可以将其概括为如图 5-1 所示的模式。

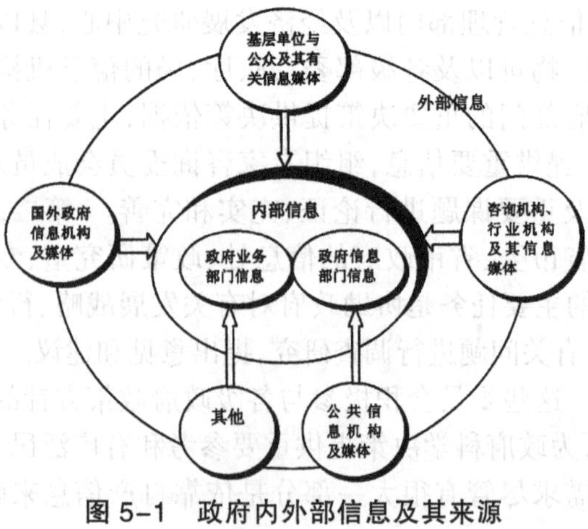

图 5-1　政府内外部信息及其来源

5.1.2 政务信息资源的开发利用

1. 政务信息资源开发的紧迫性

政务信息资源开发，就是利用现代信息技术，使得政府内部自产的信息以及来自政府部门之外的公共信息在政府的各项活动中获得充分利用的过程。从广义角度理解，政府信息资源开发还包括信息内容以外的技术资源、人员资源、制度资源的开发等。

政府信息资源的开发利用是政府信息化建设的核心内容，电子政务的有效开展，必须以充足的政府信息资源作为前提。政府信息资源开发的必要性可以概括如下。

（1）遵循WTO规则。WTO中的一个原则就是要求全面、完整、规范、权威地公布与贸易有关的政府信息资源。因此必须要把政府信息资源公开化等开发工作提到议事日程上。

（2）我国政府信息化工程已经进入建设期，为达到预期目标，我们还必须以政府信息资源开发作为配套工程。政府要想从网络获益，不仅与网络建设的技术水平、工程质量有关，更与网络信息资源的丰富程度、信息内容的实用程度和信息服务的水平密切相关。

（3）信息资源的竞争是当今社会最重要的竞争。事实上，目前各国之间的经济竞争、技术竞争，都将在很大程度上表现为各国政府之间信息资源的竞争，“信息决定一切”，哪国政府掌握国际国内环境信息资源多一点，谁就可能获得投资多一点，吸引人才多一点，谁就会拥有知识与物质资源多一点，经济实力也就会发展得快一些。

2. 政务信息资源开发的任务

在当前情况下，电子政务政府信息资源开发的主要任务可以归纳如下。

（1）内容资源的开发。具体涉及政府信息资源的收集、交换与发布工作，以及主要业务数据库的规划与建设，它是政府信息资源开发的重要内容。

（2）技术基础设施以及应用系统的开发。具体涉及政府“三网”的建设，即政府内网、外网与公众服务网，这将成为政府信息资源开发的重头戏，没有信息基础设施建设，政府信息生产、处理、传播与利用就没有共同的平台。

（3）政府人员的信息能力开发，包括信息意识的培养与信息技能的培训。为有效利用信息技术与信息内容，全面加强政府公务人员的信息化业务培训，提高公务员开发利用信息资源的能力和水平将成为政府信息资源开发不可忽视的内容。

（4）制度等支撑资源的开发。为有效开发政府信息资源，还必须完善政府信息资源管理体制，制定各种政策和法规，使得政府信息资源开发得以顺畅进行，比如政府信息收集制度、公开制度、信息处理的技术标准等都需要通过建立相应的机制和法律法规来实施。

3. 政务信息资源开发的目标

目前，我国各级政府机构纷纷将“三网一库”作为本政府部门信息化建设的首要目标和主要任务。具体来讲，“三网一库”主要由以下几个部分组成。

（1）政府机关内部办公业务网。政府机关内部办公业务网是指在政府内部建立的局域网，有时候经常简称为“内网”，它可以实现各级政府机关内部的电子化和网络化办公，包括从中央到省、市、县多级政府的文电、信息、督查、会务、值班、接待等主要办公业务的数字化、信息化和网络化，政府内网不仅可以实现文档管理自动化，还可以支持领导辅助决策、视频信息点播，还设有专门机制以实现数据的安全保障。

（2）政府信息专网。政府信息专网是指在政府部门之间建立的信息网络，有时候经常简称为“专网”，它可以通过专用计算机网络将各级政府部门局域网进行互联，由此实现政府部门之间信息的共享和实时通信。例如，通过电子邮件系统的互通互联，实现专网内政府工作人员间的邮件传递；通过公文交换平台，实现政府的纵向（如某一系统的省、市、县三级之间）与横向（如某一级政府的各个职能部门之间）的信息传递等。

（3）政府信息外部网。政府信息外部网是指政府的内部网与互联网联接后形成的政府对外服务的网络，有时候经常简称为“外网”，政府可以通过它向公众发布公共信息，如政府机构设置、工作职责、政策规定、招商引资、工作进度、政务信息、公共信息，便民服务信息等，并与公众实现双向的信息交流，同时政府职能部门还可以通过网络为公众提供在线服务，诸如实现网上申报、审批、注册、年检、采购、招标、纳税、招商、举报、信访、服务等，这样将更有助于提高政府工作透明度，树立政府的良好形象。

（4）政府信息数据库。为保证三个网络之间的信息传递和组织机构信息交换，还要建立信息数据库，构成信息交换中心，实现三网间的信息共享与信息交流。具体包括政府日常公务需要处理的资料数据，如有关的基础数据、法规文档、典型案例、客户资料等，这些原始数据都需要整理好后录入数据库存储以供大家查询，实现政府内部信息的共享。

5.1.3 政务信息资源开发中存在的问题

经过二十多年的信息化建设，我国政府信息资源开发与利用取得了很大进展，其重要意义已经为广大群众和政府工作人员所了解。但是，从整体情况看，目前我国政务信息资源的开发和共享程度还比较低，尤其是政府信息资源的开发和利用离实现电子政府的信息要求还有较大的距离，具体表现如下。

（1）政府决策所需的信息不够丰富，有的尚未组织开发，例如市场波动情况，只有总量信息，而没有细化的信息，老百姓消费的障碍究竟是什么，物价为什么在某一很长的连续时间负增长，很难有信息源提供；整个政府信息的组织范围还很窄，国际信息不及时、不系统、可比性差；政策效果的反馈信息严重缺乏，用于中长期决策的基本国情信息不足；经济运行信息十分缺乏，特别是突发性的重大信息反映不及时。

（2）部门分割、地区信息封锁依然严重，有不少原始信息还封锁在政府部门的文件柜里，致使信息交流、共享受阻，造成人为的信息短缺，政府部门之间的“信息孤岛”现象突出，相关部门之间共享程度很低，严重影响跨部门和跨地区之间业务协同。

（3）政府信息资源对社会和市场的透明度较差。一方面影响政府职能的充分体现，另一方面影响政府信息资源对公众信息资源和商业信息资源的拉动效应。

（4）信息资源管理体制不健全，信息资源维护缺乏有效的办法，信息资源价值得不到法规保障，造成很多政府信息资源难以沉淀和积累，信息资源流失现象严重。

（5）政府信息资源采集手段单一，不少政府内部信息尚未建成数据库，大量传统纸质信息尚未数字化；不少信息的加工质量差，实效性不强，真假难辨，尤其是一些基础数据统计口径不一致，影响信息使用的准确。

（6）政府对外公布的信息更新不及时、维护效果差，信息资源总量不足、布局不合理，信息资源没有形成产业化，不具备规模效应，信息资源利用率低。

（7）信息渠道不畅，渠道单一，目前政府信息来源主要是政府内部的统计部门、行业主管部门；部门之间的信息交换不通畅；民间统计和市场调查等社会信息源还没有充分发展起来，政府机关同它们的关系还没有理顺，如何支付费用缺乏明确的、规范的做法。

(8)政府信息资源开发缺乏一盘棋的规划,重复采集、交叉开发严重,造成信息成本加大、使用效率下降、资源浪费。

上述这些情况的出现在很大程度上是与政府信息资源开发缺乏有规划的管理有着直接关系的。因此,为使政府信息资源的开发有序进行,建立一套政府信息资源管理机制,以确保政府所需信息的有效性和经济性是当务之急。

具体来说,需要在各级政府中设置信息资源管理的主管部门,建立相应的信息资源开发管理体制,制定详细而又周密的政府信息资源开发和利用规划,使得政府的信息化建设纳入各政府部门的职责范围,使得信息资源开发成为政府各部门的法定任务和日常工作的基本内容,尤其是政府信息公开化,不仅要从观念转变上来认识它对政府信息资源开发利用的重要意义,而且需要有相应的制度与法规等硬性措施给予配套。

5.1.4 加强政务信息资源开发的对策

1. 合理确定政务信息资源开发的基本原则

根据当前我国的实际现状与存在问题,在政府信息资源开发过程中应遵循以下原则。

(1)与经济和社会发展相结合的原则。政府信息资源的开发利用必须与各个领域发展的需求紧密结合,以需求的紧迫性、重要性和效益性作为确定重点任务和优先发展次序的依据,比如政府信息资源公开就是一项牵涉到各个方面的任务,因此需要作为重点来抓。

(2)普遍服务原则。保障每一个公民享有获取政府信息资源和政府的电子信息服务权利,应该考虑政府信息系统网络建立起来后老百姓能以支付得起的价格、便捷的方式普遍获得政府基本的信息服务。

(3)促进市场竞争原则。充分利用市场机制促进政府信息资源的开发利用,加强政策协调,创建适度竞争的市场环境。比如政府信息化基础设施建设、政府内部的信息资源加工处理、政府外部的信息资源提供都应该本着促进信息市场、信息产业的发展目标,实行招标制、合同制,将政府的部分信息业务委托给社会。

(4)高度共享原则。一方面通过政策规范、制度建设,建立政府内部、政府外部的信息资源共享机制,另一方面通过加快信息资源数字化、网络化、社会化和商品化进程,促进政府信息资源的高度共享。

(5)逐步发展原则。政府信息资源开发利用进程不搞“一刀切”,不同地区、不同部门应根据各自的需求和基础,注重当前,兼顾发展,开发实用、适用的信息资源。

2. 正确设定政务信息资源开发的目标和重点

政府信息资源开发的总体目标是更好地履行自己的职责，提高决策质量和工作效率，提高政府透明度，促进廉政建设服务。具体要求在政府内部的信息资源开发上实现。

（1）政府部门主要业务网络化、信息交换规范化、信息公开制度化。

（2）主要的政府业务工作和重大决策有相应的信息库群支持。

（3）政府公务员信息技术应用技能普遍提高。

（4）政府信息在政府机构内部实现畅通流转、充分共享。

公共信息资源开发利用方面，要求围绕政府、企业、科技、教育等领域的需求，实施国家信息库工程，建成一批国家级公共信息库，通过公共和专用信息网络，向社会提供多样化服务。近期政府信息资源开发的重点是政府“三网一库”的建设。尤其是要围绕政府部门主要业务，建设相应的数据库，在此基础上，在各个政府机构内部自行配套建设办公信息系统、业务信息系统、管理信息系统、决策支持系统，开发建设跨部门的高性能政府专用信息网络，建设用于政府信息收集、登记、公告、发布专用信息系统和共用信息库。

3. 认真思索，严密部署，切实采取一些切实有效的具体措施

当前，为做好政务信息资源的基础建设和开发利用，需要抓好以下几项工作。

（1）咨询开路，培训先行。

政务信息资源开发是一项技术性很强的工作，政府部门在开发信息资源之前，应向软件公司或信息公司咨询，并进行周密规划，对相关人员进行信息思维的培养和信息技术能力的培训，提高有关人员的信息意识和信息技能，避免信息资源建设的盲目性，做到科学、周密、有序的进行。

（2）加快信息资源的数字化建设。

我国各级政府部门拥有大量满足业务需求的信息资源，但其中的历史资料、档案、图片、声像等大部分资源尚未数字化，可用于计算机网络的数字化信息资源及其产品十分匮乏，对现有资料进行数字化改造的任务十分艰巨。

目前，应着重做好以下几个方面的工作：①在进行数字化图书馆建设时，考虑电子政务的信息需求，把分散于社会各机构而发展电子政务又迫切需要的有价值的文献和音像资料数字化；② 有计划、有选择、有重点

地把政府机构现有的各种资料和档案数字化；③ 政府信息的传输逐步实现网络化，机关内部的办公事务，主要应依靠内部网电子邮件来传递，传统的纸质文件、书面签名方式只在处理一些重要事务时使用。

（3）搞好信息资源网络建设。

根据国家电子政务发展规划，政府信息资源网络由三部分组成：政府机关的内部办公网、政府办公业务资源网、政府公众信息网。政府机关的内部办公网是电子政务的基础，各部门必须首先建立自己的内部办公网络，构建相对独立的日常公文流转系统和业务处理系统；政府办公业务资源网是政府信息资源共享交流的平台，该平台由四部分组成：连接各级政府机构的专用光纤宽带网、各级政府的信息交换平台、安全认证系统（包括电子印章、数字签名、电子身份认证等子系统）、多媒体应用系统；政府公众信息网是政府与公众交流的通道，建立在公共通信平台上，联接政府的行政执行系统、监督检查系统等部门的网络，以政府部门日常业务处理信息系统以及智能化信息和授权平台为基础，通过网络更好地向社会、企业和公众提供管理和信息服务，主要承担两个职能：一是向社会发布各种信息，实现公众与政府的信息交流；二是向社会提供方便、快捷、透明的"一站式"服务。

政府信息资源网是电子政务的核心，在建设过程中应做好以下工作：一是在硬件设备的选择上，避免过分强调"技术越先进、功能越全面，就越好"的错误倾向，坚持"满足当前需要，适当超前"的原则。二是充分利用现有的信息基础设施。目前我国有线电视网已经接入千家万户，成为实现电视、电话、上网三网合一的最有发展前途的一个网络，因此，政府公众信息网建设可以依托有线电视网络进行，目前青岛和杭州等城市的试点已经取得了明显的效果。三是坚持"统一规划、统一管理、统一标准"的"三统一"原则。防止出现各自为政，重复建设的现象。四是实施"政府主导，企业参与"策略。这就是政府提出网络建设计划和要求，企业参与筹资、建设、运营和管理。五是重视网络信息安全，严格采取防范措施。即对政府内网要加强网络信息安全建设，同时，对政府外网要在保证公众方便使用的前提下，防止黑客的恶意攻击和各种有可能对政府公众网造成破坏的不良行为。

（4）搞好信息应用系统建设。

应用系统的建设与应用是电子政务建设的出发点和归宿。电子政务应用系统包括办公、管理和信息服务三大类。随着电子政务的深入发展，其应用领域也在不断拓展。首先，机关日常办公业务的网络化有了长足进展，已经涉及公文管理、政务信息管理、会议管理、领导活动管理、人事管理、多媒体应用等方面。其次,网络应用系统已经覆盖文件传输、电子邮件、视频会议、音像传输等。再次,政府公众信息网的服务已经从单纯的信息服务向在线服务和信息服务并重转变,如上海的社会保障一卡通系统,把民政、公安、劳动和社会保障、医疗、公积金等数据存储在公用数据库中,每个人凭IC卡通过政府网络访问该数据库,并且可以看病、领取生活保障费等。另外,一些特殊的应用系统也初具规模,如海关的口岸电子执法系统、财政管理信息系统等。

但是,以上这些应用系统还远远满足不了社会发展的需要,今后应突出抓好以下几项工作:一是强化政府工作人员的应用意识,要求每位工作人员都会使用相应的应用系统。二是开发个性化应用系统,各个政府机构除了开发具有共性的通用应用系统外,还应该根据本部门的工作特点、区域特点和领导的特殊需要,开发个性化的应用服务系统。三是在开发应用系统的过程中,技术人员、政府工作人员与领导共同参与,紧密配合,力求系统满足各方面的需要。四是强化政府网站的服务功能。政府网站不仅要向社会提供实时性、动态性的信息服务,更重要的是向社会公众和企业提供完善的管理服务。五是加强特殊应用系统建设,满足政府工作的特殊需求。如城市应急指挥系统、多部门无缝集成协同办公系统等。

(5)加强数据库建设。

各种信息资源库是电子政务最重要的信息基础。目前,以政府公文和政务信息为主要内容的办公业务资源数据库已普遍建成,国务院一些部门也各自建成了业务数据库,“十五”期间,我国部署了人口、法人单位、自然资源和空间地理以及宏观经济等四个数据库建设工作。但是,从总体上看,我国的数据库尚不能满足电子政务的深层次需要。

以后,在政府办公业务和行业管理的信息资源数据库建设方面,应做好以下工作:一是数据库建设中必须坚持统一规划、统一标准、全网共享的原则,对于每一个系统应做到统一设计、分别建设。二是对原有的数据库进行改造,增加新内容,对各单位已有的数据库进行规范化和标准化,建成统一的服务于办公业务网的数据库群。三是通过适当集中的办法,在一个区域,建立高水平、全区域机关共享的政府数据中心,向各部门集中提供应用和服务。四是建立政府信息资源库的目录体系。五是建设支持政府决策工作的国民经济综合数据库、社会和历史数据库、自然资源数据库。六是着力生产精品数据库和特色数据库。七是政府信息资源库建设应实行两条腿走路,①政府自建,②走市场集成和联合建设的道路。

5.2 标准化管理的加强

标准化是保证政府公共服务电子化有序和规范运行的基石。电子政务标准化可规范其服务方式，确保电子政务数据的安全、可靠，并保证网络的无缝连接和互操作性。

5.2.1 电子政务标准化管理的含义与作用

所谓标准是以科学、技术和实践经验的综合成果为基础，经有关方面协商一致，由主管机构批准，以特定形式发布，大家共同遵守的准则和依据，具有经济性、民主性、科学性和法规性等特点，而标准的制定、发布、出版、实施等整个活动过程，则称为标准化。

电子政务建设不仅需要法律强制性的规范和引导，也需要行业、技术层面的标准融合。因此，及时掌握电子政务标准化的发展趋势，建立并完善我国电子政务标准化体系，尽快制定当前电子政务建设急需的标准是当前电子政务建设亟待解决的问题。

电子政务标准包括应用标准和技术标准两个方面。应用标准将配合政府职能的转变，不断在优化流程的基础上，加以形成和推广；技术标准则既要满足电子政务应用的安全性，同时也要统一电子政务建设的标准化，防止各成体系、各自为政、无法互联互通。

电子政务建设必须有标准化的支持，标准化是电子政务建设的基础性工作，它将各个业务环节有机地连接起来，并为彼此间的协同工作提供技术准则。通过标准化的协调和优化功能，保证电子政务建设少走弯路，提高效率，确保系统的安全可靠。电子政务系统是一个内含多种应用系统的集成体系。各类应用系统彼此作用，相互链接，形成了一个有机的数据、信息流处理体系。由于各类应用系统在应用范围、构建方式、系统结构、数据资源等方面存在一定的差异，对整个电子政务系统平稳、高效的运行存在较大的影响，因此，电子政务的整体应用能够成就多大规模，关键是看电子政务的标准化体系建设。

5.2.2 加强电子政务标准化管理的必要性

1. 标准化管理思想在电子政务建设中的适用性

标准化管理思想一般认为最早是由“管理学之父”——泰勒提出的。

早在 19 世纪 80 年代，在美国米德瓦尔钢铁公司任职的工程师泰勒在生产实践中就确定了标准化的作业过程、标准的操作动作和标准的定额时间，建立了保证最高劳动生产率的企业生产标准体系，从而标志着工业生产中，由零部件标准化发展到操作工艺过程标准化，从技术标准化扩展到管理标准化。这种以标准化为核心的企业管理方法开拓了科学管理的新天地。此后，随着科学技术和工农业生产的迅猛发展，企业生产日益社会化、专业化和自动化。随着概率论与数理统计、系统工程、运筹学等现代管理科学方法的应用，企业管理标准化理论与方法越来越丰富，应用的领域也从工业生产延伸到国民经济和社会活动的诸多领域。

虽然政府的运行目标与企业经营目标完全不同，但是，政府管理和企业管理存在很多相通之处，可以相互借鉴。从人类社会的发展史来看，政府管理所采用的先进做法往往为企业管理所学习、应用；而企业管理所运用的现代科学管理的方法也常常被政府管理所应用，并使政府管理得到极大的改进。为了追求利润最大化，企业无一例外地要求发挥每个员工的最大潜能，提高生产效率，为客户创造价值，使消费者满意。同样，现代政府的发展方向也是发挥每个公务员的最大潜能，不断地提高行政效率，提升管理和服务水平，让广大企业和公众满意。因此，作为现代科学管理体系的一个重要组成部分，起源于工业生产，应用于企业管理的标准化原理完全有可能应用到政府管理中。

2. 标准化管理在电子政务建设中的重要价值

电子政务是一项横跨各部委办局、纵深至地方基层单位的庞大的系统工程。在这样一个系统工程建设中，通过统一技术要求、业务要求和管理要求等标准化手段，可以使整个工程及相关环节的建设在全国范围内有章可循、有法可依，形成一个有机的整体。避免盲目和重复，降低成本，提高效益，从而规范和促进电子政务的有序、高效、快速和健康发展。电子政务的建设应在“统筹规划、统一标准”方针的指导下，通过标准化的协调和优化功能，以保证电子政务建设少走弯路，提高效率，确保系统的安全可靠。

统一标准是互联互通、信息共享、业务协同的基础。标准化是电子政务建设的基础性工作，它将各个业务环节有机地连接起来，并为彼此间的协同工作提供技术准则。电子政务标准化工作必须服务于电子政务的总体目标，最大限度地满足工程需求。“统一标准，保障安全”是我国电子政务建设重要的工作原则之一。

在信息社会，要实现信息共享、互联互通，更需要走标准化道路。电子政务建设有很多个性化的内容，只有建立了标准，才能降低成本，企业可以据此批量生产，政府也更容易选择。所以标准对一个领域的发展具有至关重要的作用。

3. 电子政务的标准化滞后影响我国电子政务的发展

事实上，目前我国电子政务发展的最大的瓶颈和障碍，就是电子政务的标准化滞后。

（1）因为缺少标准化，我国很多名义上构建了电子政务系统或者建立了自己网站的政府机关，并没有实现政务电子化。各部门电子政务系统是为满足业务需要而建立的，因此较多地考虑自身行业（部门）的需要，很少考虑其他部门的信息共享需要。到目前为止，我国还没有统一的政务信息资源标准，导致每个部门各行其是，既不规范，也不统一。以北京市为例，大部分委、局、办，以及区县的信息资源都是以电子形式存储在计算机或服务器中，政策法规和期刊类信息大部分以办公文档的形式（如Word、Text），行业和职能类信息多以数据库形式（从Foxpro、Access到Oracle、DB2），还有一些数据以DXF、TIF格式，更有一些单位计算机不普及，仍然采用纸质文档。北京市是我国信息化最发达的地区之一，其情况尚且如此，其他地方的情况可想而知。

（2）因为标准落后，部分构建了电子政务系统的地区和单位，已经出现了一、二期工程系统间或者不同模块系统间的不协调或冲突，导致系统之间互相不兼容，资料不能相互利用，给社会资源造成极大的浪费。

（3）在1999年刚开始实施上网工程时，电子政务的标准化问题还没有引起足够的重视。随着电子政务向深层次发展，缺乏统一标准的后果直接表现出来：重复建设、互不通用、各自为政、系统冲突、信息资源匮乏等。即使一些开展电子政务较好的机关，因无国家标准，也感到无章可循而瞻前顾后、步履维艰。国家有关部门已经认识到，缺乏统一标准已成为我国电子政务发展的一大障碍，同时也对国家的安全构成巨大的威胁。

（4）现有的不多的电子政务标准规范几乎都停留在技术标准层面，而政府管理行为和过程的标准化还没有得到人们的重视，尤其是在国家和政府法制化水平较低的情况下，政府管理的标准化建设问题更是困难重重，甚至超出了人们所能想象的范围。

根据国内外的实践，电子政务并非一种简单的信息化工程，其应用方向的多元化使其建设过程必然充满矛盾和曲折。为电子政务建立一个标准，树立一个标杆，可以减少“开始交学费”，避免“过程中浪费”，杜绝“最后白费”的现象。标准化是支撑电子政务的重要手段，是我国电子政务建设的基础性工作，是电子政务系统实现互联互通、信息共享、业务协同、安全可靠的前提。因此标准化建设是这一时期的当务之急。

电子政务标准的制定将遵循“急用先行、成熟先上、科学先进、切实可行”的原则进行。标准的研究制定将采取开放的方式进行，积极调动各部门尤其是企业的力量，充分发挥各方面的技术优势和积极性，有效利用现有的资源和标准化成果。随着电子政务标准化工作的开展，必将使各个业务环节有机地连接，并为彼此间的协同工作提供技术准则。

5.2.3 我国电子政务标准化发展现状与建设对策

各国电子政务因国情各有差异，其标准也是这样。随着电子政务热在中国的兴起，中国电子政务标准化工作的内容与水平不断提高。为有效地支撑我国电子政务工程的建设，必须采取积极措施，明确发展重点，首先抓好电子政务标准化及其管理工作。

1. 目前我国电子政务标准化的体系结构

2002 年 1 月，国务院信息化工作办公室和国家标准化管理委员会成立了电子政务标准化总体组，中国电子政务标准化工作全面启动。其工作职责是：积极研究跟进国内外与电子政务有关的发展动态，及时调整工作思路与方向，与国内外各政府部门、技术专家及开发商一起研究，提出我国电子政务的标准体系框架和实施计划，组织制定电子政务建设需要的标准，参与解决我国电子政务网络建设和应用过程中产生的全国互联互通问题及其与电子政务标准和质量有关的问题，最终推动我国电子政务健康、有序建设。

按照电子政务标准技术参考模型和标准体系的定位，充分考虑标准体系的纵横关系，电子政务标准体系将电子政务建设所需的标准按其内在联系构成一个有机的完整体系，该体系由六个部分组成：第一部分：电子政务总体标准，它又可分为电子政务总体框架、电子政务术语、电子政务中文信息处理和其他电子政务综合标准。第二部分：电子政务应用业务标准，它又可分为电子政务基础数据、电子政务文件与单证格式和电子政务业务流程。其中电子政务基础数据又包含电子政务数据元和电子政务代码标准。第三部分：电子政务应用支撑标准，它包含电子政务信息交换、电子政务置标语言、电子政务数据处理和电子政务服务标准。第四部分：网络基础设施标准，它包含电子政务建设规范和电子政务网络管理规范。第五部分：信息安全标准，它包含电子政务信息安全基础标准、电子政务物理安全标准、电子政务物理环境和保障、电子政务信息安全产品、电子政务系统与网络标准、电子政务应用与工程标准和电子政务管理标准。第六部分：电子政务管理标准，它包含电子政务软件工程、电子政务验收与监理、电子政务系统测试和评估以及政务信息资源评价体系。

2. 实现电子政务标准化管理的主要对策

今后，我国大力加强电子政务的标准化管理，需要采取以下的主要对策。

（1）加大电子政务标准的贯彻实施与监督力度，制定相关的法律、法规，以确保标准的实施有法可依。同时，电子政务标准化工作要完善“政府引导，市场推动”的管理方式，建立动态维护机制，使标准化制定和应用相结合。

（2）加强电子政务标准的研究和开发，搞好技术创新工作，不断提高我国信息技术标准的水平，以开放的方式，积极调动各部门力量，充分发挥各方面技术优势，有效利用现有资源和标准化成果，同时，还要平衡信息技术的快速发展与标准的稳定性之间的矛盾。

（3）不断跟踪和研究国外有关电子政务标准化研究发展动向，积极采用国际和国外先进标准，建立健全我国电子政务标准体系。同时还要处理好国家标准与某些跨国公司的技术的知识产权问题。

（4）电子政务处理过程中要求能够在异构平台、异构环境、异构网络中实现数据交换和业务自动处理，这些必然涉及数据、文档格式和公文的标准化、统一化。建立电子政务的标准化体系需要建立一个能够描述政府部门内部、政府部门间和政府与公众间数据交换和业务处理流程的规范标准，以减少数据在处理过程中因标准不统一而引起的诸多问题。同时电子政务的标准化体系应是可扩展的。只有这样，该标准化体系才能进行有效推广。

（5）成立电子政务标准化办公室，统一协调各部门的标准化工作。制定各部门办公的数据处理标准，相同、相似的业务用统一的数据标准，未成为政府办公标准的数据不得进入政府网。部门归纳整理出本单位办公的数据标准，统一组织专家进行研究，确定尽量少的、通用性强的数据结构标准，使得一类标准确立后，同类的若干个数据结构都是该标准的“子集合”。完成各数据库管理软件可用于全部“子集合”的管理，使得同类数据库管理操作也标准化。对于数据库，政府以统一的标准建立，用同一个全文检索软件操作，实现库结构和检索操作标准化。

3. 我国电子政务标准化工作今后的发展重点

当前和今后一段时间内，我国电子政务标准化的工作重点主要是以下几个方面。

（1）进一步发挥国家标准在跨部门间信息共享和业务协同中的作

用,逐步形成以国家标准为主体、行业标准为补充的电子政务标准体系。

(2)逐步健全国家电子政务标准化协调机制,以国家电子政务标准化总体组为核心,形成对国家及地方重点电子政务建设项目进行标准化方案的备案审查制度。

(3)进一步完善政务信息资源目录体系和交换体系建设配套标准的研究制定,加快制定人口、法人单位、地理空间、物品编码等基础信息的标准。

(4)围绕财政、金融、税收、工商、海关、质检、食品药品安全等关键业务,统筹规划,分类指导,发挥各业务主管部门的力量,重点做好部门间政务信息资源共享、业务协同所需的政务信息资源目录、业务流程规范、数据指标、数据交换格式规范等一批基础性、共性标准,有序推进相关业务系统之间、中央与地方之间的信息共享,促进部门间业务协同,提高监管能力,全面支撑经济调节、市场监管、社会管理和公共服务职能。

(5)加大电子政务标准实验、验证机制和标准实施监督手段的投入力度,逐步建立和形成面向全社会的、开放式的电子政务标准联合试验、验证机制及标准实施监督机制。通过标准符合性试验、验证工具开发、标准符合性验证评价机制的建立和完善,形成以相关法律和法规为依据、以电子政务工程为对象、以标准和有关程序为准则、以标准符合性评价机构为依托的电子政务工程质量评价体系,加强标准实施力度、确保工程建设的质量。

5.3　专业人才队伍的建设

当前电子政务突飞猛进,建设一支高素质的电子政务专业人才队伍已迫在眉睫。电子政务人才队伍决定着电子政务系统建设效益的发挥,影响着电子政务的可持续发展。

5.3.1 加强电子政务人才建设的必要性

在目前情况下,大力加强电子政务人才建设,具有一定的必要性和重要性。

1. 人才建设是发展电子政务的关键

努力造就一支高素质的信息人才队伍,充分发挥其作用,是面对新世纪挑战的战略要求,也是党和国家"尊重知识,尊重人才"方针的重要体现。公务员是电子政务服务的中坚力量,因此,他们素质的高低,直接影响着电子政务实施的效果,关系电子政务发展水平的高低,进而又会影响到政府的声誉、形象乃至干群关系。从这个意义上讲,电子政务人员的素质是发展电子政务最重要的“设备”,是促进电子政务健康发展的核心力量。

2. 电子政务建设离不开信息化人才

电子政务的建设与应用,包括电子政务项目的规划与开发、电子政务的安全保障、电子政务系统的正常运行与电子政务预期效益的发挥都离不开一定的信息化人才。

然而,由于公共部门是一个具有相对封闭,财政资源上具有硬约束的系统,人才流动较慢,致使公共部门成为信息人才的“低地”。有很多公务员并没有受过正规的信息化技能培训,因此远远不能适应办公自动化和信息技术新发展的要求,新技术在政府工作的应用和新技术转化为生产力的效率由于人才跟不上时代的步伐而受阻。这是快速发展信息时代中普遍存在的一个社会问题。所以,必须大力加强电子政务信息化人才培养。

3. 高素质公共服务人才是电子政务建设的必要条件

电子政务对行政人员的思想观念、行为倾向、知识结构、知识储量、应用能力都提出了极高的要求。如果行政人员没有一定的知识存量,不具备处理问题的综合能力,那么,错综复杂的问题就会让他们无所适从,这将会抵消新技术手段带来的便利,甚至造成信息传输的瘫痪乃至社会动荡。因此,“政府上网”的顺利实施有赖于一个高素质的公共服务人才。电子政务建设要求行政人员转变观念,树立起为人民服务的思想;勇于开拓创新,积极调整自己的知识结构;主动适应环境的变化,提高综合应变能力;养成良好的学习习惯,提高自己的知识存量,熟练掌握先进的信息技术手段,提高自身吸收与借鉴、消化与转化先进知识能力,使自己成为“集成型行政人才”。

4. 电子政务专业人才的匮乏将严重影响电子政务建设的推进

无论做任何事情,人、财、物一般总是作为要在第一时间统筹考虑的对象。但目前的现状是:在电子政务的建设上,很多政府部门的决策人员更多是由于理解层面的局限,仅仅把电子政务的建设当作一项技术工程来看待。所以在电子政务的建设中,对于人员的选取、使用,职权的分配都只着眼于系统的技术建设,而没有考虑到信息化建设是一项牵涉多部门、多层次的大工程，人的因素被严重忽略，更多的关注落在了需要巨大财政投入的硬件建设上；随之而来的就是电子政务工程建设的业务化运行管理被忽略、电子政务效益发挥被忽略、电子政务安全被忽略、电子政务的应用被忽略、电子政务的制度建设被忽略，最终这一系列“被忽略”严重影响了电子政务建设的整体推进。

5.3.2 电子政务环境下政府工作人员的素质要求

电子政务的建设和应用对政府工作人员的综合素质提出了更高的要求。

1. 电子政务环境下政府工作人员所应该具备的共同素质

以下这些共同的素质是电子政务环境下政府工作人员所必须应该具备的。

（1）对于开展电子政务建设的目的有清晰明确的认识，对电子政务在政府行政体制改革中所要发挥的作用有深刻的了解；对电子政务在各国的建设及应用情况有一定的了解。

（2）熟悉本部门的管理职能，对本部门现行的工作流程、管理机制有深入的了解。

（3）具有扎实的信息技术基础知识，会使用计算机进行公文处理、表格统计、图表制作、演示文稿制作，会使用网络进行信息搜索、网上资源下载、下载信息处理等工作。

（4）有丰富的行政管理专业知识，有组织协调能力，有系统工程的思路。另外，由于电子政务很多工作内容属于实时业务工作，因此健康的体魄也是非常重要的。

（5）有较强的信息处理能力。即广泛地接受信息，迅速、准确地从中挑选出有用信息，并根据工作需要进行加工、处理。实际上，政府的管理过程本质上就是信息的接收、处理、发送的过程。公务员信息处理能力大，政府管理和服务的功能就更加有效。

（6）具有较强的时间意识和效率观念。电子政务是为了实现政府高效的服务，如果公务员缺乏时间和效率观念，将会大大制约电子政务的发展。

（7）具有较高的宏观综合分析能力。善于在数量繁多的信息大海中寻找和保持正确的方向，能够自觉抵制腐朽、反动信息的侵袭，有坚定的信仰和信念，具备较强的政治素质和水平。对于内部保密信息，有较强的安全意识和保密意识。

（8）有全心全意为人民服务的精神。电子政务的服务有两个方面：一是政府利用信息技术手段主动地为大众提供服务，二是通过信息技术手段使大众能够方便地从政府索取服务，两者的双向互动就构成了现代的电子政务服务体系。电子政务最大的意义就在于，从根本上改变了政府和公众的联系。说到底，电子政务的目的就是要更好地为人民服务。

（9）具备较强的学习能力和对新知识的感知能力，并具有一定的工作创新能力。

2. 针对不同层面的电子政务人才所需具备的特别素质

与企业开展电子商务需要不同类型的人才一样，电子政务人才队伍的组织也应该遵循“专门化”原则。除了以上共同要求，不同层面的电子政务人才还需具备一些特别素质。

（1）领导层。

电子政务系统建设是“一把手工程”。作为领导层，应该对计算机技术在政府工作中的应用前景和所能够发挥的作用有深刻的理解，了解现代信息技术发展趋势，深刻了解政府工作流程和运行机制；能够承担电子政务系统建设的整体规划、决策、组织和协调。他们的态度决定着电子政务的发展趋势，影响着电子政务的建设速度和普及应用程度。

（2）技术决策层。

作为技术决策层人员（主要是政府部门CIO、信息中心主任、办公室主任等），必须对信息技术及其相关技术的现状和发展趋势有深刻了解和掌握，了解政府工作流程和运行机制，深刻了解电子政务在政府工作中所应发挥的作用，善于将信息技术和现行的政府运行机制相融合，能承担电子政务系统建设的技术规划、设计、决策以及工程的组织实施。

（3）项目实施者。

对信息技术及其相关专业的知识有深刻了解和熟练掌握，具有较强的组织协调能力。

（4）项目运行维护人员。

熟练掌握计算机及其网络技术，具有处理突发事件的能力，具有迅速判断和处理计算机网络故障的能力。

（5）项目使用者。

全体政府部门工作人员应具有基本的计算机操作能力，深刻理解信息技术的应用对政府工作带来的改变并对此做出积极适应；同时善于发现电子政务在实际运行中所出现的问题，并能够对此提出改进的建议和意见。

（6）技术施工队伍。

目前电子政务建设项目的施工一般是“外包”，由具备电子政务建设资质的施工队伍进行，这样对政府部门的技术力量要求不太高。但是，关键技术必须由政府部门人员掌握。目前的状况是，大多数政府网站、甚至内部网络都由市场运作，而这些公司有可能良莠不齐，为电子政务的安全埋下隐患。所以，一定的技术人员也是非常必要的。

（7）各层次的信息收集整理人员。

各层次的信息收集整理人员要有良好的计算机使用能力，对信息有强烈的政治敏感性和社会敏感性，对信息有较强的综合能力、筛选提炼能力，善于发现对决策有用的信息；具有对政务信息进行收集、整理和分析的能力。

（8）政务信息上网审核人员。

政务信息上网审核人员对信息要具有非常强的敏感性，有较高的政策文字水平，熟悉国家政策，熟悉国家信息管理法规和规章制度，对信息能否上网有良好的把握能力。

（9）培训人员。

深刻了解电子政务的运行情况，了解政府部门工作人员实际情况，能够针对不同的应用层人员开展培训，可以由专职人员组成，也可以由建设人员或高校老师兼任。

当然，以上诸项只是对电子政务工作专门化设计的一个设想。在实际工作中，往往是一职扮演多种角色，实施多项职责。需要强调的是，并非每一项职责都必须由专人来承担，关键在于这些事情都要有人来做，并有相应的权力来做保障，做到权责匹配。

5.3.3 电子政务条件下公务员的培养和使用

1. 电子政务培训工作的任务

电子政务培训工作的主要任务是加快公务员信息技术知识与技能的培训制度、统一标准和培训大纲，编制一批高质量、实用的培训教材；将信息技术知识与技能的培训纳入各级党校和行政学院的教学计划，举办各个短期培训班，对公务员进行在岗培训，充分利用院校的教育资源开展相关培训；制定公务员信息技术知识与技能的等级考试制度，将公务员信息技术知识与技能纳入公务员业务考核范畴。

2. 加强和改善公务员培养的具体思路

针对以上公务员电子政务培养的特点和现状，有学者提出有必要加强和改善公务员培养工作，为电子政务的建设和运行奠定坚实的基础。主要应加强以下几项工作。

（1）注重公务员信息观念的培养。从某种意义上说，政府治理的过程就是信息的收集、加工、处理的过程，政府职能的有效履行，有赖于适时、准确的信息。也就是说，信息及信息网络已成为现代政府的神经系统，因此我们必须注重公务员信息观念的培养，使他们强烈意识到“信息就是资源”“信息就是财富”“信息就是力量”，离开及时、准确的信息，政府将举步维艰，群众就无所适从。当公务员认识到信息在现代政府管理与服务中的价值和作用时，他们就会最大限度地开发和利用信息资源，提供有效的信息服务，将信息适时地转化为社会财富，创造更高的附加值。

（2）加强对公务员信息能力的培养。信息能力是指人们应用信息技术的能力和获取、加工、处理信息，分析、判断信息的能力。伴随着政府信息化的推进，我国现有的政府管理模式将发生重大变革，代之以一种建立在现代信息技术和信息资源基础之上的全新管理模式。因此，在公务员中开展以计算机网络技术为基础的信息技术教育，培养他们熟练应用、驾驭信息技术的能力，才能赋予他们快速获取所需信息、充分开发利用信息资源的本领，利用现代化工具和手段进行现代管理、提供全新服务、做出科学决策的能力。

（3）加强公务员信息道德的培养。在信息化的电子政府中，公务员既是信息生产者、加工者，又是信息传播者、使用者，他们是否严格遵守信息法律、法规，尊重知识产权，是否注重保护个人隐私、保守商业秘密、维护信息安全等都事关政府的正常运行，事关社会的安定，因此只有强化公务员的信息道德教育，使信息道德规范化为他们的信息道德品质，使他们能够严格自律、自觉践行信息道德义务，才能保证社会的良性运行，保证政府信息化建设的顺利发展。

3. 电子政务专业人才培养方式建议

对于电子政务专业工作人员应尽可能按照既懂计算机及其相关专业知识，又了解行政管理相关知识或具备这些领域的相关经验的标准来予以培养和选择。

（1）从专业技术人员或政府部门管理人员中选拔政治上可靠、能力强、有热情、思维敏捷、对新技术有敏锐的感受力、对科技发展前沿问题有强烈长期的关注、身体健康的优秀人才，并对其进行电子政务相关知识的强化培训，对专业技术人员进行政府工作流程的培训，对政府管理人员进行专业技术的培训；然后在实际项目建设中委之以重任。

（2）在高校开设电子政务专业，选拔优秀的学生进行方向明确的培养。待其本科或研究生毕业后直接进入政府部门从事电子政务工作，以输送各种层次的电子政务急需人才。

（3）对各级领导和各级行政人员进行电子政务专门培训。各级行政机构的领导对电子政务在观念上的认同、思想和行动上的重视是电子政务能够顺利推动的决定性因素之一，只有各级领导都能够意识到建设电子政务的重要性，并认同电子政务在我国深化行政体制改革中所要发挥的作用，认同电子政务是各国政府面对全球信息化的必然挑战，才能使电子政务建设得以顺利推进。而为使电子政务建设效益得到更好的发挥，达到“边建设、边应用”的目的，就需要结合电子政务每一阶段的建设，针对各级行政人员，即不同层次的用户，安排针对性强的培训内容，使得各级行政人员都能够熟练掌握电子政务系统的操作技能、使用方法，从而为系统建设效益的发挥奠定良好的基础。

（4）要赋予电子政务工作人员与他们所推动的电子政务系统建设和应用相匹配的行政职权。电子政务专业人才队伍组织体系没有建立，带来的直接后果是工作人员无职无权，或有职无权。因而在推动系统的应用时难以得到其他部门的支持与认同，无法在建设和运行过程中完成大量需要协调的内容。久而久之，在各级行政人员心目中甚至留下了电子政务只是一项单纯的技术改进，是个别电子政务建设人员的事情的印象。有时甚至认为电子政务是在增加工作负担，一些部门的电子政务应用最后不了了之，这也是其中一个重要的原因。2005 年 4 月 27 日颁布的《中华人民共和国公务员法》第三章第十四条明确了“公务员职位类别可划分为综合管理类、专业技术类和行政执法类等类别”。电子政务工作人员可考虑作为公务员中专业技术类别，赋予其与所承担的职责相对应的职权。

5.4 配套法律法规的完善

随着电子政务的发展，出现了大量与新的政府管理形式相冲突的问题，这些问题用传统的法律法规已经难以规范，因此，必须出台与电子政务相适应的法律法规。例如，有关电子认证、电子文档、信息公开等一系列法律法规问题的制定，以及修订有关法律法规已经成为进一步发展电子政务的当务之急。认真分析我国电子政务立法现状,系统总结其存在的问题,并提出有效对策,对推动我国政府公共服务电子化的提升具有重要意义。

5.4.1 完善电子政务法律环境的必要性

近年来我国电子政务应用不断深入,其立法方面存在的问题也日益突出,在一定程度上阻碍了我国电子政务的快速发展。因此,必须加强对我国电子政务法律环境的完善。

1. 电子政务法的含义

电子政务法,从狭义上理解指的是国家颁布施行的命名为《电子政务法》的单行法,现已制定《电子政务法》单行法的主要国家有美国、韩国等。从广义上来讲,电子政务法是为了实现电子政府的业务内容,促进行政业务电子化的各种法律规范(包括法律、行政法规、部门规章、地方性法规、民族自治法规、经济特区的规范性文件、部门规章以及地方行政规章等)的总称,包括出台《电子政务法》《电子交易法》《电子签名法》《政府信息公开法》《远程医疗法》《电子投票法》《计算机犯罪法》《通讯多媒体法》《个人信息保护法》等法律规范,修改《民法》《专利法》《著作权法》《商法》《海关法》《刑法》《民事诉讼法》《刑事诉讼法》《行政诉讼法》等法律规范,以及废止一些与发展电子政务不相适应的相关法律规范。

电子政务发展至今,它的每个环节与法律法规的各种条件相互影响,相互作用。一方面,电子政务的发展状态直接为有关法律法规的制定提供依据;另一方面,法律法规的实施也左右着电子政务的发展前程,制约电子政务的发展速度。

2. 建立电子政务法律环境的迫切必要性

电子政务有着开放性、交互性、高效性等优点,可以在一国甚至全球范围内促进公众与政府的交流。它为人们在物质范围之外缔造了一个虚拟的公共空间,推进了政府管理现代化和政府民主化进程。但是,我们也应该看到,电子政务在运行过程中同样面临着信息技术带来的经济模式、政治模式、文化模式等方面的冲击,面临着网络安全、信息安全、个人隐私安全、国家安全等困扰,从而给社会稳定带来一系列挑战。

(1)新型网络犯罪手段层出不穷,各种恐怖集团和贩毒团伙等不断应用现代信息技术发展出新的犯罪工具,传播计算机病毒、恶意攻击网站、金融诈骗,甚至网上销售毒品活动也十分猖獗,这些活动给社会带来空前的危害。

（2）非法网络交易猖獗，如无照经营、非法传销、虚假拍卖会等屡禁不止。

（3）有害信息难以遏制，反动、黄色和其他有害信息以前所未有的方式广泛传播，危害着国家安全和利益，危害着人们的身心健康。

（4）虚假信息泛滥，恶意造谣传播迅速，而追究有关责任人的工作却难乎其难。

（5）国际互联网无国界限制，这使得对涉及多国网络犯罪行为的管辖权难以界定。

（6）互联网所具备的匿名特征，以及互联网庞大的信息流量和高速的信息流速，使司法机关对违法犯罪证据的收集难度加大，各种违法犯罪活动得不到及时有效的制裁。

非常遗憾的是，所有这些迫切需要法律规范和调整的问题，都没有随着技术的发展而及时得到解决，目前，虽然有些国家已经制定了一些关于网络犯罪、电子商务、电子证据等方面的法规，但相应法制体系还没有建立起来。为联合国提供网络犯罪情况咨询的麦康奈尔国际公司发表的题为《网络犯罪和处罚》的调查报告表明，“世界各地的从事网络犯罪者并没有因为有可能被逮捕或受到起诉而被吓倒，他们潜伏在互联网上，对企业财务和客户信用形成了无处不在的威胁，同时也对国家安全形成了新的威胁”。

由此可以看出，电子政务法规的立法滞后和体系不健全对于电子政务的制约已经逐步显现出来。由于相关法律制度的缺失，造成了一些电子政务开展起来存在一些困难，例如，认证网上公布政策的法律效力，电子邮件的法律效力，网上审批的法律效力，电子签名是否合法，政府信息是否公开等。这些问题不解决，电子政务就很难开展。以域名服务问题为例，近几年来，我国各级法院受理的相关域名纠纷越来越多，在这些案例的判定过程中，法律对于法官而言总是捉襟见肘。在我国第一起判定的域名纠纷——石家庄福兰德公司诉北京弥天嘉业公司关于 PDA 域名一案中，法官就不得不指出，我国关于域名登记管理的最重要的办法——《互联网域名注册暂行管理办法》只是部门规章，不能作为法律依据。在其他类似域名纠纷的判定上，法官们也只能更多地引用民法中一些诸如公平合理、诚实信用等原则。可见，立法是解决电子签名与电子合同的法律效力、域名的法律地位与救济措施、隐私权的保护等问题的唯一途径。

3. 电子政务的发展急需法律规范的监督

首先，电子政务的顺利发展必须依靠法律保障。要发展电子政务，必须建立完善的信息法律体系,特别是与电子政务相关的专门法律,通过法律手段调整电子政务条件下新型的社会关系,引导并保障电子政务向廉洁、高效、健康方向发展。在电子政务的日常运营中,必须加强法律保障。为了保证信息安全,需要对信息资源的开发、利用和保护,对信息系统建设和系统运行维护,对于信息技术的管理,对于信息犯罪的防范和惩处,对信息商品市场的管理,对信息产业发展的支持和鼓励,都必须通过立法加以确认。

其次,电子政务的立法也是入世的必然要求,是与世界接轨的大势所趋。我国已经入世,转变政府职能、政务公开本身也是 WTO 众多协议中所涵盖的一部分,并且也必将会在 WTO 的相关协议中有更多的体现。如果我们连电子政务的最基本的法律都没有,就根本谈不上真正与国际的接轨。另外,电子政务的立法,可以说是当今世界立法的重点之一。经济技术发达国家如美国、德国、新加坡等,不仅希望在电子商务和电子政务的技术上领先,在立法上也想影响全球。所有这些国家电子政务立法的最主要特点就是迅速。从 1995 年美国犹他州的"数字签名法"和俄罗斯的"联邦信息法"至今,短短八九年的时间,就有几十个国家和国际组织,相继制定或正在制定电子政务法律法规。

最后,电子政务法制建设是解决电子政务中一系列问题的内在要求。第一,电子政务管理权限问题需要立法解决。由于网络管理包罗万象而使得无法把它简单地归入某一个甚至几个部门,目前的管理条块分割、部分规定冲突,使部门协调与全国统一愈显重要。这个最根本的组织问题如不解决,电子政务的有效管理恐怕是很难落实的。第二,网络犯罪的判定也需要立法解决。前不久,一些网络黑客同时用垃圾邮件攻击我国一著名门户网站,造成该网站暂时瘫痪。这里面当然有门户网站的技术缺陷问题,但技术上的漏洞,可以通过技术进步加以解决,而问题的最终解决还是要通过法律途径。第三,网上公布政策的法律效力,网上审批的效力等具体问题还是需要通过立法来解决。

5.4.2 我国电子政务的立法现状与问题

1. 我国电子政务立法的发展阶段

目前,我国电子政务的立法还处于探索发展阶段。我国的电子政务立法(这里指广义的立法,即不仅包括法律,还包括部门规章、法规的制定),大致经历了三个阶段。其中:

第一阶段(20 世纪 80 年代末—90 年代末),国家开始制定了一些有关信息化的法规。然而这些法规仅限于对网站、域名的管理及与传统信息安全立法衔接的安全规范。

第二阶段（1999—2001年），在开始涌现的电子商务热潮的带动与要求下，相关立法呼声一浪高过一浪，人大会上的电子商务立法提案将之推向高潮。这一过程中，出台的与电子政务有关的法规、规章包括：《互联网信息服务管理办法》《软件产品管理办法》《互联网电子公告服务管理办法》《互联网站从事新闻登载业务管理暂行办法》等等。此外，相关领域的事件还包括中文域名的推广，计算机软件最终用户责任的强化，北京市高级人民法院出具《关于审理国内域名注册、使用而引起的知识纠纷案件的若干指导意见》，国内七家新闻机构签定网络新闻协议，中国电信出台垃圾邮件处理办法等等。

以上两个阶段都没有专门针对电子政务的立法，而只是电子商务立法的刚刚开始。之所以把这两阶段也列入电子政务立法阶段，是因为在此期间关于信息化与电子商务的部分法规同样适用于电子政务。因为无论从技术手段、透明度与公开性还是高效率等方面来看，电子政务都与电子商务有着实质上的共性和必然的联系，正是这样的共性决定了电子政务与电子商务的立法是相通的、互动的、共赢的和不可分割的。

第三阶段，以2001年8月国务院信息化工作办公室的成立为标志，开始了真正的电子政务立法阶段。国务院信息化工作办公室，致力于电子政务建设的规划与政策法规制定。同年12月，国务院做出“中国建设信息化，政府要先行”的重要决策，2002年7月，国家信息化领导小组讨论通过和公开发布《关于我国电子政务建设的指导意见》，将电子政务建设纳入一个全新的整体规划、整体发展阶段，及时制定和执行一批行政法规和规章制度，有利于不失时机地指导和推进电子政务发展，并定为以后正式立法奠定了基础。

2. 当前我国电子政务法律体系的内容

目前，我国的电子政务法律环境不断得到完善，电子政务与互联网的立法工作取得重大进展，相关法规与规章纷纷出台，连同相关政策、地方法规及司法解释在内，总数以数十计。这些法规与规章涉及互联网安全、保密、基础设施建设、政府信息公开、信息服务市场的管理等诸多领域，初步形成了一个完整的电子政务法律体系。可概括如下：

（1）初步建立了较科学的电信行业管理法律体系。包括《中华人民共和国电信条例》《无线电管理条例》《通信行政处罚程度规定》以及一系列规范电信市场竞争、维护消费者权益的法律法规也在制定之中，初步形成了开放的、公平有序的法制环境。

（2）初步形成了较完备的互联网网络管理法律体系。先后制定了《互联网信息服务管理办法》《计算机信息网络国际联网管理规定》《互联网电子公告服务管理规定》《互联网上网服务营业场所管理办法》等一系列行政法规、规章。

（3）初步建立了有效的产业促进政策体系。包括信息产业相关的市场主体法律体系、政府管理和服务法律体系、技术创新法律体系、风险投资法律体系、产业政策体系等。

（4）初步形成了较为合理的信息产业市场竞争法律体系。这些法规包括:《关于电信网间互联管理规定》《电信网间互联争议处理办法》《电信业务经营许可证管理办法》《互联网骨干网间互联服务暂行规定》等一系列规章、政策。

（5）初步形成了促进信息化应用的政策体系。包括:《国民经济和社会信息化专题规划》《上网银行业务管理暂行规定》《上海市社会保障卡管理办法》等信息化应用的政策、法规,它们的出台,使国民经济和社会信息化应用的政策体系初步成型。

（6）初步形成了较完备的信息安全法律体系。包括:《计算机软件保护条例》《计算机信息系统安全保护条例》新《刑法》《计算机信息系统安全专用产品检测和销售许可证管理办法》《计算机信息网络国际联网安全保护管理办法》《全国人民代表大会常务委员会关于维护互联网安全的决定》等法律、法规,这些法律的出台,结束了中国计算机信息系统安全及计算机犯罪领域无法可依的局面,使中国信息安全法律体系的建设日益完备,为打击计算机犯罪活动提供了法律依据。

（7）建立了强有力的知识产权保护法律制度。这包括2004年修改的《专利法》《商标法》《著作权法》《计算机软件保护条例》和2001年新制定的《集成电路布图设计保护条例》等,这些构建了完整的信息化知识产权保护法律体系。

（8）初步建立了有效的信息服务市场管理与登记许可类法规。主要是有关信息服务、市场管理和许可登记的法律和规章,如《电子出版物管理规定》《中国互联网域名管理办法》《中文域名注册暂行管理办法》《中国互联网络域名注册实施细则》《中文域名争议解决办法》《计算机信息网络国际联网出入信道管理办法》等。

（9）公布了一些有利于政务公开和电子签名认证的法律法规。政务公开类法律法规,主要是对政府有关业务流程和政策制定、执行及结果的公开,如《政府信息公开条例》《行政许可法》《政府采购信息公告管理办法》等。电子签章与认证服务类主要是指《中华人民共和国电子签名法》。

（10）某些行业自发形成了一些行业信息化管理办法。主要包括《财政部会计电算化管理办法》《铁道部铁路计算机信息系统安全保护办法》《互联网医疗卫生信息服务管理办法》《互联网药品信息服务管理暂行规定》《中国人民银行关于网上银行业务管理暂行办法》等。

3. 我国电子政务立法存在的问题

当前，我国电子政务立法方面存在的突出问题可以概括如下。

（1）立法模式存在的问题。

电子政务立法有统一立法与单行法相结合模式和分散模式。美国属于前者。2002 年 12 月美国通过《电子政府法》，并与其他单行法配套，如《政府纸张消除法》等。而我国则属于后者，有关电子政务的法律法规分散在计算机法、信息法、互联网法等单行法中。由于缺乏更高层次的法律提供统一的法律原则、法律措施和协调组织机制等方面的指导，已出台的规章之间往往缺乏衔接与一致性，存在着比较严重的冲突、重复和条块分割，这些问题不同程度地存在于各种登记许可制度中，也存在于中文域名的登记和管理上。

（2）电子政务标准立法亟待完善。

虽然我国已制定了《电子政务标准》，但它只是一个标准框架，可操作性和检验性较差，全国各省市电子政务建设还处于各自为政的状态。究其原因，一方面我国各级政府信息化的起步时间和发展阶段不同，发展水平也参差不齐；另一方面我国缺乏对电子政务建设标准的立法，在实践中采用不同的技术标准和传输协议。这就不容易互联互通，信息不能有效共享，形成“信息孤岛”现象，导致部门间协作性和安全可靠性较差，也不利于政府改进管理方式和提高行政效率。

（3）政府信息公开立法存在的问题。

从美国立法过程看，在其电子政务发展过程中，先后制定了《阳光下的政府法》、《信息自由法》、《政府信息公开法》等，着力打造“阳光下的政府”。而我国至今仍没有出台政府信息公开法，并且早在 1988 年就通过以“凡不宣布公开的事项皆推定为保密”为原则的《中华人民共和国保守国家秘密法》，这远远不能适应电子政务条件下政务公开的要求。政府信息公开没有成为一种制度，造成政府信息获取困难，侵犯了公民的知情权，浪费了信息资源，容易滋生腐败。不过值得庆幸的是，《政府信息公开条例》2007 年 4 月 5 日已经公布，并定于在 2008 年 5 月 1 日开始实施。

（4）公民隐私权保护立法存在的问题。

在电子政务环境下，政府收集、储存和利用信息时，容易侵犯公民个人利益。政务公开要求政府职能部门将各自收集、储存及分析的信息公之于众,以保障公民的知情权,这将导致大量个人信息被公开,容易侵犯公民隐私权。这是电子政务发展过程中公民隐私权保护的特有问题,而我国现行法律对什么是个人隐私、如何保护个人隐私,尚无明确的规定。因此,如何加强对公民隐私权的保护,成为电子政务立法中不可忽视的问题。

(5)立法滞后制约电子政务发展。

电子政务立法滞后,在一定程度上制约其健康发展,主要表现在:许多亟待法律规范的事项并没有相应的法律规范;许多现有法律规范中的具体规定不适应电子政务发展需要,有的与电子政务发展相抵触,如对关乎电子政务根本性质定位的电子政府的法律地位问题,我国法律并没做出明确规定;对电子政务建设资金的来源、预算、使用以及监督等问题,也基本上没有法律的统一规定;涉及政府信息资源管理、政府信息公开及知识产权保护的法律都需要修订和完善;有关网络安全、政府信息认证、加密以及公众知情权等方面的网络法律法规几乎是空白。

(6)信息安全立法有待加强。

电子政务直接涉及各级政府的核心政务,关乎党政部门乃至整个国家的利益,因此,保障政务信息安全成为各国政府普遍关注的问题。一些电子政务发达的国家陆续制定专门的关于电子政务安全的法律法规,如英国《官方信息保护法》等。我国虽已出台了一些与网络信息安全有关的法律法规,但是电子政务在信息技术催化下快速发展,对信息内容安全性不断提出更高标准,而保障电子政务安全的专门法规迄今尚未制定,导致现有的法律法规难以适应电子政务发展的需要。特别是近年来随着我国电子政务建设不断推进,政务信息暴露和泄密的机会日益增多,政府的网络安全隐患也令人担忧,主要表现在:一方面网络访问的隐蔽性和不确定性易遭到病毒感染和“黑客”攻击;另一方面内部人员的蓄意破坏、越权处理公文、窃取国家机密等恶性事件频繁发生。这些隐患可能导致国家及政府形象受到损害,对国家安全也构成威胁。因此,保障信息安全成为我国电子政务立法中一个亟待解决的问题。

总体上说,我国电子政务立法还处于“无纲领性立法、无确定立法规则、无有效的立法评价及监督机制”的三无状态,现有法律法规的法律效力层次低,规章占大多数,至今尚未出台关于电子政务的纲领性立法以及明确的立法规则,更不用说评价及监督机制。

5.4.3 完善我国电子政务立法的解决对策

1. 电子政务立法应该遵循的指导思想

今后,我国电子政务立法应该遵循以下指导思想。

(1)遵循国际惯例,做到与国际接轨。

发展电子政务的目的是提高政府工作效率,促进政府行政方式的转变,这是入世的必然要求,也是包括我国在内的各国政府改革的目标之一,开展电子政务是与世界同行的一步,所以它的立法也应具有国际化的眼光。

(2)充分考虑我国具体情况,从实际出发。

美国等一些发达国家的生活习惯、信用制度等本身可以较快地与电子政务适应,而我国刚从计划经济向市场经济转型,基础设施落后,管理水平,信息化水平低下,同时还存在信用卡使用不普遍,网络建设参差不齐,上网成本高,政府、企业信息化水平低下等发展电子政务上的诸多问题。因此,我国的电子政务的法制建设还要有自己的原则与立场,推出适合我国国情的总体方案。

(3)分工合作,分阶段发展,重点突破,不断完善。

先重点突破诸如电子签名的有效性、政府信息公开等方面的核心问题。这样,通过立法先解决如前所述电子政务发展中的突出及紧急的问题,再分阶段逐步完善。《中华人民共和国电子签名法》的颁布和实施,是我国电子政务立法取得阶段性进展的重要标志。

(4)充分利用已有的法律体系,保持现有法律体系的完整性与稳定性。

除了电子政务中的特殊问题,如制定电子政务信息技术规范、制定法律上认可的数字签名技术标准、认证授权管理、电子支付的合法性、电子文件的合法性、数据的保护、电子交易的保护、电子身份的鉴别等问题需要另外立法外,现有的法律体系一般情况下都适用网络世界,并不会因其虚拟化而有所不同。在电子政务的发展过程中,将不可避免地涉及政府行政管理中的许多行政法规和法令的修订和补充。对现有法律没有完全涵盖的内容,尽量通过修改法律或发布司法解释的方式争取解决,例如关于政务公开与透明的规定,关于简化行政管理过程的规定,修改版权法等等。

(5)在电子政务的立法过程中,要充分发挥各部门规章及地方政府立法的作用。

电子政务本身就是一项社会系统工程,与之相关的问题变化较快,以地方立法等局部规章相对灵活的方式尝试解决，不失为一种较好的渠道。比如证监会最新出台的《网上证券委托暂行管理办法》，公安部出台的《计算机信息系统国际联网安全管理规定》及上海、广州出台的一些地方法规等。

（6）在立法的同时，充分发挥司法、行政执法、仲裁及国际组织的作用。

虽然我国作为成文法国家，但在电子商务、电子政务相关案例的审判中，适当加大司法运用法律的自由度，还是非常必要的。北京市第一中级人民法院知识产权庭在近年来审理知识产权案中，就在证据认定、赔偿数额、举证责任等方面创立了许多新的原则，有效地保护了知识产权。

2. 加快我国电子政务立法步伐的对策

完善的电子政务法律体系是电子政务规范有序发展的重要保障。为了推动我国电子政务的健康发展，要树立"立法先行"观念，通过制定新的法律法规、修订已有的相关法律，逐步建立电子政务相关法律的体系，从而促进我国电子政务的规范、健康发展。

（1）加快电子政务基本法的制定。

电子政务基本法是构建电子政务法律体系的基础，它既是制定下位法律法规的依据，又是理顺电子政务法律体系内部层次关系的前提。许多国家都通过制定电子政务基本法来统领、指导及协调各单行电子政务法律法规。因此，为了消除分散立法模式弊端，我国应借鉴其他国家经验，在今后的电子政务立法上选择统一立法与单行法相结合的模式，尽快制定《电子政务法》，以保障我国电子政务的快速发展。

（2）建立健全电子政务法律体系。

电子政务法律体系建设，本质上是为电子政务提供一个公正透明和谐的环境。我国要在既考虑国情又借鉴他国经验的基础上，进行全面立法，构筑起完善的电子政务法律体系。该体系与计算机法、互联网法和信息法存在交叉关系，但不是简单的拼凑和叠加，而是一个独立的、具有自己内在规律的体系，除包括《电子政务法》外，还包括《电子政府法》《电子政务技术法》《电子政务基金法》《电子政务行政法》和《电子政务监督法》等。另外，还应包括用来规范某些重要行政部门电子政务实践的法律规范，如电子税收法、电子警察法和电子海关法等。

（3）扩大政府信息公开程度，尽快出台《政府信息公开法》。

政府信息公开是建立法治政府的标志，也是电子政务向纵深发展的必要条件。借鉴国外经验，政府信息公开必须由法律来统一规范。针对我国现状，应遵循及时、真实、公正和方便的原则，明确政府信息公开的内容、方式、范围和程序，尽快出台《政府信息公开法》。政府信息除在政府网站上公布外，还应通过媒体、政府信息公告栏、公共电子屏、新闻发布会和公众服务热线等及时发布，促进政府信息公开行为法制化。

（4）加强对公民基本权利保护的立法。

保护公民基本权利是依法行政的基本原则。在电子政务中应保护公民信息权和隐私权。公民信息权包括信息产权、信息自由权、信息自主权、信息平等权和信息救济权等，其中信息平等权尤其受社会关注，即"信息鸿沟"，主要指贫困地区因缺乏电信基础设施，不能通过计算机网络等获取信息、接受先进教育所产生的不同地区和阶层的信息权落差。借鉴国外经验，政府可以通过转移支付和给付请求等推进电信设施建设和人才培养来实现公民的信息平等权。另外，对公民隐私权保护的立法也是当务之急。在实践中除采取技术上加密外，还应借助立法加强对公民隐私权保护，明确政府在收集、存储和传输个人数据中的保密责任，保证公民的基本权利不受侵犯。

（5）加强对电子政务标准的立法。

从国外立法经验看，为了推动政府信息化和电子政务发展，关键是搞好整体规划，制定统一的标准。针对我国电子政务发展现状，一方面在《电子政务标准》的基础上，遵循"急用先行，成熟先上，科学先进，切实可行"的原则，从整体着眼，积极吸取社会各种力量推动电子政务标准的修订与完善；另一方面在电子政务建设上，必须科学规划，所有技术、标准、协议和接口都遵循相关标准，以保证网络的标准性、开放性和安全实用性，使我国的信息资源能得到充分利用。

（6）修订与电子政务发展相冲突的法律法规，健全其他相关法律法规。

电子政务的实质在于制度创新，这意味着政府工作的内容、方式和程序等都将面临着变革，而应对这些变革仅靠政府自身努力是不够的，还必须依靠法律。在电子政务实施过程中，法律法规应随着电子政务的发展而调整，对不适合实际需要的法律，通过对其内容的废除、修改、合并和补充，以适应电子政务发展的需要。如，《刑法》中不仅需要将各种可能出现的危及电子政务系统安全的行为纳入刑法的调整范围，还应规定相应的具体刑罚，同时《合同法》《证据法》等都需要不同程度的修改。另外，为了促进电子政务的健康发展，还需新的立法，特别是与信息及信息技术应用相关的法律法规，如关于简化行政管理过程和规范政府间文件传输的立法等。

（7）重视信息安全的立法，提高电子政务的安全水平。

安全是电子政务的生命，信息安全成为当前电子政务信息化过程中的关键问题，是电子政务建设中的重中之重。政务信息公开可能使其安全性受到冲击，要保障其安全，仅依靠技术是不够的，还需要借助立法来解决。在对信息安全性方面进行立法时，应贯彻“积极防御，综合防范”的方针，明确电子政务的安全标准、具体规则以及对违反者的惩戒措施，对政府信息网络安全保护的操作标准做出统一规定，着重从制度层面上完善政府部门信息安全法规建设，对不同政府部门的数据安全和保密信息筛选制度以及信息认证等制定专门的法律法规，全面提高信息安全的防护能力，从而为保障国家信息安全和社会公共利益建构良好的制度屏障。

第 6 章　政府公共服务电子化的安全保障

6.1　政府公共服务电子化的安全问题概述

政府公共服务电子化中，政府部门的公文往来、资料存储、业务管理和服务提供都以电子化的形式来实现，“安全第一”应当成为政府公共服务电子化建设的基本原则。

而在现实电子政务实践活动中，电子政务受到的安全威胁有多种形式，例如：来自外部的威胁（如机密泄露、系统入侵、信息窃取、信息抵赖、信息假冒、网络瘫痪、信息威胁、信息恐怖、信息间谍、病毒发作等）；来自内部的威胁（如内部人员操作不当、管理疏漏、恶意破坏等）；操作系统、数据库服务器、电子邮件服务器、Web 服务器等漏洞造成的安全隐患；另外，电子政务应用系统设计上的缺陷也是安全隐患之一。

6.1.1 政府公共服务电子化的安全需求分析

我国政务业务系统具有分层设置机构、纵向业务领导、分级履行职能的特点，因此，政府业务管理对政府公共服务电子化提出以下基本安全需求。

1. 严格的保密要求

为了确保政务机关职能的正常履行，确保信息的保密性是基本要求。但这种保密性要求又不是上下完全相同，具体来说，差异主要体现在两个方面，一是不同级别政务机关的保密性要求不完全相同，越接近中央政务机关，其管理、决策职能越多，需要确保保密性的信息越多；二是不同业务系统的保密性要求不同，如确保公共安全系统与公共服务系统的保密性要求有可能不同。

2. 信息交换准确的要求

我国政府是分级、分层设置的“单一制”政府机关，“上令下传、下情上达、令行禁止”是对政务业务运行的基本要求，因此，确保政务机关内、政务机关与社会公众之间信息交换准确是对政府公共服务电子化建设的基本安全要求之一。

3. 严格的权限管理要求

政务业务系统的基本运行体制之一就是领导和责任制度，领导和责任的履行都离不开一定的行政管理权限，严格的权限设置和管理是政务机关运行的一大特点。

4. 严格的程序和流程要求

政务机关内部具有严格的办事流程和具体规定，这是政务机关运行的基本特征。如果违反了这些流程和规定，不仅会带来政务机关低效运行，还会对社会稳定造成严重影响。

5. 确保责任

责任追究制度是政务机关运行体制的基本制度之一，责任追查制度是保证责任得到正确履行的重要手段。

6.1.2 电子政务安全的概念与内容

1. 电子政务安全的概念

简单地说，电子政务安全就是保护政府信息资产（政府信息资源）不受未经授权的访问、使用、篡改和破坏。如果从电子政务保护角度来看，电子政务安全的含义是电子政务系统资源和信息资源（数据库等）不受自然和人为有害因素的威胁和危害。所以凡是涉及电子政务系统的保密性、完整性、可用性、真实性和可控性的所有内容都是电子政务安全的研究领域。从以上定义可以看出，电子政务的安全目标有三个方面，分别是：第一，保护政务信息资源价值不受侵犯；第二，保证信息资产的拥有者（政务主体）面临最小的风险和获取最大的安全利益；第三，使政务的信息基础设施、信息应用服务和信息内容具有保密性、完整性、真实性、可用性和可控性的能力。

2. 电子政务安全的内容

电子政务系统安全威胁来源于“天灾”“人祸”和“系统本身”。

具体地讲，电子政务的安全主要有以下几个方面的内容。

（1）人员安全。

人员安全是电子政务系统中最具有决定性的安全因素，人员的安全指的是接触电子政务核心机密的人员，对这些人员要进行组织审查和法律法规的教育工作，使他们具有安全意识和观念。这个安全因素是最重要也是最容易忽视的，必须切实加强。

（2）制度安全。

制度安全是指依法建立完善、有效的规章制度来保证电子政务系统的安全性。据统计，电子政务系统安全大多是由于内部原因引起的。例如：对网络管理思想麻痹，舍不得投入必要的人力、财力、物力来加强电子政务安全性；没有采取正确的安全策略和安全机制；缺乏先进的网络安全技术、手段和产品；缺乏先进的系统恢复、备份技术和工具；内部人员操作失误等。随着计算机系统的广泛应用，操作人员、编程人员和系统分析人员的失误或缺乏经验都会造成系统的安全功能不足。加强政府系统内部的制度管理很有必要。

（3）物理安全。

物理安全主要指的是电子政务系统不受自然灾害、物理设备、人类破坏等原因影响系统的正常运行和造成错误。由于移动互联网系统使用的场所正在转向工业、农业、野外、天空、海上、宇宙空间、核辐射环境，这些环境都比机房恶劣，出错率和故障的增多必将导致可靠性和安全性的降低。电子政务在这样的环境下安全性能是比较差的。

（4）网络安全。

网络安全主要指的是保护电子政务系统在网络运行中不受到侵害，相应的安全措施主要包括设置防火墙、安装网络入侵检测系统、信息识别系统、系统实时监控等。

（5）传输安全。

传输安全指的是政务信息在传输过程中不会被窃听和篡改，电子政务系统涉及各种机密信息的传输，而电信的专线要有足够的安全性。

（6）存储安全。

存储安全指的是电子政务信息在存储过程中，不会因为存储设备的原因而使数据丢失。主要的措施是尽可能采用先进的信息存储、数据备份技术、数据恢复技术。

（7）访问安全。

访问安全主要指的是电子政务信息在正确的时间，由正确的人员、正确的方式来访问，即只有经过授权的人员才能访问相应的数据，而未经授权的人员则不能对信息进行任何操作。

（8）用户认证安全。

用户认证技术是一种由计算机验证回答身份是否合法的保密技术，主要目的是防止有人通过假冒他人而进行的信息窃取。方法一般有以下几种，一是利用用户的专有信息，采用口令字、密码或通行字保密，其缺点是失窃后不留痕迹。二是利用用户的专用物品，比如钥匙、磁卡或IC卡插入计算机的识别器以验证身份。三是利用保密算法，用户采用某一过程或函数对某些数据进行计算，计算机根据其结果以验证身份。四是利用用户的生理特征测定，如采用指纹、声音、视网膜等由计算机识别以验证身份，来控制访问。

（9）病毒防护措施。

病毒防护主要指的是防止计算机病毒的攻击造成电子政务系统的破坏，采取的主要措施是在系统中安装有效的防病毒软件。各种计算机病毒越来越多，许多网站遭受破坏，这其中有很多是黑客的"杰作"。

（10）操作系统安全。

随着系统软件规模空前膨胀，电子政务具有内在安全的脆弱性，任何隐含的缺陷、失误都能造成巨大损失。电子政务系统的脆弱性主要的原因是操作系统安全的脆弱性、网络安全的脆弱性、数据库管理系统安全的脆弱性、防火墙的局限性和一些其他原因造成的。

操作系统安全的脆弱性是指操作系统结构体制本身的缺陷。尽管操作系统的缺陷可以通过版本的升级来克服，但系统的某一个安全漏洞就会使系统的所有安全控制毫无价值。

（11）数据库管理系统的安全。

数据库管理系统安全的脆弱性是指大量的信息存储在各种各样的数据库中，但是这些数据库系统在安全方面的考虑却很少。而且，数据库管理系统安全必须与操作系统的安全相配套。例如，DBMS的安全级别是B2级，那么操作系统的安全级别也应该是B2级，但实践中往往不是这样做的。

（12）电子政务应用系统的安全。

电子政务系统的开发一般都是由专业开发公司完成的。专业开发公司的水平、经验和实力等都对电子政务系统的品质构成影响。计算机领域中重大技术进步都对安全性构成新的威胁。从认识论的高度看，人们往往首先关注系统的需要、功能，然后才被动地从现象注意系统应用的安全问题。鉴于上述原因，为了加强电子政务信息安全保护，有必要针对目前电子政务应用系统的开发制定相应有效的安全防范措施。

6.1.3 电子政务安全威胁的产生原因

凡是对政府信息资产带来危险的任何行动或对象都被称为政府信息安全威胁。威胁电子政务信息安全的原因很多,下面从政治、技术、管理三个不同层面分别阐述。

1. *政治层面*

全球信息高速公路的建设,Internet 和 Intranet 的发展,给电子政务带来了巨大的推动和冲击,同时也给我们带来了许多的挑战。因为有越来越多的入侵者利用越来越多的工具和手段对 Internet 和 Intranet 进行攻击。入侵者的攻击行为之一就是政治上的原因。电子政务的重要性不言而喻,所以电子政务可以成为敌对势力、不法分子的攻击目标。例如:2005 年在网络上发生了一连串大陆与台湾的黑客互相攻击事件,其原因就是因为台湾的某个政府机构网站遭到大陆的黑客篡改网页,台湾的黑客发现后便不甘示弱,也发起了反击动作,这样一来一往的黑客攻击事件,曾经一度引起双方的政府相当程度的关切,同时也造成了两端的紧张气氛。想想看,一个国家的政府网站,竟然就这样被黑客进进出出。篡改网页充其量只是种恶作剧的行为,若是进而窃取官方重要机密,一个国家的安全可能就受到威胁了。难道网站的管理者没有一套防范的措施吗?其实,只要联上 Internet 网络,就必须要承担网络安全的风险,也就是说,被入侵的情形就可能会发生。当然,如果安全措施得当,被侵入的可能性就相对小一些。

Internet 是一个全开放的信息系统,已经成为各国信息战的战略目标,窃密和反窃密、破坏与反破坏的斗争是全方位的,不仅是个人、集团级的行为,而且是国家级的行为。自 Internet 问世以来,资源共享和信息安全一直作为一对矛盾体而存在着,计算机网络资源共享的进一步加强随之而来的是信息安全问题也日益突出。

2. *技术层面*

技术层面是最早被重视的问题,也是网络安全软硬件的技术性问题,可以从网络协议的各个层面来分析电子政务在技术层面可能会受到的威胁因素。

(1)物理层信息安全问题。主要是计算机或者网络硬件设备的损坏、物理通路的损坏、物理通路的窃听、对物理通路的攻击(干扰等)。

(2)链路层的网络安全。主要是指通过网络链路传送的数据遭到窃听。

（3）网络层的安全。主要是指非法用户与非授权的客户的非法使用，从而造成网络路由错误，信息被拦截或监听。

（4）操作系统安全。这是一个主要的安全问题。目前流行的许多操作系统均存在网络安全漏洞，如UNIX、Windows NT及Windows等。必须要求保证客户资料、操作系统访问控制的安全，同时能够对在该操作系统上的应用进行审计。

（5）应用平台安全。这是人们没有太重视的部分。事实上在网络系统之上的应用软件服务，如数据库服务器、电子邮件服务器、Web服务器等均存在大量的安全隐患，很容易受到病毒、黑客的攻击。

（6）应用系统的安全。应用系统直接面向最终用户，其安全问题最多，包括规范化操作、合法性使用、系统本身安全漏洞、信息泄露、信息篡改、信息抵赖、信息假冒等。

3. 管理层面

管理层面是整个电子政务安全的关键，实际上电子政务安全问题的80%是由于管理问题造成的。通常存在的管理问题包括管理组织、管理规范、技术管理、日常管理等。

（1）管理组织不完善。由于电子政务安全是一个相对较新的课题，绝大多数单位由于各种原因并没有一个实际的安全管理组织。因此，具体的安全管理任务就没有办法落实到人，从而造成有了问题没有人管，即便管了也没有明确的责权，而不能真正落实。

（2）管理规范未建立。对一件事情的管理由于没有真正的责权人，就很难谈得上有什么管理规范，大多数都是有一些并不完整的制度，而安全是一个整体工程，不完整的管理几乎等于不管。

（3）技术管理不到位。技术管理是目前问题最少的，这是因为几乎所有的系统建设时都有一定的技术管理要求，但是这些基本上是网络管理和应用系统的用户管理，真正的安全管理基本上是空白，因为大多数单位只是考虑防火墙、防病毒等基本技术安全措施，并没有提高到管理的程度。

（4）日常管理更是几乎空白。从计算机的日常使用（如网络共享管理不严）到信息保存（如秘书为领导打印的密件不加密）、流转（如领导干部的任免审批过程被扩散）、归档资料的处理（如系统开发文档未确定借阅限制），甚至包括应用系统用户的权限变更（如人员调离单位未注销账户）等处处存在漏洞。

6.1.4 电子政务安全保障体系的构成

电子政务安全保障体系一般分为安全技术系统和安全管理系统，如图 6-1 所示。安全技术系统包括物理安全、网络基础平台安全、信息资源层安全以及业务应用层安全等，安全管理系统主要包括安全组织、安全策略及制度、安全标准、安全评估和安全审计等。

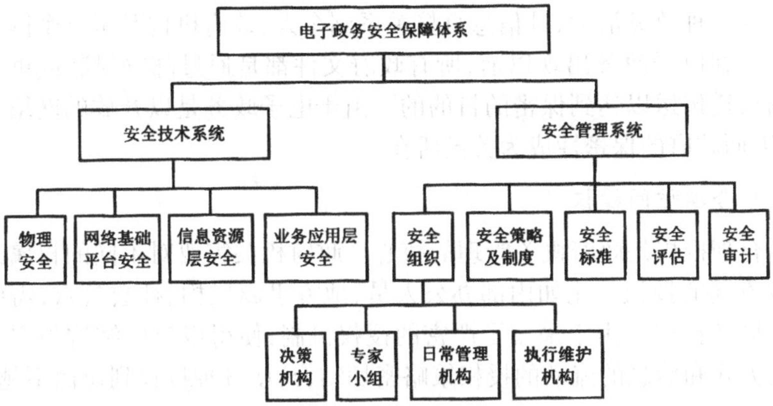

图 6-1　电子政务系统安全体系组成

安全管理系统和安全技术系统是相辅相成的。在电子政务系统建设时，在对安全技术系统进行设计之时，必须考虑安全管理系统的建设和实施。因为，众多的不安全因素是来源于组织管理、人员使用等方面。

6.1.5 电子政务安全的基本要素

在不同的管理层次和不同的管理领域，对信息安全的需求层次和深度是不同的。一般而言，为了满足安全需求，必须考虑以下四个层次的整体安全性：数据完整性、数据保密性、合理访问授权和双向身份认证。

1. 数据完整性

数据完整性指接收方收到的数据与原始定义的数据严格相同，即数据不能被非授权地修改或删除，且在数据受损的情况下应能通过数据的备份完全恢复。它包括数据的正确性、一致性及有效性，安全性则指非授权用户无法访问数据。

电子政务虽然简化了政务活动过程，但由于各站点的开放性，使得数据库系统并发度非常高，数据的完整性主要表现为数据的一致性。保证数据的一致性不外乎两个方面：一是采用合适的封锁并发机制；二是数据库系统的恢复措施。为了保证在网上传输的数据不被非法地窃取或修改,重点应放在数据的安全性、正确性及有效性上。其实,数据的安全性和完整性是统一的,安全措施的目的正是为了保证数据传送和数据存储的完整性。

2. 数据保密性

数据的保密性指能保证信息不被泄露给非授权的人或实体。电子政务作为一种政务活动,其信息直接关系到个人、政府机构乃至整个国家的机密。在电子政务出现以前,所有政府文件都是通过邮寄封装或可靠的通信渠道传送以达到保密的目的的。由于电子政务是以开放的网络为基础,因而政府的保密性成为关键所在。

3. 合理访问授权

合理授权是政府机关管理的核心。政府机关需要对不同的权属人员采取不同的授权。比如内部办公人员、地方隶属机构、社会公众,需要各自不同的授权。由于采用了严密的授权机制,使得以政府结构为主线的授权方式和信息的流动的授权策略密切结合,使各种授权到位而不越位。

4. 双向身份认证

由于非法用户可以伪造、假冒政府网站、社会团体、企业和个人身份,因此登录到网上政务站点的政府内部人员、社会团体、企业、个人无法知道他们所登录的网站是否是可信的政府网站,政府网站也无法验证登录到网站上的客户是否是经过政府部门认证的合法用户,非法用户可以借机进行破坏。"用户名 + 口令"的传统认证方式安全性较弱,用户口令易被窃取而导致损失。因此,在无纸化办公的方式下,在信息的传输过程中,参与的个人、政府机构和社会团体、企业或国家必须提供电子签名,以保证信息的不可抵赖。同时保证一旦签订文件,该文件就受到保护。

6.1.6 电子政务安全面临的各种挑战

在当今时代,电子政务的安全问题越来越严重,各种安全威胁不断增加,各种侵犯电子政务系统安全的事件层出不穷,电子政务的安全正在面临着各种各样的挑战。

1. 电子政务的安全现状

电子政务真正作为一个独立的概念出现,得益于计算机网络技术的成熟与普及。当网络技术出现,大量政务信息的实时共享和双向交流在技术上才能成为可能,从而使政务运作方式发生根本的改变。从这个意义上说,电子政务的基础是计算机网络技术。网络使人们从事政务活动不必考虑地域限制,但同时也使得政务活动的安全越来越"脆弱",一旦计算机网络受到攻击,不能正常运作时,整个社会,乃至国家可能陷入危机中。

在计算机网络中,黑客的破坏活动日益猖獗。"黑客"是Hacker的音译,原意是指有造诣的计算机程序设计者,现在则是专指那些利用自己掌握的计算机技术和计算机系统,偷阅、篡改或窃取他人机密数据资料,甚至在计算机网络上进行犯罪活动的人;或者是指利用通信软件,通过网络非法进入他人系统,截获或篡改他人计算机数据,危害信息安全的计算机入侵者或入侵行为者。

"黑客"的电子攻击手段可以分成三个层次:第一个层次是局部威胁,主要指消遣型黑客;第二个层次是有组织型的黑客,包括一些机构"黑客"、工业间谍等:第三个层次是国家型的黑客,主要是指敌对国的政府、组织发起的全面信息战。

黑客手段日益更新,现在又出现可植入计算机系统的黑客程序,一旦计算机被黑客程序感染,它与黑客里应外合,将使黑客攻击变得十分容易。比如,"木马程序"就是一个典型的黑客代表程序,它是程度开发者利用古希腊特洛伊战役中"木马计"的故事体现的思想,开发的一种外表看起来很有魅力而且显得很可靠的程序,这些程序被用户使用一段时间或执行一定次数后,便会执行特定功能,盗取机密数据或者在系统中留下后门,供软件开发者进入操作系统之用。从全球来看,"黑客"的袭击在计算机网络最发达的国家尤为严重,通过Internet,黑客组织公开网址、信道,提供免费的黑客工具软件,介绍黑客手法,出版网上黑客杂志和书籍,因此普通人很容易学到网络攻击方式。例如,1999年,美国中央情报局受到美国黑客的攻击,造成一定损失。2001年2月,黑客大肆攻击Yahoo、EBAY等著名商业网站及其他各类站点,造成直接经济损失12亿美元,并引起股市动荡。

2. 我国电子政务安全面临的挑战

日前,我国电子政务网络使用的计算机网络系统所用硬件、软件、操作系统、网管软件、各类应用系统、数据库、防火墙、网络接入设备、路由器、服务器、调制解调器基本上都是国外公司的产品,绝大部分TCP/IP协议、微机芯片都是INTEL系列,操作系统绝大多数是Windows和UNIX,完全自主知识产权的产品基本上没有。这些因素使我国的电子政务网络安全性能大大降低,给我国的网络安全留下严重隐患。

我国对发达国家信息设备和信息技术存在很强的依赖性,信息化核心设备严重依赖国外,对引进技术和设备缺乏必要的信息管理和技术改造。尤其是在系统安全和安全协议的研究和应用方面与发达国家的差距很大。国外最新研制出的计算机"接收还原设备",可以在数百米、甚至数公里的距离内接收任何一台未采取保护措施的计算机屏幕信息。

由于互联网络自身安全防护能力很弱,许多应用系统处于不设防状态,存在极大的信息安全风险和隐患,互联网络已可以说是一个国家的"政治关口,经济命脉",网络与信息安全"已上升为一个事关国家政治稳定、社会安全、经济有序运行和社会主义精神文明建设的全局性问题"。有分析者认为,如果一个国家的社会信息网络系统遭到毁灭性打击,足以使人们的生活倒退几十年。

中国信息安全的"根本问题"或"最大隐患"首推"核心技术缺乏"。中国信息安全有"三大黑洞",一是用外国制造的芯片;二是用外国的操作系统和数据库管理系统;三是用外国的网管软件。"你用了外国的东西,万一发生战争,你不知道里头有些什么'后门'或'陷阱'能把我们吸到黑洞里去。"解决方法是要开发自己的芯片,自己的操作系统,自己的网管软件。因此,必须把政务信息化建设提升到国家安全问题的角度来认识,做到安全保密技术与信息技术同步发展。现阶段,要在国家的扶持下,加大对自主知识产权产品在资金、技术、人力方面的投入,并在尽可能短的时间内生产出以自主知识产权技术为核心的产品,取代外国产品,掌握主动权。我国在信息化建设过程中应该首选国产品牌,特别是政府应该带头使用国产品牌,支持国产品牌的健康发展。

6.2 政府公共服务电子化安全的技术框架

电子政务的安全体系包含多个方面,不仅包括技术体系,同时也包括组织体系、管理体系和相应的服务体系。从本节开始的随后几节中,我们将陆续介绍这些相关的知识。

6.2.1 政府公共服务电子化的安全策略

政府公共服务电子化的安全策略针对信息传输、发布和处理所面临的和潜在的来自网络内部和外部的安全威胁制定。制定安全策略要注意保证信息的完整性、可靠性、可用性和安全保密性。一个良好的安全策略应该具备以下几点：技术上可实现，组织上可执行，职责范围明确，约束具有强制性。目前来讲，为了实现以上目标，应该采取以下的安全策略。

1. 国家主导、社会参与

电子政务安全关系到政府的办公决策、行政监管和公共服务的高质量以及可信实施的大事，必须由国家统筹规划、社会积极参与，才能有效保障电子政务安全。

2. 全局治理、积极防御

电子政务安全必须采用法律威慑、管理制约、技术保障和安全基础设施支撑的全局治理措施，并且实施防护、检测、恢复和反制的积极防御手段，才能更为有效。

3. 等级保护、保障发展

要根据信息的价值等级及所面临的威胁等级，选择适度的安全机制强度等级和安全技术保障强壮性等级，寻求一个投入和风险可承受能力间的平衡点，保障政府公共服务电子化健康和积极的发展。

6.2.2 电子政务安全保障体系框架

电子政务的信息安全面临的是一场高技术的对抗，涉及法律、管理、标准、技术、产品、服务和基础设施诸多领域，要从全局来构建其安全保障体系框架，以保障电子政务的健康发展。电子政务安全保障体系由安全法律与政策、安全标准与规范、安全组织结构体系、安全保障与服务、安全技术与产品和安全基础设施等几个方面组成。

1. 安全法律与政策

电子政务的工作内容和工作流程涉及国家秘密与核心政务，它的安全关系到国家的主权、国家的安全和公众利益，所以电子政务的安全实施和保障，必须以国家法规形式将其固化，形成全国共同遵守的规约，成为电子政务实施和运行的行为准则，成为电子政务国际交往的重要依据，保护守法者和依法者的合法权益，为司法和执法者提供法律依据，对违法、犯法者形成强大的威慑。

2. 安全标准与规范

信息安全标准有利于安全产品的规范化，有利于保证产品安全可信性、实现产品的互联和互操作性，以支持政府公共服务电子化的互联、更新和可扩展性，支持系统安全的测评与评估，保障政府公共服务电子化的安全可靠。

国家已正式成立“信息安全标准化委员会”，包括信息安全标准体系与协调工作组（WG1）、内容安全分级及标识工作组（WG2）、密码算法与密码模块/KMI/VPN工作组（WG3）、PKI/PMI工作组（WG4）、信息安全评估工作组（WG5）、操作系统与数据库安全工作组（WG6）、身份标识与鉴别协议工作组（WG9）、操作系统与数据库安全工作组（WG10），以开展电子政务安全相关标准的研制工作，支撑电子政务安全对标准制定的需求。以后，“信息安全标准化委员会”还将陆续制定下列标准：涉密电子文档密级划分和标记格式、内容健康性等级划分与标记、内容敏感性等级划分与标记、密码算法标准、密码模块标准、密钥管理标准、PKI/CA标准、PMI标准、信息系统安全评估和信息安全产品测评标准、应急响应等级、保护目标等级、应急响应指标、电子证据恢复与提取、电子证据有效性界定、电子证据保护、身份标识与鉴别、数据库安全等级、操作系统安全等级、信息安全产品接口规范、数字签名等。

3. 安全组织结构体系

电子政务安全的组织体系是保障安全实施的重要基础，一个组织体系的建立应该是完整而且可以高效运转的。图6-2所示是电子政务安全管理的组织体系框架，对政府部门进行安全组织的建立有一定的参考价值。

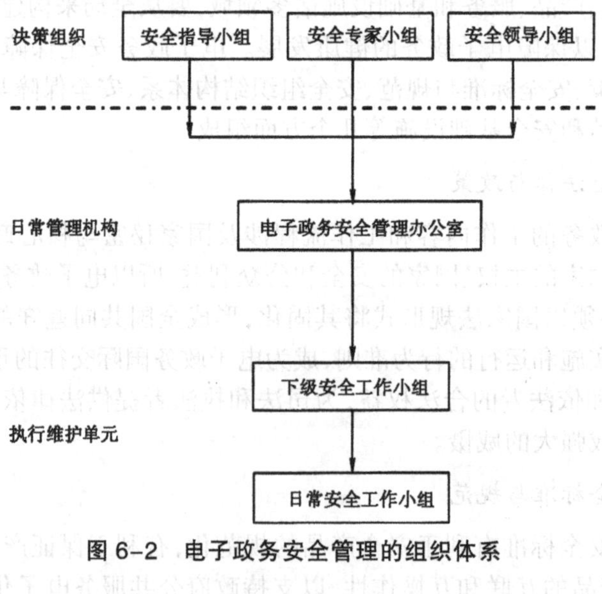

图6-2　电子政务安全管理的组织体系

4. 安全保障与服务

第一，在电子政务系统建设方面，要构建其技术安全保障架构，对大型电子政务系统要建立纵深防御体系。具体包括：一是设置政务内网的安全与控制策略。二是设置政务外网的安全与控制策略。三是设置进入互联网的安全服务与控制策略。四是设置租用公网干线的安全服务与控制策略，包括有线通信、无线通信和卫星通信的安全服务与控制策略。五是设置政务计算环境的安全服务与机制。采用纵深防御和多级设防，是电子政务安全保障的重要原则，通过全局性的安全防护、安全检测、快速响应、集成的安全管理与安全设施的联动控制，以达到系统具有防护、检测、反应与恢复能力。

第二，推广电子政务信息系统安全工程的控制方法，全面实现安全服务要求。电子政务安全系统的设计，首先要做好系统资产价值的分析，如物理资产的价值（系统环境、硬件、系统软件）、信息资产的价值、其数据与国家利益和部门利益的关联度；其业务系统（模型、流程、应用软件）正常运行后所产生的效益，从而确定系统安全应保护的目标，在上述分析的基础上提出整个安全系统的安全需求，进一步定义达到这些安全需求所应具有的安全功能，然后探索系统可能面临的威胁类型，并找出系统自身的脆弱性，这些威胁和脆弱性有：一是网上黑客与计算机犯罪。二是网络病毒的蔓延与破坏。三是机要信息流失与信息间谍潜入。四是网上恐怖活动与信息战。五是内部人员违规与违法。六是网上安全产品的失控。七是网络与系统自身的漏洞与脆弱性。在这些威胁面前，要分析哪些威胁是本系统主要面临的威胁，哪些是次要的，对系统和任务造成的影响程度如何。进行定性和定量的分析，提出系统安全对策，确定承受风险的能力，寻找投入和风险承受能力间的平衡点，然后确定系统所需要的安全服务及对应的安全机制，从而配置系统的安全要素。在工程的生命周期中要进行风险管理、风险决策流程，这种风险管理是要对电子政务全程进行的。

第三，在系统投入运行时，要对其安全性进行有效评估，即评估者给出的评估证据和建设者采用的技术保障设施，的确能使系统拥有者确信已选用的技术对策确实减少了系统的安全风险，满足了必要的风险策略（风险策略可以是“零”风险策略、最小风险策略、最大可承受风险策略或不计风险策略），达到了保护系统资产价值所必需的能力。

5. 安全技术与产品

第一，加强安全技术和产品的自主研制和创新。由于电子政务的国家涉密性，电子政务系统工程的安全保障需要各种有自主知识产权的信息安全技术和产品，全面推动自主研发和创新这些技术和产品是电子政务安全的需要。这些产品和技术可以分为六大类。

基础类：如风险控制、体系结构、协议工程、有效评估、工程方法。

关键类：如密码、内容安全、抗病毒、IDS、VPN、强审计、边界安全隔离。

系统类：如 PKI、PMI、DRI、网络预警、集成管理、KMI。

应用类：如 EC、EG、NB、NS、NM、WF、XMI、CSCW。

物理与环境类：如 TEMPEX、物理识别。

前瞻性技术产品：如免疫技术、量子密码、漂移技术、语义理解识别。

第二，电子政务安全产品的选择。电子政务的安全，涉及信息安全产品的全局配套和科学布置，产品选择应充分考虑产品的自主权和自控权，产品可涉及安全操作系统、安全硬件平台、安全数据库、PKI/CA、PMI、VPN、安全网关、防火墙、数据加密机、入侵检测、漏洞扫描、计算机病毒防治工具、安全 Web、安全邮件、安全设施集成管理平台、内容识别和过滤产品、安全备份、电磁泄漏防护、安全隔离客户机、安全网闸。

6. 安全基础设施

信息安全基础设施是一种为信息系统应用主体和信息安全执法主体提供信息安全公共服务和支撑的社会基础设施，方便信息应用主体安全防护机制的快速配置，有利于促进信息应用业务的健康发展，有利于信息安全技术和产品的标准化和促进其可信度的提高，有利于信息安全职能部门的监督和执法，有利于增强全社会信息安全防护技能，有利于国家信息安全保障体系的建设。因此，推动电子政务的发展，应重视相关信息安全基础设施的建设。信息安全基础设施有两大类。

（1）社会公共服务类。包括：基于 PKI/PMI 数字证书的信任和授权体系，基于 CC/TCSEC 的信息安全产品和系统的测评与评估体系，计算机病毒防治与服务体系，网络应急响应与支援体系，灾难恢复基础设施以及基于 KMI 的密钥管理基础设施。

（2）行政监管执法类。包括：网络信息内容安全监控体系，网络犯罪监察与防范体系，电子信息保密监管体系，网络监控与反窃密体系以及网络监控、预警与反击体系。

6.2.3 政府公共服务电子化的技术安全防范措施

电子政务安全措施是电子政务安全的重要保证，是安全方法、安全工具、安全设备、安全手段乃至安全需求、安全环境的综合，也是整个政府公共服务电子化安全的物质技术基础。

保证电子政务的安全有三条途径。首先要建立完善的法律法规；其次要提高公民和公务人员的安全信息素质；最后依靠安全技术的力量来实现电子政务的安全保障。

在国家信息安全技术保障体系中，要对信息基础设施进行多层防护，包括网络和基础设施防护、边界防护、计算环境防护以及基础设施提供支持。这分别涉及主干网络的可用性、无线网络安全框架、系统互连和虚拟专用网；网络登录保护、远程访问、多级安全；终端用户环境和系统应用程序的安全。支撑的基础设施包括密钥管理基础设施（Key Management Infrastructure，简称 KMI）和公共密钥基础设施（Public Key Infrastructure，简称 PKI）。下面的表 6-1 是按政府公共服务电子化的层次框架列举的安全威胁和应对的技术措施。

表 6-1　政府公共服务电子化的技术安全防范措施

层次	安全威胁类别	具体安全威胁	安全措施
物理安全	物理设备等安全	意外事故、自然灾害、电磁辐射、传导等	容灾备份、电磁屏蔽等
	政府内外网连接	内外网的越权访问、病毒入侵攻击	逻辑隔离、物理隔离、入侵检测、病毒防治
网络基础设施平台	广域网的数据窃取	通过搭线、架设协议分析设备窃取数额、流量	虚拟专用网（VPN）技术
	互联网上篡改网页	对电子政务系统的网页进行篡改	网页自动恢复系统
	关键业务主机出现故障和系统漏洞	操作系统的安全级别低、缺乏对用户权限的控制、文件系统的保护	主机安全防护
	网络及系统漏洞	利用已知漏洞对网络或设备进行攻击	安全服务
	网络设备及通信线路	不能实时监控、定位	网络监控
应用业务及服务支持层	数据库管理系统的安全	不能实时监控 DBMS 的运行	提高安全控制能力
	操作系统的安全	安全漏洞、安全参数设置不当	加强对操作系统的安全管理
	政务数据丢失、泄密	敏感数据在处理、传输、存储过程中被窃取、修改	加密保护

续表

层次	安全威胁类别	具体安全威胁	安全措施
	假冒身份	关键业务被假冒者进入	身份识别
	推卸责任事故	政务业务处理出现问题后逃避责任	数据签名、审计
安全管理	安全管理系统建设不健全	没有统一的安全管理策略,不能及时发现和界定问题和解决问题	集中安全管理、制定详细安全管理制度

6.3 政府公共服务电子化安全管理体系

政府公共服务电子化的安全除了采用安全技术措施外,必须健全相应管理措施,管理机构依据管理制度和管理流程对日常操作、运行维护、审计监督、文档管理进行统一管理。

6.3.1 建立电子政务安全管理体系的必要性

安全管理体系是电子政务安全体系的重要组成部分,网络安全的核心实际上是管理,安全技术实际上只是实现管理的一种手段,再好的技术手段都必须配合合理的制度才能发挥作用。需要制定的制度包括日常系统操作及维护制度、审计制度、文档管理制度、应急响应制度等。电子政务系统是一个复杂的多层次应用系统,根据不同的应用环境和安全要求可分为四个相对独立的网络安全管理域:内网核心数据层、内网办公业务层、外网公众服务层和网间信息交换层。由于网络新漏洞的出现与新威胁的增长,必须通过网络安全管理实现系统审计信息的综合分析,不断在运行中调整安全策略、完善安全设计,使安全策略更符合实际(如网络防护安全规则、入侵检测规则)、安全设计更趋合理。

6.3.2 电子政务安全管理体系的主要内容

目前,我国信息安全管理职能的格局已经形成,如国家安全部、国家保密局、国家密码管理委员会、信息产业部、中国人民解放军总参谋部等,它们分别执行各自的安全职能,维护国家信息安全。电子政务安全管理涉及上述众多的国家安全职能部门,其安全管理职能的协调需要由国家信息化领导机构,如国家信息化领导小组及其办公室、国家电子政务协调小组、国家信息安全协调小组等来进行。各地区和部委建立相应的信息安全管理机构，以完成和强化信息安全的管理，形成自顶向下的信息安全管理组织体系，是电子政务安全实施的必要条件。电子政务的安全管理体系如图 6-3 所示。

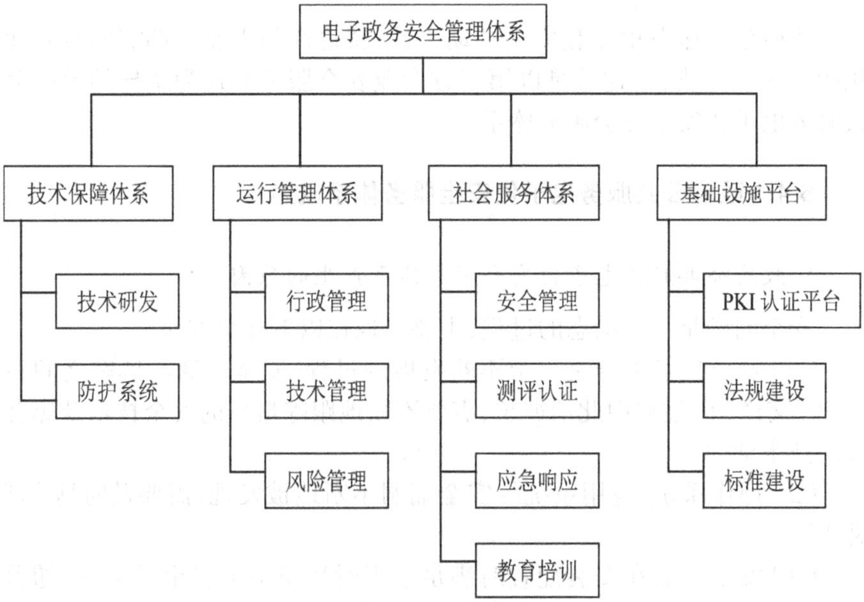

图 6-3　电子政务的安全管理体系

这里重点说一下建立安全管理制度。安全管理制度就是用书面的形式对各项要求做出明文规定，包括人员管理、保密、跟踪审计、系统维护、数据备份、病毒定期清理等一系列制度。这些制度是保证电子政务系统正常有序运行的基础，是电子政务人员必须遵守的工作守则。这里强调一下关于人员管理的四项基本原则，它们分别是：

（1）多人负责原则。每一项与安全有关的活动，都必须有两个人或多人在场。

（2）任期有限原则。任何人最好不要长期担任与安全有关的职务，以免使他认为这个职务是专有的或永久的。

（3）最小权限原则。每个人只负责一种事务，只有一种权限。

（4）职责分离原则。在信息处理系统工作的人员不要打听、了解或参与职责以外的任何与安全有关的事情，除非系统主管领导批准。

6.4 政府公共服务电子化安全的社会服务体系

政府公共服务电子化安全的动态性、紧迫性与重要度都需要有专业化的安全服务支持,这就是以第三方专业安全服务公司为主导的政府公共服务电子化安全社会服务体系。

6.4.1 政府公共服务电子化安全服务体系概述

1. 政府公共服务电子化安全服务体系产生的原因

安全问题是一个动态的过程,主要体现在以下几个方面。

(1)安全技术本身是一个不断发展的过程,安全厂商与黑客之间在彼此“交锋”的过程中此消彼长,需要不断地跟踪最新的安全技术及黑客攻防技术动向。

(2)操作系统、应用系统的安全漏洞不断地被发现,需要及时地“打补丁”。

(3)安全产品在安装配置时满足了当时环境下的安全需求,但随着新的安全问题的出现,需要对原有的安全参数进行重新配置,安全系统产品也需要升级、更新换代。

(4)黑客或其他基于政治目的的攻击行为需要安全专业人员快速的应急响应服务。

(5)新的恶性计算机病毒可能会造成网络大面积“堵塞”,或者造成系统不能正常运行,影响政务工作的开展。

(6)由于计算机病毒、人为误操作或者其他黑客破坏行为而造成的硬盘数据、网络数据的破坏,需要安全、快速地进行修复。

正是基于以上原因,政府公共服务电子化的安全将是一个动态与发展的过程,建立电子政务专业化的安全服务体系就显得尤为重要。

2. 政府公共服务电子化安全服务体系的内容

政府公共服务电子化安全的服务体系主要包括以下三个方面。

(1)日常维护。包括网络安全日常监测、网络安全设备的管理与配置、反病毒软件及病毒代码库的周期性升级。

(2)应急响应。主要包括安全事件的应急响应与计算机病毒事件的应急响应。

（3）灾难恢复。主要包括硬盘数据的修复、误操作删除数据的恢复、web 服务器数据恢复、数据库恢复等。建立各项应急响应措施与应急制度，提高系统抗攻击或抗灾难响应能力。容灾与恢复系统在发生重大自然及人为灾难时能迅速恢复数据资料，保证系统的正常运行并保护政务历史资料。政府公共服务电子化的容灾与恢复系统应该采用光盘静态备份与光盘同步备份相结合的方式。光盘静态方式用于离线保存历史记录，保证了历史信息的完整性；光盘同步方式则用于灾难数据恢复，保护了当前系统的所有数据。

3. 政府公共服务电子化安全服务体系的服务模型

安全服务的全过程主要包括以下几个过程。

（1）风险分析。通过对客户网络系统和业务系统进行病毒扫描或者其他模拟性的安全攻击，发现客户网络系统中存在的安全性隐患，并结合其他方面（如是否使用了安全产品，是否有专门的安全管理机构，安全管理制度的健全状况等）进行综合评估，根据评估的分数值，评定客户网络系统目前的安全等级（安全、一般、危险、严重）。

（2）方案制定。以网络系统的风险评估结果为依据，结合客户业务流及网络结构具体情况，对客户网络的安全进行整体设计，包括安全策略的制定，安全产品的选型，方案可行性分析，方案本身的风险分析，安全方案最终确定等过程。

（3）方案实施。主要包括产品安装、产品调试、网络测试、方案验收等过程。

（4）安全培训。在方案验收并正常运行后，对客户网络安全所有涉及的人员按角色进行培训，如针对决策管理层的安全法规、政策的培训，针对网络管理员的安全产品的网络配置培训，针对一般人员的安全操作及安全管理制度条例的培训等。

（5）应急响应。由于黑客与反黑客、病毒与反病毒是一个此消彼长的技术对抗状态，网络的安全状态并不是一成不变的，客户网络需要随时应变可能出现的安全事件，这就要求有一个快速的应急响应机制进行应对，以预防大规模的灾难性安全事件，或者采取相应的补救措施。应急响应主要包括计算机病毒应急响应服务，网络安全事件应急响应服务，灾难数据恢复（硬盘数据修复，网络数据恢复，数据库修复，数据库恢复）等。

上述风险分析、方案制定、方案实施、安全培训是一个循环的过程，因为网络安全本身是一个动态的过程，解决了客户网络某个时期大部分或者说主要的安全风险及隐患，在新的安全威胁产生或者客户网络的应用及网络结构发生变化时，又需要新的一轮的循环。当目前的安全系统不能够应对紧急情况下出现的安全事件时，就需要求助于应急响应体系，应急响应一般求助于客户网络系统的专业化的安全技术公司。

6.4.2 政府公共服务电子化安全服务体系的运营方式

1. 第三方专业安全服务商的出现

目前政府系统的安全服务一般来自以下几个方面：第一，电子政务网络管理员。第二，安全产品及反病毒产品厂商。第三，电子政务系统的软硬件产品提供商。

这种安全服务支持系统很难胜任电子政务全面开展后对安全保障（尤其是安全应急响应）的要求，因为电子政务网络管理员对网络的管理比较熟悉，而对网络病毒及网络安全的专业知识一般都不够，不能够胜任电子政务网络安全的全面管理，应急响应无论从技术及人力上来说都做不到。安全产品及反病毒产品厂商一般只对客户购买的安全产品进行服务，而且在出现综合性的安全问题（涉及多家产品）时，会产生相互推诿责任的现象，延误应急响应的时机，甚至会带来不可估量的损失。电子政务系统的软硬件产品提供商一般只对他们所售出的软硬件进行售后服务与维护，对由于网络安全而引起的问题厂商不会负责，而且大多也无能为力。因此，电子政务迫切需要一个第三方专业安全服务公司。

所谓第三方专业安全服务，是指独立第三方以风险分析（不以安全产品）为核心的专业安全服务。第三方安全服务与产品代理商、产品厂商的最大区别在于以下三个方面。

首先，第三方安全服务商是一个介于用户与产品之间的桥梁，站在客户的立场上，以选择最适合于解决用户网络安全问题的产品，全方位地解决用户网络安全的问题；产品厂商则往往宣传自己产品的优点，对自身产品的缺陷一般避而不谈。

其次，第三方安全服务商的最终目的是让客户成功最大化，使客户的网络安全问题得到最终解决，以赢得客户长久的信任，从为客户长久的服务中受益，它更注重长远的效益；产品代理商或产品厂商往往更追求产品利润的最大化，他们可能会在售前、售中对用户的要求完全承诺，但在售后服务中会因为各种原因，造成售后服务很差。

最后，第三方安全服务商提供的是本地化的安全产品全系列化的服务，不是某个产品的服务，而是某类产品的服务，如可能是国内外所有防病毒厂商的技术支持，或者是国内大多数防火墙产品的服务支持；产品代理商或产品厂商往往无法提供本地化的服务支持，对客户的安全服务也仅限于对单个产品的服务,无法满足全系列安全产品服务的要求。

2. 安全服务的技术平台

网络安全服务不能仅依靠网络安全工程的手工操作,必须通过工具软件开发降低劳动强度,提高劳动效率。同时,网络安全服务必须有强大的技术平台支持,进而使那些依靠简单工具不能完成的服务项目和承诺成为可能。现在,大部分网络用户的安全技术人员按照正常作息时间上下班,进行网络维护,而大部分网络攻击发生在无人监护的下班时间。许多网络攻击的发现是因为网络已经出现异常,攻击已经造成了损失。

如果能够建设一个技术平台,随时对客户网络安全进行监控,不仅可以减少客户技术人员的值班需求,而且可以在第一时间发现攻击可能,通知客户技术人员,采取相关措施,提供应急响应服务。还可以在得到授权的前提下,利用该技术平台,通过网络在线采取紧急措施,不需要人员到场,可以在平时在线检查客户网络安全状况,协助客户制定安全策略,提供日常网络安全维护服务。

3. 网络安全知识管理平台的建设

每个人的知识结构都是不同的,对于专业性很强的网络安全技术人员尤其如此,有的人对 UNIX 系统如数家珍,有人只了解 Linux 系统运作,但是接受服务的客户可能使用各种系统。因此,依靠知识管理平台实现知识的内部共享和内部培训,花费较低的人力成本完成对客户的服务,是一个较明智的选择。

一个好的知识平台不应该仅仅是各种网络安全概念和网络安全漏洞的简单搜集罗列,而应该根据应用的不同对这些知识进行分析,产生不同类型的文档和条目,最终形成有针对性的业务支持系统,可以参考的是专家系统中的类似部分。

利用安全知识平台可以间接地实现网络安全服务规范化,安全知识平台的建设还可以解决人员正常流动可能带来的问题。

6.4.3 接受政府管理与监督是网络安全发展的趋势

目前网络安全服务需要面对的一个问题是网络安全服务公司的法律地位不明确,客户与网络安全服务公司之间需要建立信任关系。如果网络安全服务能够像网络安全产品那样由国家进行资质认证或技术鉴定,必然能够更好地取信于客户。国家网络安全服务试点单位评审活动实际上就是一种认证。国家对网络安全服务公司缺少管理和监督,最重要的一个原因就是大部分网络安全服务公司规模都较小,其主要业务范围基本局限于该公司所在省市,服务形式和对象不固定,业务开展自行其是,与政府部门缺乏合作,这些都对政府管理和监督造成很大不便。如果网络安全服务能够基于技术平台和知识管理平台迅速扩大业务覆盖范围,扩大自身规模,同时对安全服务实现标准化、新产品化,在业务开展中注意向政府有关部门备案、通报,必要时开展协作等,必将达到三赢的效果:客户更加放心,公司间接受益,政府便于管理。

纵观网络安全市场和技术的发展历程,笔者认为未来的电子政务安全与技术可能发生以下变化:电子政务网络安全防护在未来的发展过程中,将逐渐从以单纯的安全产品为主转向以专业网络安全技术服务为主,并且在产品化、智能化等方面提出更高的要求。未来的网络安全专业服务必须依托强大的技术平台和先进的辅助工具,将更加强调第三方安全服务专业公司的人工参与和实时在线支持能力。

电子政务网络安全防护将从孤立的单点防护向系统化全面网络安全防护转变。这一转变需要政府相关部门、安全技术企业、第三方安全服务专业公司和用户之间的有机结合。同时,对电子政务网络安全技术的发展提出了更高的要求。电子政务网络安全防护体系将逐渐形成包括政府相关部门、网络安全企业与科研院校、第三方安全服务专业公司、最终网络用户的多层防护体系。群防群治将成为下一阶段电子政务网络安全防护的主要手段。

参考文献

[1] 赵国俊 . 电子政务教程(第三版)[M]. 北京：中国人民大学出版社，2016

[2] 李永忠 . 电子政务：理论与实践 [M]. 北京：北京师范大学出版社，2016

[3] 金江军 . 电子政务理论与方法(第三版)[M]. 北京：中国人民大学出版社，2013

[4] 蔡立辉 . 电子政务：信息化时代的政府再造 [M]. 北京：中国社会科学出版社，2006

[5] 徐晓林，杨锐 . 电子政务 [M]. 武汉：华中科技大学出版社，2009

[6] 刘红璐，张真继，彭志锋 . 电子政务系统概论 [M]. 北京：人民邮电出版社，2005

[7] 王晋 . 电子政务概论 [M]. 北京：中国社会科学出版社，2014

[8] 何振 . 电子政务基础 [M]. 长沙：湖南大学出版社，2014

[9] 孙正兴，戚鲁 . 电子政务原理与技术 [M]. 北京：人民邮电出版社，2003

[10] 蔡立辉，于刚强 . 电子政务(第二版)[M]. 北京：清华大学出版社，2014

[11] 杜治洲 . 电子政务与政府管理模式的互动 [M]. 北京：中国经济出版社，2006

[12] 杨路明 . 电子政务(第 2 版)[M]. 北京：电子工业出版社，2010

[13] 濮小金 . 电子政务 [M]. 北京：机械工业出版社，2005

[14] 周晓英 . 政务信息管理 [M]. 北京：中国人民大学出版社，2004

[15] 梁士伦，刘新飞 . 电子政务 [M]. 北京：机械工业出版社，2005

[16] 蒋毅 . 电子政务基础 [M]. 北京：机械工业出版社，2005

[17] 刘邦凡 . 电子政务建设与管理 [M]. 北京：北京大学出版社，2005

[18] 孟庆国 . 电子政务理论与实践 [M]. 北京：清华大学出版社，2006

[19] 甘利人 . 电子政务信息资源开发与管理 [M]. 北京：北京大学出版社，2003

[20] 姚国章，林萍 . 国际电子政务案例 [M]. 北京：北京大学出版社，2005

[21] 姚国章 . 电子政务案例 [M]. 北京：北京大学出版社，2003

[22][美] 拉塞尔 · M · 林登 . 无缝隙政府 [M]. 北京：中国人民大学出版社，2002

[23][美] 道格拉斯 · 霍姆斯 . 电子政务 [M]. 北京：机械工业出版社，2003

[24] 王宛尘 . 信息时代的电子政府 [M]. 北京：清华大学出版社，2004

[25] 林勇 . 电子政务理论与实务 [M]. 北京：清华大学出版社，2004

[26] 吴爱明 . 中国电子政务——理论与实践 [M]. 北京：人民出版社，2004

[27] 北京市信息化工作办公室 . 电子政务概论 [M]. 北京：清华大学出版社，2003

[28] 苏新宁 . 电子政务技术 [M]. 北京：国防工业出版社，2003

[29] 陈兵 . 电子政务技术与安全 [M]. 北京：北京大学出版社，2003